线性代数应用案例分析

主　编　郭文艳

副主编　王小侠　李　灿　王文成

科学出版社

北　京

内 容 简 介

本书旨在架起线性代数理论与应用之间的桥梁，精选工程、经济、自然科学研究以及日常生活中的案例，从分析、模型建立与求解、结论三个方面对应用案例进行剖析，使得线性代数理论在纵深方向得以延展。全书共 7 章，包括行列式的应用、矩阵的应用、向量理论和应用、线性方程组的应用、特征值与特征向量的应用、二次型的应用以及综合案例分析等。书中的案例立足于用线性代数理论解决实际问题的思路和方法的阐述，力求简单明了，深入浅出。模型求解中的复杂计算借助相应的数学软件完成，避免陷入复杂的计算而削弱了对思想方法的理解。

本书可作为高等院校理工科各专业“线性代数”课程的教材，也可作为工程技术人员的参考书。

图书在版编目(CIP)数据

线性代数应用案例分析/郭文艳主编. —北京：科学出版社, 2019.8
ISBN 978-7-03-062134-4

Ⅰ.①线…　Ⅱ.①郭…　Ⅲ.①线性代数　Ⅳ.①O151.2

中国版本图书馆 CIP 数据核字(2019) 第 179020 号

责任编辑: 宋无汗 李 萍 / 责任校对: 郭瑞芝
责任印制: 赵 博 / 封面设计: 陈 敬

科学出版社 出版
北京东黄城根北街 16 号
邮政编码：100717
http://www.sciencep.com
固安县铭成印刷有限公司印刷
科学出版社发行　各地新华书店经销
*
2019 年 8 月第 一 版　开本: 720 × 1000　1/16
2025 年 7 月第六次印刷　印张: 12　3/4
字数: 257 000

定价: 95.00 元
(如有印装质量问题, 我社负责调换)

前　　言

线性代数是工科各专业学生的一门必修课程，其内容涉及许多应用领域。对于该门课程的学习，不仅要求学生掌握基本的数学理论，更重要的是要做到学以致用。为了开拓学生视野，激发学生的学习兴趣，并培养学生将线性代数知识应用于实际问题的能力，同时提高学生的数学实践能力和创新能力，我们特意编写了本书。本书精选了工程、经济、自然科学研究以及日常生活中的案例，以数学建模的框架进行线性代数知识的深化，为学生搭建线性代数理论学习与实践应用的桥梁。

全书共 7 章，前 6 章每章主要包括三部分内容：基本理论、应用案例分析和习题。基本理论是对该章涉及内容的总结和归纳，便于系统了解相关理论知识。应用案例分析部分为本书的重点内容，以不同应用领域的具体问题为驱动，利用相关的基本知识进行建模与分析，提供线性代数知识解决实际问题的思路和方法，便于学生将所学知识应用于实践。习题部分设置一定数量的应用题，可以扩展和加深对知识的理解与应用。第 7 章的综合案例分析部分，针对 2 个应用性强的应用案例进行深入分析，旨在帮助和指导学生后续课程的学习与培养学生的建模思维，对参加数学建模竞赛以及参与实际课题研究的学生更值得一读。

本书的编写是在陕西省教学研究项目“深化数学实践教学，提高学生数学应用能力”和陕西省教学名师工作室的大力支持下完成的。第 1 章和第 7 章由李灿完成，第 2 章由王小侠完成，第 3 章和第 4 章由郭文艳完成，第 5 章和第 6 章由王文成完成。在本书编写过程中，得到了秦新强教授、戴芳教授等的大力支持，线性代数教学团队的老师对本书的编写提出了宝贵意见和建议，在此一并表示感谢。

由于编者水平有限，书中难免有不足之处，恳请读者批评指正。

目　录

第 1 章　行　列　式

行列式伴随着线性方程组的求解而产生，最初由日本数学家关孝和与德国数学家莱布尼茨 (Leibniz) 提出并使用. 随后，瑞士数学家克拉默 (Cramer) 对行列式的定义和展开法则进行了比较系统的研究，并给出了解线性方程组的克拉默法则. 法国数学家拉普拉斯 (Laplace) 和范德蒙德 (Vandermonde) 进一步完善了行列式理论. 德国数学家雅可比 (Jacobi) 引进了函数的雅可比行列式. 由于行列式在线性方程组理论、数学分析、几何学、二次型理论、数值分析等学科的应用，促使行列式的理论研究日益完善. 目前，行列式作为重要的数学工具在许多领域都发挥着重要作用.

1.1　行列式的基本理论

1.1.1　行列式的定义

定义 1.1　由 n^2 个数 $a_{ij}(i,j=1,2,\cdots n)$ 排成的 n 行 n 列的算式

$$D=\begin{vmatrix} a_{11} & a_{12} & \cdots & a_{1n} \\ a_{21} & a_{22} & \cdots & a_{2n} \\ \vdots & \vdots & & \vdots \\ a_{n1} & a_{n2} & \cdots & a_{nn} \end{vmatrix}$$

称为 n 阶行列式，记为 $D=\det(a_{ij})$. 当 $n=1$ 时，其值为 $D=|a_{11}|=a_{11}$；当 $n\geqslant 2$ 时，其值为

$$D=a_{11}A_{11}+a_{12}A_{12}+\cdots+a_{1n}A_{1n}=\sum_{j=1}^{n}a_{1j}A_{1j}$$

其中，

$$A_{1j}=(-1)^{1+j}M_{1j}$$

M_{1j} 表示在 D 中划去元素 a_{1j} 所在的第 1 行元素与第 j 列元素后，剩下的元素按原有的先后次序排成的 $n-1$ 阶的行列式，即

$$M_{1j}=\begin{vmatrix} a_{21} & \cdots & a_{2,j-1} & a_{2,j+1} & \cdots & a_{2n} \\ a_{31} & \cdots & a_{3,j-1} & a_{3,j+1} & \cdots & a_{3n} \\ \vdots & & \vdots & \vdots & & \vdots \\ a_{n1} & \cdots & a_{n,j-1} & a_{n,j+1} & \cdots & a_{nn} \end{vmatrix}, j=1,2,\cdots,n$$

定义 1.2 在 n 阶行列式 $D=\det(a_{ij})$ 中，划去元素 a_{ij} 所在的第 i 行元素与第 j 列元素后剩下的元素按原有的先后次序排成的 $n-1$ 阶的行列式，称为元素 a_{ij} 的余子式，记为 M_{ij}；称 $A_{ij}=(-1)^{i+j}M_{ij}$ 为元素 a_{ij} 的代数余子式.

定义 1.3 在 n 阶行列式 $D=\det(a_{ij})$ 中，任取 k 行 k 列 $(0\leqslant k\leqslant 1)$. 位于这些行和列的交叉点上的 k^2 个元素按原有的先后次序排成的 k 阶行列式，称为行列式 D 的一个 k 阶子式.

定义 1.4 在行列式 D 中，互换行列式的行和相应列的位置得到的行列式，称为行列式 D 的转置，记为 D^{T}，即

$$D^{\mathrm{T}}=\begin{vmatrix} a_{11} & a_{21} & \cdots & a_{n1} \\ a_{12} & a_{22} & \cdots & a_{n2} \\ \vdots & \vdots & & \vdots \\ a_{1n} & a_{2n} & \cdots & a_{nn} \end{vmatrix}$$

1.1.2 行列式的性质

性质 1.1 行列式与其转置相等，即 $D=D^{\mathrm{T}}$.

性质 1.2 互换行列式两行 (列)，行列式的值变号.

推论 1.1 行列式某两行 (列) 对应元素相同，其值为零.

性质 1.3 n 阶行列式 D 等于它任意一行 (列) 的元素与其对应的代数余子式乘积之和，即

$$D=a_{i1}A_{i1}+a_{i2}A_{i2}+\cdots+a_{in}A_{in},\quad i=1,2,\cdots,n$$

或

$$D=a_{1j}A_{1j}+a_{2j}A_{2j}+\cdots+a_{nj}A_{nj},\quad j=1,2,\cdots,n$$

推论 1.2 行列式某一行 (列) 元素全为零，其值为零.

性质 1.4 行列式某一行 (列) 的所有元素有公因子 k，则 k 可以提到行列式符号的外边 (或者说，用数 k 乘行列式，等于用 k 乘行列式某一行 (列) 的所有元素)，即

$$\begin{vmatrix} a_{11} & a_{12} & \cdots & a_{1n} \\ a_{21} & a_{22} & \cdots & a_{2n} \\ \vdots & \vdots & & \vdots \\ ka_{i1} & ka_{i2} & \cdots & ka_{in} \\ \vdots & \vdots & & \vdots \\ a_{n1} & a_{n2} & \cdots & a_{nn} \end{vmatrix} = k \begin{vmatrix} a_{11} & a_{12} & \cdots & a_{1n} \\ a_{21} & a_{22} & \cdots & a_{2n} \\ \vdots & \vdots & & \vdots \\ a_{i1} & a_{i2} & \cdots & a_{in} \\ \vdots & \vdots & & \vdots \\ a_{n1} & a_{n2} & \cdots & a_{nn} \end{vmatrix}$$

推论 1.3 行列式某两行 (列) 元素对应成比例，其值为零.

性质 1.5 行列式某一行 (列) 的所有元素均为两数之和，则此行列式等于如下两个行列式之和，即

$$\begin{vmatrix} a_{11} & \cdots & a_{1n} \\ a_{21} & \cdots & a_{2n} \\ \vdots & & \vdots \\ a_{i1}+b_{i1} & \cdots & a_{in}+b_{in} \\ \vdots & & \vdots \\ a_{n1} & \cdots & a_{nn} \end{vmatrix} = \begin{vmatrix} a_{11} & \cdots & a_{1n} \\ a_{21} & \cdots & a_{2n} \\ \vdots & & \vdots \\ a_{i1} & \cdots & a_{in} \\ \vdots & & \vdots \\ a_{n1} & \cdots & a_{nn} \end{vmatrix} + \begin{vmatrix} a_{11} & \cdots & a_{1n} \\ a_{21} & \cdots & a_{2n} \\ \vdots & & \vdots \\ b_{i1} & \cdots & b_{in} \\ \vdots & & \vdots \\ a_{n1} & \cdots & a_{nn} \end{vmatrix}$$

性质 1.6 行列式某一行 (列) 元素的 k 倍加到另一行 (列) 对应的元素上，行列式值不变.

性质 1.7 行列式 D 任意一行 (列) 的元素与另一行 (列) 对应元素的代数余子式乘积之和为零.

1.1.3 行列式的计算

利用行列式的定义和性质 1.3 可得到行列式的按行展开公式为

$$a_{i1}A_{j1}+a_{i2}A_{j2}+\cdots+a_{in}A_{jn}=\sum_{k=1}^{n}a_{ik}A_{jk}=\begin{cases} D, & i=j \\ 0, & i\neq j \end{cases}$$

按列展开公式为

$$a_{1i}A_{1j}+a_{2i}A_{2j}+\cdots+a_{ni}A_{nj}=\sum_{k=1}^{n}a_{ki}A_{kj}=\begin{cases}D, & i=j\\ 0, & i\neq j\end{cases}$$

行列式的按行 (列) 展开公式是研究行列式理论的重要公式. 通常，对于 2 阶和 3 阶行列式，可利用 “对角线法则” 来计算；对于 n 阶行列式可采用按照零元素较多的行 (列) 展开的形式来计算.

1.1.4 常见的行列式

1. 上 (下) 三角行列式

主对角线下方的元素全为零的行列式称为上三角行列式，其值等于主对角线元素的乘积，即

$$D=\begin{vmatrix} a_{11} & a_{12} & a_{13} & \cdots & a_{1n}\\ 0 & a_{22} & a_{23} & \cdots & a_{2n}\\ 0 & 0 & a_{33} & \cdots & a_{3n}\\ \vdots & \vdots & \vdots & & \vdots\\ 0 & 0 & 0 & \cdots & a_{nn}\end{vmatrix}=a_{11}a_{22}\cdots a_{nn}$$

主对角线上方的元素全为零的行列式称为下三角行列式，其值等于主对角线元素的乘积，即

$$D=\begin{vmatrix} a_{11} & 0 & 0 & \cdots & 0\\ a_{21} & a_{22} & 0 & \cdots & 0\\ a_{31} & a_{32} & a_{33} & \cdots & 0\\ \vdots & \vdots & \vdots & & \vdots\\ a_{n1} & a_{n2} & a_{n3} & \cdots & a_{nn}\end{vmatrix}=a_{11}a_{22}\cdots a_{nn}$$

2. 雅可比行列式

设 n 个 n 元连续函数 $f_j=f_j(x_1,x_2,x_3,\cdots,x_n),j=1,2,\cdots,n$ 对每个变量的偏导数 $\dfrac{\partial f_j}{\partial x_i},j=1,2,\cdots,n;\ i=1,2,\cdots,n$ 存在，则称行列式

$$\begin{vmatrix} \dfrac{\partial f_1}{\partial x_1} & \dfrac{\partial f_1}{\partial x_2} & \cdots & \dfrac{\partial f_1}{\partial x_n} \\ \dfrac{\partial f_2}{\partial x_1} & \dfrac{\partial f_2}{\partial x_2} & \cdots & \dfrac{\partial f_2}{\partial x_n} \\ \vdots & \vdots & & \vdots \\ \dfrac{\partial f_n}{\partial x_1} & \dfrac{\partial f_n}{\partial x_2} & \cdots & \dfrac{\partial f_n}{\partial x_n} \end{vmatrix}$$

为函数组 $(f_1, f_2, \cdots, f_n)$ 在点 $(x_1, x_2, \cdots, x_n)$ 处的雅可比行列式，记为

$$\frac{\partial(f_1, f_2, \cdots, f_n)}{\partial(x_1, x_2, \cdots, x_n)}$$

雅可比行列式在研究多元函数的隐函数存在定理、计算多重积分的变量代换、寻求从复杂区域到规则区域的变换以及将复杂的微分方程化成其标准形的特征变换中起着关键作用. 同时，雅可比行列式在解析几何、微分几何、热力学统计物理、自动化等学科中也有广泛的应用.

3. 范德蒙德行列式

形如

$$\begin{vmatrix} 1 & x_1 & x_1^2 & \cdots & x_1^{n-1} \\ 1 & x_2 & x_2^2 & \cdots & x_2^{n-1} \\ \vdots & \vdots & \vdots & & \vdots \\ 1 & x_n & x_n^2 & \cdots & x_n^{n-1} \end{vmatrix}$$

的 n 阶行列式称为 n 阶范德蒙德行列式，记为 V_n，其值为

$$V_n = \prod_{1\leqslant j<i\leqslant n} (x_i - x_j)$$

当 $x_i, i = 1, 2, \cdots, n$ 两两互异时，范德蒙德行列式 $V_n \neq 0$. 范德蒙行列式在信号处理、纠错码、复杂网络和多项式插值理论中都有重要应用.

1.1.5 克拉默法则

定理 1.1 若 n 个方程 n 个未知量的线性方程组

$$\begin{cases} a_{11}x_1 + a_{12}x_2 + \cdots + a_{1n}x_n = b_1 \\ a_{21}x_1 + a_{22}x_2 + \cdots + a_{2n}x_n = b_2 \\ \quad\cdots\cdots \\ a_{n1}x_1 + a_{n2}x_2 + \cdots + a_{nn}x_n = b_n \end{cases}$$

的系数行列式 D 不等于零，即

$$D = \begin{vmatrix} a_{11} & \cdots & a_{1n} \\ \vdots & & \vdots \\ a_{n1} & \cdots & a_{nn} \end{vmatrix} \neq 0$$

则方程组有唯一解

$$x_1 = \frac{D_1}{D},\ x_2 = \frac{D_2}{D},\ \cdots,\ x_n = \frac{D_n}{D}$$

其中，$D_j(j = 1, 2, \cdots, n)$ 是将系数行列式 D 中的第 j 列用右端的常数项 $b_j(j = 1, 2, \cdots, n)$ 替换得到的 n 阶行列式，即

$$D_j = \begin{vmatrix} a_{11} & \cdots & a_{1,j-1} & b_1 & a_{1,j+1} & \cdots & a_{1n} \\ a_{21} & \cdots & a_{2,j-1} & b_2 & a_{2,j+1} & \cdots & a_{2n} \\ \vdots & & \vdots & \vdots & \vdots & & \vdots \\ a_{n1} & \cdots & a_{n,j-1} & b_n & a_{n,j+1} & \cdots & a_{nn} \end{vmatrix}$$

1.2　应用案例分析

1.2.1　机械手的空间位置

若 n 个 n 元函数 $f_j(x_1, x_2, \cdots, x_n), (j = 1, 2, \cdots, n)$ 组成的函数组 $(f_1, f_2, \cdots, f_n)$ 均可微，则

$$\begin{cases} \mathrm{d}f_1 = \dfrac{\partial f_1}{\partial x_1}\mathrm{d}x_1 + \dfrac{\partial f_1}{\partial x_2}\mathrm{d}x_2 + \cdots + \dfrac{\partial f_1}{\partial x_n}\mathrm{d}x_n \\ \mathrm{d}f_2 = \dfrac{\partial f_2}{\partial x_1}\mathrm{d}x_1 + \dfrac{\partial f_2}{\partial x_2}\mathrm{d}x_2 + \cdots + \dfrac{\partial f_2}{\partial x_n}\mathrm{d}x_n \\ \quad\cdots\cdots \\ \mathrm{d}f_n = \dfrac{\partial f_n}{\partial x_1}\mathrm{d}x_1 + \dfrac{\partial f_n}{\partial x_2}\mathrm{d}x_2 + \cdots + \dfrac{\partial f_n}{\partial x_n}\mathrm{d}x_n \end{cases}$$

将变量和函数间的微分关系表示成矩阵形式

$$\begin{bmatrix} \mathrm{d}f_1 \\ \mathrm{d}f_2 \\ \vdots \\ \mathrm{d}f_n \end{bmatrix} = \begin{bmatrix} \dfrac{\partial f_1}{\partial x_1} & \dfrac{\partial f_1}{\partial x_2} & \cdots & \dfrac{\partial f_1}{\partial x_n} \\ \dfrac{\partial f_2}{\partial x_1} & \dfrac{\partial f_2}{\partial x_2} & \cdots & \dfrac{\partial f_2}{\partial x_n} \\ \vdots & \vdots & & \vdots \\ \dfrac{\partial f_n}{\partial x_1} & \dfrac{\partial f_n}{\partial x_2} & \cdots & \dfrac{\partial f_n}{\partial x_n} \end{bmatrix} \begin{bmatrix} \mathrm{d}x_1 \\ \mathrm{d}x_2 \\ \vdots \\ \mathrm{d}x_n \end{bmatrix}$$

或简记为

$$\mathrm{d}\boldsymbol{f} = \boldsymbol{J}\,\mathrm{d}x$$

其中，$\mathrm{d}\boldsymbol{f} = [\mathrm{d}f_1, \mathrm{d}f_2, \cdots, \mathrm{d}f_n]^{\mathrm{T}}$，$\mathrm{d}x = [\mathrm{d}x_1, \mathrm{d}x_2, \cdots, \mathrm{d}x_n]^{\mathrm{T}}$，$\boldsymbol{J}$ 表示雅可比矩阵

$$\boldsymbol{J} = \begin{bmatrix} \dfrac{\partial f_1}{\partial x_1} & \dfrac{\partial f_1}{\partial x_2} & \dfrac{\partial f_1}{\partial x_3} & \cdots & \dfrac{\partial f_1}{\partial x_n} \\ \dfrac{\partial f_2}{\partial x_1} & \dfrac{\partial f_2}{\partial x_2} & \dfrac{\partial f_2}{\partial x_3} & \cdots & \dfrac{\partial f_2}{\partial x_n} \\ \vdots & \vdots & \vdots & & \vdots \\ \dfrac{\partial f_n}{\partial x_1} & \dfrac{\partial f_n}{\partial x_2} & \dfrac{\partial f_n}{\partial x_3} & \cdots & \dfrac{\partial f_n}{\partial x_n} \end{bmatrix}$$

雅可比矩阵在机器人运动学分析、静力学分析和动力学分析以及图形识别等理论中均有重要应用，是机器人运动学研究中的重要工具，对应的雅可比行列式在机器人运动学分析中扮演着重要角色.

例 1.1 考虑两自由度的平面机械手，如图 1.1 所示. 设两杆机械手只在铅垂平面内运动. 已知机械手末端的坐标值为 (x, y)，两个机械手臂长为 l_1 和 l_2，与 x 轴正向夹角分别为 θ_1 和 θ_2. 试给出机械手在操作空间和关节空间的位置关系.

【分析】 若能利用机械手臂长度与 x 轴正向夹角来刻画机械手的位置，可借助函数的微分关系来描述关节与机械手的微小运动.

【模型建立与求解】 根据几何关系建立机械手在操作空间和关节空间的位置关系. 水平 x 方向满足关系：$x = l_1\cos\theta_1 + l_2\cos\theta_2$，铅直 y 方向满足关系：$y = l_1\sin\theta_1 + l_2\sin\theta_2$，则机械手末端位置为

$$\begin{cases} x = l_1\cos\theta_1 + l_2\cos\theta_2 \\ y = l_1\sin\theta_1 + l_2\sin\theta_2 \end{cases}$$

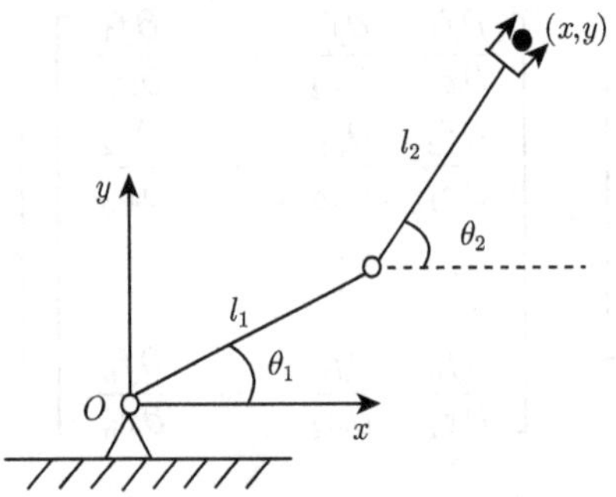

图 1.1　两自由度的平面机械手

两边微分可得

$$\begin{cases} \mathrm{d}x = -l_1 \sin\theta_1 \mathrm{d}\theta_1 - l_2 \sin\theta_2 \mathrm{d}\theta_2 \\ \mathrm{d}y = l_1 \cos\theta_1 \mathrm{d}\theta_1 + l_2 \cos\theta_2 \mathrm{d}\theta_2 \end{cases}$$

写成矩阵形式为

$$\begin{bmatrix} \mathrm{d}x \\ \mathrm{d}y \end{bmatrix} = \begin{bmatrix} -l_1 \sin\theta_1 & -l_2 \sin\theta_2 \\ l_1 \cos\theta_1 & l_2 \cos\theta_2 \end{bmatrix} \begin{bmatrix} \mathrm{d}\theta_1 \\ \mathrm{d}\theta_2 \end{bmatrix}$$

简记为

$$\mathrm{d}\boldsymbol{x} = \boldsymbol{J}\mathrm{d}\boldsymbol{\theta}$$

其中，$\boldsymbol{J}$ 为机械手的雅可比矩阵，该矩阵反映了机械手关节微小位移 $\mathrm{d}\boldsymbol{\theta}$ 与手部微小运动 $\mathrm{d}\boldsymbol{x}$ 之间的关系.

对 $\mathrm{d}\boldsymbol{x} = \boldsymbol{J}\mathrm{d}\theta$ 两端同除以 $\mathrm{d}t$，得 $\boldsymbol{v} = \boldsymbol{J}\boldsymbol{w}$. 其中，$\boldsymbol{w}$ 和 $\boldsymbol{v}$ 分别表示关节速度 $\boldsymbol{w} = \dfrac{\mathrm{d}\theta}{\mathrm{d}t} = \left[\dfrac{\mathrm{d}\theta_1}{\mathrm{d}t}, \dfrac{\mathrm{d}\theta_2}{\mathrm{d}t}\right]^{\mathrm{T}}$ 和手部速度 $\boldsymbol{v} = \left[\dfrac{\mathrm{d}x}{\mathrm{d}t}, \dfrac{\mathrm{d}y}{\mathrm{d}t}\right]^{\mathrm{T}}$. 雅可比矩阵给出了关节的微小运动 (或速度) 与手部微小运动 (或速度) 之间的传递关系.

当雅可比行列式不为零时，若已知机械手手部的微小运动，则可通过计算雅可比矩阵的逆得到机械手关节上的微小运动 (或速度)，进而得到每个关节需要以多快的速度运动，才能使机械手的手部产生所期望的微分运动 (或速度).

【结论】　雅可比矩阵建立了手部操作所在的空间与关节所在空间的联系，它清晰刻画了机械手随时间变化的关系. 雅可比行列式可进一步分析两者之间的联系.

1.2.2 多项式插值

例 1.2 表 1.1 记录了第 x 次观测时某农作物生长的高度 f. 试由表 1.1 中的数据确定该农作物高度 f 与观测次数 x 的二次函数关系式.

表 1.1 观测数据

观测第 x 次	1	2	3	4
高度 f/cm	4	5	6	9

【分析】 给定离散点集 $\{x_i\}_{i=1}^n$ 和函数值 $\{F_i\}_{i=1}^n$，求函数 $\varphi(x)$ 使得

$$\varphi(x_i) = F_i,\ i = 1, 2, \cdots, n \tag{1.1}$$

满足式 (1.1) 的函数 $\varphi(x)$ 有无穷多个. 设函数 $\varphi(x)$ 是 n 个函数 $\{\phi_i(x)\}_{i=1}^n$ 的线性组合，即

$$\varphi(x) = c_1\phi_1(x) + c_2\phi_2(x) + \cdots + c_n\phi_n(x)$$

若离散点 $\{x_i\}_{i=1}^n$ 满足式 (1.1)，则

$$\begin{cases} c_1\phi_1(x_1) + c_2\phi_2(x_1) + \cdots + c_n\phi_n(x_1) = F_1 \\ c_1\phi_1(x_2) + c_2\phi_2(x_2) + \cdots + c_n\phi_n(x_2) = F_2 \\ \cdots\cdots \\ c_1\phi_1(x_n) + c_2\phi_2(x_n) + \cdots + c_n\phi_n(x_n) = F_n \end{cases}$$

矩阵形式为

$$\begin{bmatrix} \phi_1(x_1) & \phi_2(x_1) & \cdots & \phi_n(x_1) \\ \phi_1(x_2) & \phi_2(x_2) & \cdots & \phi_n(x_2) \\ \vdots & \vdots & & \vdots \\ \phi_1(x_n) & \phi_2(x_n) & \cdots & \phi_n(x_n) \end{bmatrix} \begin{bmatrix} c_1 \\ c_2 \\ \vdots \\ c_n \end{bmatrix} = \begin{bmatrix} F_1 \\ F_2 \\ \vdots \\ F_n \end{bmatrix}$$

取不同的函数 $\{\phi_i(x)\}_{i=1}^n$，若线性方程组有解，就得到一个插值函数 $\varphi(x)$. 若选取首项为 1 的多项式函数组 $\phi_1(x) = 1, \phi_2(x) = x, \cdots, \phi_n(x) = x^{n-1}$，则有

$$\begin{cases} c_1 + x_1c_2 + x_1^2c_3 + \cdots + x_1^{n-1}c_n = F_1 \\ c_1 + x_2c_2 + x_2^2c_3 + \cdots + x_2^{n-1}c_n = F_2 \\ \cdots\cdots \\ c_1 + x_nc_2 + x_n^2c_3 + \cdots + x_n^{n-1}c_n = F_n \end{cases} \tag{1.2}$$

对互异的点集 $\{x_i\}_{i=1}^n$，式 (1.2) 所示线性方程组的系数行列式

$$\begin{vmatrix} 1 & x_1 & x_1^2 & \cdots & x_1^{n-1} \\ 1 & x_2 & x_2^2 & \cdots & x_2^{n-1} \\ \vdots & \vdots & \vdots & & \vdots \\ 1 & x_n & x_n^2 & \cdots & x_n^{n-1} \end{vmatrix} = \prod_{1\leqslant j<i\leqslant n}(x_i - x_j) \neq 0$$

由克拉默法则，式 (1.2) 所示线性方程组存在唯一解，即存在唯一的 $c_1, c_2, \cdots, c_n$ 满足式 (1.1) . 若将农作物的高度 f 视为随观测次数 x 变化的函数，原问题可以转化为已知点集 $\{x_i\}_{i=1}^4$ 和函数值 $f(x_i), i = 1,2,3,4$，求式 (1.2) 所示方程组的解.

【模型建立与求解】 将表 1.1 中的观测数据代入式 (1.2)，得

$$\begin{cases} c_1 + 1c_2 + 1^2c_3 + 1^3c_4 = 4 \\ c_1 + 2c_2 + 2^2c_3 + 2^3c_4 = 5 \\ c_1 + 3c_2 + 3^2c_3 + 3^3c_4 = 6 \\ c_1 + 4c_2 + 4^2c_3 + 4^3c_4 = 9 \end{cases} \tag{1.3}$$

关于 c_1, c_2, c_3, c_4 的线性方程组的系数行列式

$$\begin{vmatrix} 1 & 1 & 1^2 & 1^3 \\ 1 & 2 & 2^2 & 2^3 \\ 1 & 3 & 3^2 & 3^3 \\ 1 & 4 & 4^2 & 4^3 \end{vmatrix} = 12 \neq 0$$

因此，由克拉默法则知式 (1.3) 所示线性方程组有唯一解，求得 $c_1 = 1, c_2 = \dfrac{14}{3}, c_3 = -2, c_4 = \dfrac{1}{3}$，于是该农作物高度与观测次数的函数关系为

$$f(x) = 1 + \frac{14}{3}x - 2x^2 + \frac{1}{3}x^3$$

【结论】 插值法是数值逼近的重要方法，该方法在数值计算中起着重要作用. 用代数多项式作为插值函数的插值法称为多项式插值，相应的多项式为插值多项式. 在实际应用中，还可能用到其他类型的插值方法，如拉格朗日 (Lagrange) 插值、牛顿 (Newton) 插值、埃尔米特 (Hermite) 插值和样条插值等.

1.2.3 电路问题

克拉默法则给出了由 n 个未知量 n 个方程构成的方程组是否有解的判定条件，并给出了有唯一解时的求解方法. 许多物理问题，特别是电路问题，可以借助物理定律或原理转化成线性方程组的求解问题.

例 1.3 在如图 1.2 所示的电路图中，已知 $R_1 = 2\Omega$，$R_2 = 4\Omega$，$R_3 = 12\Omega$，$R_4 = 4\Omega$，$R_5 = 12\Omega$，$R_6 = 4\Omega$，$R_7 = 2\Omega$. 设电压源 $U_s = 10\text{V}$，求 I_3,U_4 和 U_7.

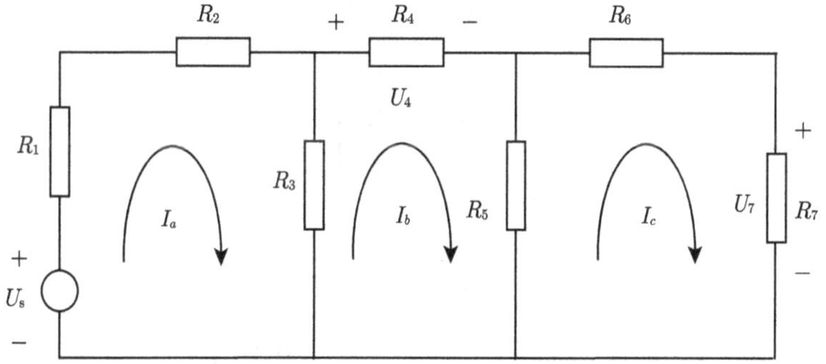

图 1.2 电路结构图

【分析】 由基尔霍夫 (Kirchhoff) 回路电流、电压定律可知，各节点处流入和流出的电流强度的代数和为零，各回路中各支路的电压代数和为零.

【模型建立与求解】 在如图 1.2 所示的 3 个回路中，设每个回路电流分别为 I_a，I_b 和 I_c. 根据基尔霍夫电压定律，任何回路中元件上的电压之和等于零. 按 3 个回路列出电压方程为

$$\begin{cases} (R_1+R_2+R_3)I_a - R_3I_b = U_s \\ -R_3I_a + (R_3+R_4+R_5)I_b - R_5I_c = 0 \\ -R_5I_b + (R_5+R_6+R_7)I_c = 0 \end{cases}$$

代入已知数据，得

$$\begin{cases} 18I_a - 12I_b = 10 \\ -12I_a + 28I_b - 12I_c = 0 \\ -12I_b + 18I_c = 0 \end{cases}$$

由克拉默法则，得

$$I_a = \frac{\begin{vmatrix} 10 & -12 & 0 \\ 0 & 28 & -12 \\ 0 & -12 & 18 \end{vmatrix}}{\begin{vmatrix} 18 & -12 & 0 \\ -12 & 28 & -12 \\ 0 & -12 & 18 \end{vmatrix}} = 0.9259(\text{A})$$

$$I_b = \frac{\begin{vmatrix} 18 & 10 & 0 \\ -12 & 0 & -12 \\ 0 & 0 & 18 \end{vmatrix}}{\begin{vmatrix} 18 & -12 & 0 \\ -12 & 28 & -12 \\ 0 & -12 & 18 \end{vmatrix}} = 0.5556(\text{A})$$

$$I_c = \frac{\begin{vmatrix} 18 & -12 & 10 \\ -12 & 28 & 0 \\ 0 & -12 & 0 \end{vmatrix}}{\begin{vmatrix} 18 & -12 & 0 \\ -12 & 28 & -12 \\ 0 & -12 & 18 \end{vmatrix}} = 0.3704(\text{A})$$

于是，由基尔霍夫电压定律有

$$\begin{cases} U_4 = (R_3 + R_4 + R_5)I_b \\ U_7 = (R_5 + R_6 + R_7)I_c \end{cases}$$

代入求得的数据，得 $U_4 = 15.6\text{V}$ 和 $U_7 = 6.7\text{V}$.

【结论】 该问题为电路平衡条件问题，用类似的方法可以求解其他的电路问题，如桥式电路电流和电阻电路等电路问题.

1.2.4 复线性方程组的求解

在解决实际问题时，需要注意行列式的定义和克拉默法则的适用条件. 在行列式的定义中，其元素可以为实数、复数，也可为多项式或函数，在作运算时需要特别注意相应的运算规则. 同样，在应用克拉默法则时也需要注意该法则成立的条件.

例 1.4 求复数 z_1, z_2 满足的线性方程组

$$\begin{cases} 2z_1 - z_2 = 2\mathrm{i} & (1.4\mathrm{a}) \\ (1+\mathrm{i})z_1 + \mathrm{i}z_2 = 4 - 3\mathrm{i} & (1.4\mathrm{b}) \end{cases}$$

其中，i 表示虚数单位，即 $\mathrm{i}^2 = -1$.

【分析】 对二元线性方程组，可利用复数的四则运算，通过消元法求得未知量 z_1, z_2. 对复线性方程组，借助行列式的理论，能否直接利用克拉默法则计算呢？下采用 3 种方法求解该问题，来观察克拉默法则对复线性方程组是否仍然有效.

【模型建立与求解】 首先，利用消元法求解该问题. 由 $(1.4\mathrm{a}) \times \mathrm{i} + (1.4\mathrm{b})$ 可得 $z_1 = -\dfrac{7}{10} - \dfrac{9}{10}\mathrm{i}$，将其代入式 (1.4a) 得到 $z_2 = -\dfrac{7}{5} - \dfrac{19}{5}\mathrm{i}$.

其次，原方程组的系数行列式

$$\begin{vmatrix} 2 & -1 \\ 1+\mathrm{i} & \mathrm{i} \end{vmatrix} = 3\mathrm{i} + 1 \neq 0$$

由克拉默法则知原方程存在唯一解，且

$$z_1 = \frac{\begin{vmatrix} 2\mathrm{i} & -1 \\ 4-3\mathrm{i} & \mathrm{i} \end{vmatrix}}{\begin{vmatrix} 2 & -1 \\ 1+\mathrm{i} & \mathrm{i} \end{vmatrix}} = -\frac{7}{10} - \frac{9}{10}\mathrm{i}$$

$$z_2 = \frac{\begin{vmatrix} 2 & 2\mathrm{i} \\ 1+\mathrm{i} & 4-3\mathrm{i} \end{vmatrix}}{\begin{vmatrix} 2 & -1 \\ 1+\mathrm{i} & \mathrm{i} \end{vmatrix}} = -\frac{7}{5} - \frac{19}{5}\mathrm{i}$$

容易发现，用消元法和克拉默法则来求解该问题结果是一致的. 与此同时，注意到 z_1, z_2 复数可表示为 $z_1 = x_1 + y_1\mathrm{i}$，$z_2 = x_2 + y_2\mathrm{i}$，其中，$x_1, x_2, y_1, y_2 \in \mathbf{R}$. 原方程组可化成

$$\begin{cases} 2(x_1 + y_1\mathrm{i}) - (x_2 + y_2\mathrm{i}) = 2\mathrm{i} \\ (1+\mathrm{i})(x_1 + y_1\mathrm{i}) + \mathrm{i}(x_2 + y_2\mathrm{i}) = 4 - 3\mathrm{i} \end{cases}$$

即

$$\begin{cases} 2x_1 - x_2 + (2y_1 - y_2)\mathrm{i} = 2\mathrm{i} \\ x_1 - y_1 - y_2 + (x_1 + y_1 + x_2)\mathrm{i} = 4 - 3\mathrm{i} \end{cases}$$

由复数的相等的定义，可得关于 x_1, y_1, x_2, y_2 的实系数线性方程组

$$\begin{cases} 2x_1 - x_2 = 0 \\ 2y_1 - y_2 = 2 \\ x_1 - y_1 - y_2 = 4 \\ x_1 + y_1 + x_2 = -3 \end{cases}$$

相应线性方程组的系数行列式

$$\begin{vmatrix} 2 & 0 & -1 & 0 \\ 0 & 2 & 0 & -1 \\ 1 & -1 & 0 & -1 \\ 1 & 1 & 1 & 0 \end{vmatrix} = 10 \neq 0$$

由克拉默法则知线性方程组有唯一解，且求得

$$x_1 = -\frac{7}{10},\ y_1 = -\frac{9}{10},\ x_2 = -\frac{7}{5},\ y_2 = -\frac{19}{5}$$

于是，$z_1 = -\frac{7}{10} - \frac{9}{10}\mathrm{i}, z_2 = -\frac{7}{5} - \frac{19}{5}\mathrm{i}.$

【结论】 在许多大规模科学计算和工程领域中，经常会遇到复线性方程组的求解问题，如量子力学计算、电磁学计算和交流稳态电路设计等. 在这些问题中，通常需要求解如下复线性方程组

$$\boldsymbol{Ax} = \boldsymbol{b},\ \ \boldsymbol{A} \in \mathbf{C}^{n\times n}\ ,\ \boldsymbol{x} \in \mathbf{C}^n,\ \boldsymbol{b} \in \mathbf{C}^n$$

对于复线性方程组的求解，当方程个数较多时，克拉默法则优于消元法. 若将系数矩阵、解向量和右端项分别写成实部和虚部的形式，即 $\boldsymbol{A} = \boldsymbol{A}_R + \mathrm{i}\boldsymbol{A}_I$, $\boldsymbol{A}_R, \boldsymbol{A}_I \in \mathbf{R}^{n\times n}, \boldsymbol{x} = \boldsymbol{x}_R + \mathrm{i}\boldsymbol{x}_I,\ \boldsymbol{x}_R,\ \boldsymbol{x}_I \in \mathbf{R}^n, \boldsymbol{b} = \boldsymbol{b}_R + \mathrm{i}\boldsymbol{b}_I, \boldsymbol{b}_R, \boldsymbol{b}_I \in \mathbf{R}^n$, 则复线性方程组可以等价的表示为

$$\begin{bmatrix} \boldsymbol{A}_R & -\boldsymbol{A}_I \\ \boldsymbol{A}_I & \boldsymbol{A}_R \end{bmatrix} \begin{bmatrix} \boldsymbol{x}_R \\ \boldsymbol{x}_I \end{bmatrix} = \begin{bmatrix} \boldsymbol{b}_R \\ \boldsymbol{b}_I \end{bmatrix}$$

复线性方程组也可转化成实线性方程组后继续使用克拉默法则.

当未知量个数和方程组个数相同时，尽管克拉默法则从理论上提供了计算方案，但由于行列式的计算量太大，实际问题求解中通常不采用该方法. 对于大型稀疏线性方程组求解较多采用高斯消元和 LU 分解等方法. 基于系数矩阵的迭代法也是求解大型稀疏线性方程组的有效方法.

1.2.5 几何问题的简化表示

例 1.5 已知四面体的 6 条棱长，结合行列式的知识，能否用四面体的 6 条棱长去表示它的体积？若能，给出四面体的体积和棱长之间的关系.

【分析】 在笛卡儿直角坐标系中，容易验证：在图 1.3(a) 中，若向量 $\boldsymbol{u}$ 和 $\boldsymbol{v}$ 对应坐标分别为 (a_1,b_1) 和 (a_2,b_2)，则向量 $\boldsymbol{u}$ 和 $\boldsymbol{v}$ 所构成的平行四边形的面积为行列式 $\begin{vmatrix} a_1 & b_1 \\ a_2 & b_2 \end{vmatrix}$ 的绝对值；在图 1.3(b) 中，若向量 $\boldsymbol{u},\boldsymbol{v}$ 和 $\boldsymbol{w}$ 对应坐标分别为 (a_1,b_1,c_1)，(a_2,b_2,c_2) 和 (a_3,b_3,c_3)，则向量 $\boldsymbol{u},\boldsymbol{v}$ 和 $\boldsymbol{w}$ 所构成的平行六面体的体积为行列式

$$\begin{vmatrix} a_1 & b_1 & c_1 \\ a_2 & b_2 & c_2 \\ a_3 & b_3 & c_3 \end{vmatrix}$$

的绝对值.

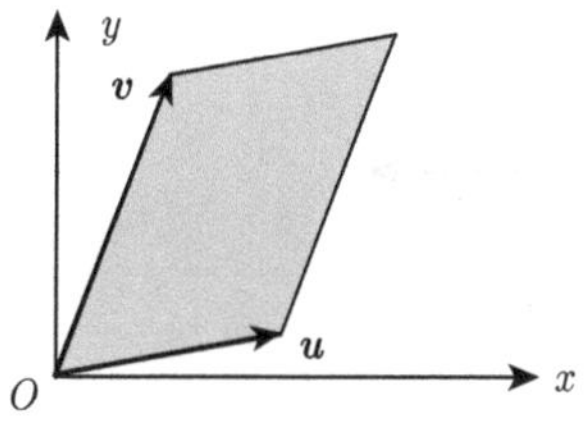

(a) 向量构成的平行四边形

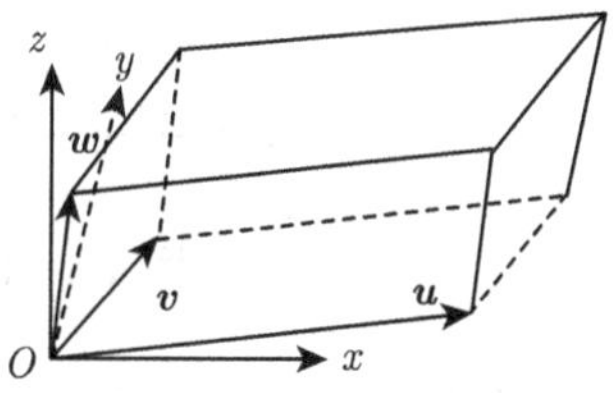

(b) 向量构成的平行六面体

图 1.3 2 阶、3 阶行列式的几何意义示意图

更一般的，平面直角坐标系上起点为原点的 3 个向量，对应点坐标分别为 $A(x_1,y_1),B(x_2,y_2),C(x_3,y_3)$，则可以证明这 3 个 (不共线) 点围成的三角形面积 $S_{\text{三角形}ABC}$ 为行列式

$$\frac{1}{2}\begin{vmatrix} x_1 & y_1 & 1 \\ x_2 & y_2 & 1 \\ x_3 & y_3 & 1 \end{vmatrix}$$

的绝对值. 给定 4 个点 $A(x_1,y_1,z_1),B(x_2,y_2,z_2),C(x_3,y_3,z_3),D(x_4,y_4,z_4)$，则这 4 个 (不共面) 点围成的四面体体积 $V_{\text{四面体}ABCD}$ 为行列式

$$\frac{1}{6}\begin{vmatrix} x_1 & y_1 & z_1 & 1 \\ x_2 & y_2 & z_2 & 1 \\ x_3 & y_3 & z_3 & 1 \\ x_4 & y_4 & z_4 & 1 \end{vmatrix}$$

的绝对值.

【模型建立与求解】 建立如图 1.4 所示的坐标系. 设 A,B,C 三点的坐标分别为 $(a_1,b_1,c_1),(a_2,b_2,c_2)$，$(a_3,b_3,c_3)$. 设四面体 $OABC$ 的六条棱长分别为 l,m,n,p,q,r. 由立体几何知识可知，该四面体的体积 V 等于以向量 $\overrightarrow{OA},\overrightarrow{OB}$ 和 $\overrightarrow{OC}$ 为棱的平行六面体体积的 $\frac{1}{6}$.

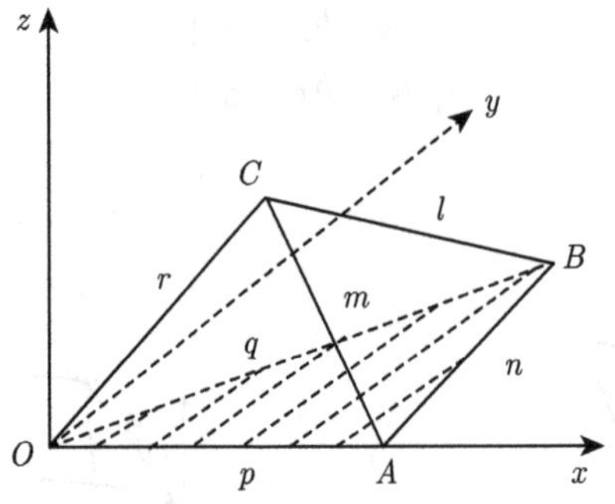

图 1.4　四面体坐标系示意图

根据以上分析以及图 1.4 中建立的坐标系，有

$$V=\frac{1}{6}\left\|\begin{matrix} 0 & 0 & 0 & 1 \\ a_1 & b_1 & c_1 & 1 \\ a_2 & b_2 & c_2 & 1 \\ a_3 & b_3 & c_3 & 1 \end{matrix}\right\|=\frac{1}{6}\left\|\begin{matrix} a_1 & b_1 & c_1 \\ a_2 & b_2 & c_2 \\ a_3 & b_3 & c_3 \end{matrix}\right\|$$

于是

$$6V=\left\|\begin{matrix} a_1 & b_1 & c_1 \\ a_2 & b_2 & c_2 \\ a_3 & b_3 & c_3 \end{matrix}\right\|$$

将上式平方，再结合矩阵乘法，得

$$36V^2=\begin{vmatrix} a_1 & b_1 & c_1 \\ a_2 & b_2 & c_2 \\ a_3 & b_3 & c_3 \end{vmatrix}\cdot\begin{vmatrix} a_1 & b_1 & c_1 \\ a_2 & b_2 & c_2 \\ a_3 & b_3 & c_3 \end{vmatrix}=\left|\begin{bmatrix} a_1 & b_1 & c_1 \\ a_2 & b_2 & c_2 \\ a_3 & b_3 & c_3 \end{bmatrix}\cdot\begin{bmatrix} a_1 & a_2 & a_3 \\ b_1 & b_2 & b_3 \\ c_1 & c_2 & c_3 \end{bmatrix}\right|$$

$$=\begin{vmatrix} a_1^2+b_1^2+c_1^2 & a_1a_2+b_1b_2+c_1c_2 & a_1a_3+b_1b_3+c_1c_3 \\ a_1a_2+b_1b_2+c_1c_2 & a_2^2+b_2^2+c_2^2 & a_2a_3+b_2b_3+c_2c_3 \\ a_1a_3+b_1b_3+c_2c_3 & a_2a_3+b_2b_3+c_2c_3 & a_3^2+b_3^2+c_3^2 \end{vmatrix}$$

另一方面，根据向量数量积的运算，有

$$\overrightarrow{OA}\cdot\overrightarrow{OA}=a_1^2+b_1^2+c_1^2,\quad \overrightarrow{OA}\cdot\overrightarrow{OB}=a_1a_2+b_1b_2+c_1c_2$$

$$\overrightarrow{OA}\cdot\overrightarrow{OC}=a_1a_3+b_1b_3+c_1c_3,\quad \overrightarrow{OB}\cdot\overrightarrow{OB}=a_2^2+b_2^2+c_2^2$$

$$\overrightarrow{OB}\cdot\overrightarrow{OC}=a_2a_3+b_2b_3+c_2c_3,\quad \overrightarrow{OC}\cdot\overrightarrow{OC}=a_3^2+b_3^2+c_3^2$$

从而

$$36V^2=\begin{vmatrix} \overrightarrow{OA}\cdot\overrightarrow{OA} & \overrightarrow{OA}\cdot\overrightarrow{OB} & \overrightarrow{OA}\cdot\overrightarrow{OC} \\ \overrightarrow{OA}\cdot\overrightarrow{OB} & \overrightarrow{OB}\cdot\overrightarrow{OB} & \overrightarrow{OB}\cdot\overrightarrow{OC} \\ \overrightarrow{OA}\cdot\overrightarrow{OC} & \overrightarrow{OB}\cdot\overrightarrow{OC} & \overrightarrow{OC}\cdot\overrightarrow{OC} \end{vmatrix} \tag{1.5}$$

由余弦定理，可得 $\overrightarrow{OA}\cdot\overrightarrow{OB}=p\cdot q\cdot\cos\theta=\dfrac{p^2+q^2-n^2}{2}$，其中，$\theta$ 为 $\overrightarrow{OA}$ 与 $\overrightarrow{OB}$ 的夹角. 同理，$\overrightarrow{OA}\cdot\overrightarrow{OC}=\dfrac{p^2+r^2-m^2}{2}$，$\overrightarrow{OB}\cdot\overrightarrow{OC}=\dfrac{q^2+r^2-l^2}{2}$. 将以上各式代入式 (1.5)，得

$$V=\frac{1}{6}\sqrt{D}$$

其中，

$$D=\begin{vmatrix} p^2 & \dfrac{p^2+q^2-n^2}{2} & \dfrac{p^2+r^2-m^2}{2} \\ \dfrac{p^2+q^2-n^2}{2} & q^2 & \dfrac{q^2+r^2-l^2}{2} \\ \dfrac{p^2+r^2-m^2}{2} & \dfrac{q^2+r^2-l^2}{2} & r^2 \end{vmatrix}$$

【结论】　此例为著名的欧拉 (Euler) 四面体问题. 利用行列式还可判定给定 3 点是否共线、给定 4 点是否共面以及用行列式给出过两点的直线方程. 可见，借助行列式的几何意义，可以使得一些复杂的几何问题的解决 (或表示) 更直观和简洁.

1.2.6 空间曲线的切线和法平面

例 1.6　设空间曲线 Γ 的方程为

$$\begin{cases} F(x,y,z)=0 \\ G(x,y,z)=0 \end{cases}$$

若 $M_0(x_0,y_0,z_0)$ 为曲线 Γ 上一点，在该点的某个邻域内 F,G 具有对各个变量有连续的偏导数且雅可比行列式满足 $\dfrac{\partial(F,G)}{\partial(y,z)}\neq 0$. 试求曲线 Γ 的在 M_0 处的切线和法平面方程.

【分析】　若空间曲线 Γ 的方程为

$$\begin{cases} y=\psi(x) \\ z=\varphi(x) \end{cases}$$

取自变量 x 为参数，则曲线 Γ 的参数方程为

$$\begin{cases} x=x \\ y=\psi(x) \\ z=\varphi(x) \end{cases}$$

则曲线 Γ 在 M_0 处的切线和法平面方程分别为

$$\frac{x-x_0}{1}=\frac{y-y_0}{\psi'(x_0)}=\frac{z-z_0}{\varphi'(x_0)}$$

$$(x-x_0)+\psi'(x_0)(y-y_0)+\varphi'(x_0)(z-z_0)=0$$

由隐函数存在定理，曲线 Γ 的方程在 $M_0(x_0,y_0,z_0)$ 某个邻域内确定了一组函数 $y=\psi(x),z=\varphi(x)$，欲求曲线 Γ 在 M_0 处的切线和法平面方程，只需求 $\psi'(x_0)$，$\varphi'(x_0)$ 即可.

【模型建立与求解】　对曲线 Γ 的方程

$$\begin{cases} F(x,\psi(x),\varphi(x))=0 \\ G(x,\psi(x),\varphi(x))=0 \end{cases}$$

关于变量 x 求导数，得

$$\begin{cases} \dfrac{\partial F}{\partial x}+\dfrac{\partial F}{\partial y}\dfrac{\mathrm{d}y}{\mathrm{d}x}+\dfrac{\partial F}{\partial z}\dfrac{\mathrm{d}z}{\mathrm{d}x}=0 \\ \dfrac{\partial G}{\partial x}+\dfrac{\partial G}{\partial y}\dfrac{\mathrm{d}y}{\mathrm{d}x}+\dfrac{\partial G}{\partial z}\dfrac{\mathrm{d}z}{\mathrm{d}x}=0 \end{cases}$$

由假设知在点 M_0 的某个邻域内雅可比行列式满足 $\dfrac{\partial(F,G)}{\partial(y,z)} \neq 0$，由克拉默法则知

$$\frac{\mathrm{d}y}{\mathrm{d}x} = \psi'(x) = \frac{\begin{vmatrix} -F_x & F_z \\ -G_x & G_z \end{vmatrix}}{\begin{vmatrix} F_y & F_z \\ G_y & G_z \end{vmatrix}}, \quad \frac{\mathrm{d}z}{\mathrm{d}x} = \varphi'(x) = \frac{\begin{vmatrix} F_y & -F_x \\ G_y & -G_x \end{vmatrix}}{\begin{vmatrix} F_y & F_z \\ G_y & G_z \end{vmatrix}}$$

从而

$$\left.\frac{\mathrm{d}y}{\mathrm{d}x}\right|_{M_0} = \psi'(x_0) = \frac{\begin{vmatrix} -F_x & F_z \\ -G_x & G_z \end{vmatrix}_{M_0}}{\begin{vmatrix} F_y & F_z \\ G_y & G_z \end{vmatrix}_{M_0}}, \quad \left.\frac{\mathrm{d}z}{\mathrm{d}x}\right|_{M_0} = \varphi'(x_0) = \frac{\begin{vmatrix} F_y & -F_x \\ G_y & -G_x \end{vmatrix}_{M_0}}{\begin{vmatrix} F_y & F_z \\ G_y & G_z \end{vmatrix}_{M_0}}$$

于是，曲线 Γ 在 M_0 处的切线和法平面方程分别为

$$\frac{x-x_0}{\begin{vmatrix} F_y & F_z \\ G_y & G_z \end{vmatrix}_{M_0}} = \frac{y-y_0}{\begin{vmatrix} -F_x & F_z \\ -G_x & G_z \end{vmatrix}_{M_0}} = \frac{z-z_0}{\begin{vmatrix} F_y & -F_x \\ G_y & -G_x \end{vmatrix}_{M_0}}$$

$$(x-x_0)\begin{vmatrix} F_y & F_z \\ G_y & G_z \end{vmatrix}_{M_0} + (y-y_0)\begin{vmatrix} -F_x & F_z \\ -G_x & G_z \end{vmatrix}_{M_0} + (z-z_0)\begin{vmatrix} F_y & -F_x \\ G_y & -G_x \end{vmatrix}_{M_0} = 0$$

【结论】 借助行列式理论求解空间曲线上一点处的切线、法平面方程，简单易行且容易掌握. 在多元微积分的研究中，行列式以及运算技巧的使用也便于记忆和理解一些复杂的公式，如斯托克斯 (Stokes) 方程等.

1.2.7 常系数线性微分方程的求解

线性代数理论在自动控制理论的电路设计与建模以及相应数学模型的求解中扮演着重要的角色，特别是在高阶动态电子电路和系统分析中有重要应用.

例 1.7 考虑如图 1.5 所示的串联电路图，已知电阻 R、电容 C、电源 E 和自感 L 均为常数. 求电容器两极板间的电压 $U(t)$ 和电流 $I(t)$.

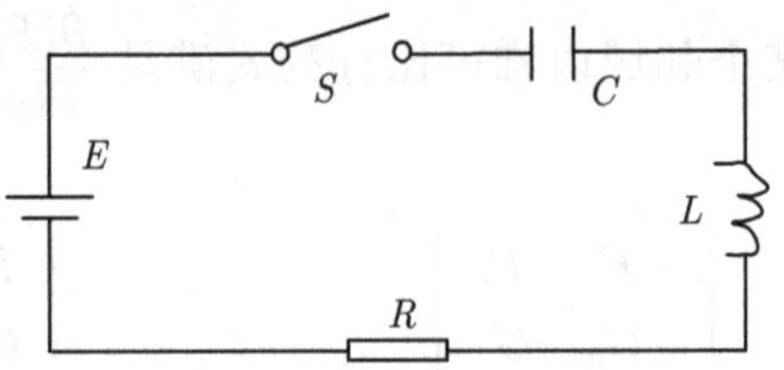

图 1.5　串联电路图

【分析】　首先根据电学知识建立常系数常微分方程 (组)，然后通过求解常微分方程 (组) 得到原问题的解，计算过程可借助行列式来简化计算.

【模型建立与求解】　设电容器极板上的电荷量为 $Q(t)$，自感电动势为 E_L，电阻电压为 U_R. 由电学知识，有

$$I(t)=\frac{\mathrm{d}Q(t)}{\mathrm{d}t},\quad U(t)=\frac{Q(t)}{C},\quad E_L=L\frac{\mathrm{d}I(t)}{\mathrm{d}t},\quad U_R=I(t)R$$

根据回路电压定律，得 $E_L+U+U_R=E$，于是

$$L\frac{\mathrm{d}I(t)}{\mathrm{d}t}+\frac{Q}{C}+IR=E \tag{1.6}$$

由式 (1.6) 的计算知电压 $U(t)$ 满足如下二阶常微分方程

$$\frac{\mathrm{d}^2U(t)}{\mathrm{d}t^2}+\frac{R}{C}\frac{\mathrm{d}U(t)}{\mathrm{d}t}+\frac{1}{LC}U(t)=\frac{E}{LC} \tag{1.7}$$

初值条件 $U(0)=0, U'(0)=0$. 由 $\dfrac{\mathrm{d}Q(t)}{\mathrm{d}t}=I(t)$ 知

$$Q(t)=\frac{1}{C}\int_0^t I(\tau)\mathrm{d}\tau$$

可得到电流 $I(t)$ 满足如下积分微分方程

$$L\frac{\mathrm{d}I(t)}{\mathrm{d}t}+\frac{1}{C}\int_0^t I(\tau)\mathrm{d}\tau+I(t)R=E \tag{1.8}$$

与此同时，电压和电流还满足微分方程组

$$\begin{cases} C\dfrac{\mathrm{d}U(t)}{\mathrm{d}t}=I(t) \\ L\dfrac{\mathrm{d}I(t)}{\mathrm{d}t}+U(t)+I(t)R=E \end{cases} \tag{1.9}$$

通过求解式 (1.7) 所示二阶常微分方程，可求得电压 $U(t)$. 再由 $I(t)=\dfrac{\mathrm{d}Q(t)}{\mathrm{d}t}=C\dfrac{\mathrm{d}U(t)}{\mathrm{d}t}$ 求得电流 $I(t)$. 求解式 (1.7) 所示二阶微分方程有多种方法. 下面采用拉普拉斯变换方法求解式 (1.7).

令 $U(t)$ 的拉普拉斯变换

$$\mathcal{L}[U(t)](s)=\tilde{U}(s)=\int_0^{+\infty}\mathrm{e}^{-st}U(t)\mathrm{d}t$$

将式 (1.7) 两边作拉普拉斯变换，利用 $\mathcal{L}\left[U''(t)\right](s)=s^2\tilde{U}(s)-sU(0)-U'(0)$，$\mathcal{L}\left[U'(t)\right](s)=s\tilde{U}(s)-U(0)$ 及 $\mathcal{L}\left[1\right](s)=1/s$，得

$$s^2\tilde{U}(s)-sU(0)-U'(0)+\frac{R}{L}s\tilde{U}(s)-U(0)+\frac{1}{LC}\tilde{U}(s)=\frac{E}{LC}\frac{1}{s}$$

注意到初值条件 $U(0)=0$，$U'(0)=0$，则

$$s^2\tilde{U}(s)+\frac{R}{L}s\tilde{U}(s)+\frac{1}{LC}\tilde{U}(s)=\frac{E}{LC}\frac{1}{s}$$

整理可得

$$\tilde{U}(s)=\frac{1}{s}\frac{E}{LC}\frac{1}{s^2+\dfrac{R}{L}s+\dfrac{1}{LC}}=\frac{E}{LC}\frac{1}{s(s-s_1)(s-s_1)}$$

其中，s_1,s_2 为方程 $s^2+\dfrac{R}{L}s+\dfrac{1}{LC}=0$ 的不同的两个实根. 令

$$\tilde{U}(s)=\frac{E}{LC}\frac{1}{s(s-s_1)(s-s_1)}=\frac{E}{LC}\left[\frac{a}{s-s_1}+\frac{b}{s-s_2}+\frac{d}{s}\right]$$

通分可得

$$\begin{aligned}&\frac{E}{LC}\left[\frac{a}{s-s_1}+\frac{b}{s-s_2}+\frac{d}{s}\right]\\=&\frac{E}{LC}\times\left[\frac{(a+b+d)s^2-(s_1b+s_2a+s_1d+s_2d)s+ds_1s_2}{s(s-s_1)(s-s_2)}\right]\end{aligned}$$

比较方程两边系数，得

$$\begin{cases}a+b+d=0\\s_2a+s_1b+(s_1+s_2)d=0\\s_1s_2d=1\end{cases}$$

利用克拉默法则得

$$a=\frac{1}{s_2(s_2-s_1)};\quad b=-\frac{1}{s_1(s_2-s_1)};\quad d=\frac{1}{s_1s_2}$$

于是

$$\tilde{U}(s)=\frac{E}{LC}\frac{1}{s_2(s_2-s_1)}\frac{1}{s-s_1}-\frac{E}{LC}\frac{1}{s_1(s_2-s_1)}\frac{1}{s-s_2}+\frac{E}{LC}\frac{1}{s_1s_2}\frac{1}{s}$$

对上式两边作拉普拉斯逆变换，且利用 $\mathcal{L}^{-1}[1/(s-k)]=\mathrm{e}^{kt}(s>k)$ 及 $\mathcal{L}^{-1}[1/s]=1$，得电压

$$\begin{aligned}U(t)=&\frac{E}{LC}\frac{1}{s_2(s_2-s_1)}\mathcal{L}^{-1}\left[\frac{1}{s-s_1}\right]\\&-\frac{E}{LC}\frac{1}{s_1(s_2-s_1)}\mathcal{L}^{-1}\left[\frac{1}{s-s_2}\right]+\frac{E}{LC}\frac{1}{s_1s_2}\mathcal{L}^{-1}\left[\frac{1}{s}\right]\\=&\frac{E}{LC}\frac{1}{s_2(s_2-s_1)}\mathrm{e}^{s_1t}-\frac{E}{LC}\frac{1}{s_1(s_2-s_1)}\mathrm{e}^{s_2t}+\frac{E}{LC}\frac{1}{s_1s_2}\end{aligned}$$

从而，电流

$$I(t)=C\frac{\mathrm{d}U(t)}{\mathrm{d}t}=\frac{E}{L}\frac{s_1}{s_2(s_2-s_1)}\mathrm{e}^{s_1t}-\frac{E}{L}\frac{s_2}{s_1(s_2-s_1)}\mathrm{e}^{s_2t}$$

【结论】 可以看出，行列式理论和克拉默法则给求解常微分方程带来了很大的便利. 需要指出，当 s_1,s_2 为复数时，除用克拉默法则外，还可借助复变函数中的留数定理来求解拉普拉斯逆变换. 本例可以先通过式 (1.8) 求电流，还可直接求解式 (1.9) 所示微分方程组，同时求出电流和电压.

1.2.8　常系数线性微分方程组的求解

例 1.8　求微分方程组

$$\begin{cases}\dfrac{\mathrm{d}x}{\mathrm{d}t}-3x+2y=0\\[2mm]\dfrac{\mathrm{d}y}{\mathrm{d}t}+3x+2y=0\end{cases}$$

满足初值条件 $x(0)=1,y(0)=2$ 的解.

【分析】 对于常系数常微分方程组，可以采用一些变量替换将某些变量消去，得到某一个变量的高阶微分方程，通过求解高阶常微分方程求得原方程组的解. 欲求解方程组满足初值条件的解，需要先求其通解，而通解为线性无关的解的线性组合. 设函数集合 $y_1(t), y_2(t), \cdots, y_{n-1}(t), y_n(t)$ 中的每个函数在区间 I 上均有 $n-1$ 阶导数，则行列式

$$W(y_1(t), y_2(t), \cdots, y_{n-1}(t), y_n(t)) = \begin{vmatrix} y_1(t) & y_2(t) & \cdots & y_n(t) \\ \dfrac{\mathrm{d}y_1(t)}{\mathrm{d}t} & \dfrac{\mathrm{d}y_2(t)}{\mathrm{d}t} & \cdots & \dfrac{\mathrm{d}y_n(t)}{\mathrm{d}t} \\ \vdots & \vdots & & \vdots \\ \dfrac{\mathrm{d}^{n-1}y_1(t)}{\mathrm{d}t^{n-1}} & \dfrac{\mathrm{d}^{n-1}y_2(t)}{\mathrm{d}t^{n-1}} & \cdots & \dfrac{\mathrm{d}^{n-1}y_n(t)}{\mathrm{d}t^{n-1}} \end{vmatrix}$$

称为给定函数集合的朗斯基 (Wronski) 行列式. 可以证明，n 阶齐次线性微分方程

$$\frac{\mathrm{d}^n x}{\mathrm{d}t^n} + a_{n-1}\frac{\mathrm{d}^{n-1}x}{\mathrm{d}t^{n-1}} + \cdots + a_1\frac{\mathrm{d}x}{\mathrm{d}t} + a_0 x = 0,\ (\ a_j \in \mathrm{R},\ j = 0, 1, \cdots, n-1)$$

的解 $x_1(t), x_2(t), \cdots, x_{n-1}(t), x_n(t)$ 线性无关当且仅当相应的朗斯基列式恒不为零. 此时，方程的通解为 $x(t) = C_1x_1(t) + C_2x_2(t) + \cdots + C_{n-1}x_{n-1}(t) + C_nx_n(t)$，其中，$C_1, C_2, \cdots, C_{n-1}, C_n$ 为实常数.

【模型建立与求解】 **方法 1** (微分算子方法)

令 $D := \dfrac{\mathrm{d}}{\mathrm{d}t}$，则原微分方程组等价表示为

$$\begin{cases} (D-3)x + 2y = 0 \\ 3x + (D+2)y = 0 \end{cases}$$

由克拉默法则得

$$\begin{vmatrix} D-3 & 2 \\ 3 & D+2 \end{vmatrix} x = (D^2 - D - 12)x = 0$$

关于 $x(t)$ 的二阶常微分方程的特征方程为 $r^2 - r - 12 = 0$，特征值为 $r_1 = -3$, $r_2 = 4$. 于是，其通解为 $x = C_1\mathrm{e}^{-3t} + C_2\mathrm{e}^{4t}$. 从而

$$y = -\frac{1}{2}(D-3)x = -\frac{1}{2}(-6C_1\mathrm{e}^{-3t} + C_2\mathrm{e}^{4t})$$

结合初值条件 $x(0)=1$，得

$$\begin{cases} C_1+C_2=1 \\ 3C_1-\dfrac{1}{2}C_2=2 \end{cases}$$

解得

$$C_1=\frac{5}{7},\ C_2=\frac{2}{7}$$

故原方程组的解为

$$\begin{cases} x=\dfrac{5}{7}\mathrm{e}^{-3t}+\dfrac{2}{7}\mathrm{e}^{4t} \\ y=\dfrac{15}{7}\mathrm{e}^{-3t}-\dfrac{1}{7}\mathrm{e}^{4t} \end{cases}$$

方法 2 (拉普拉斯变换方法)　设 $\mathcal{L}[x(t)](s)=X(s)$, $\mathcal{L}[y(t)](s)=Y(s)$. 对原方程组两边作拉普拉斯变换，利用 $\mathcal{L}\left[\dfrac{\mathrm{d}x(t)}{\mathrm{d}t}\right](s)=sX(s)-x(0)$，有

$$\begin{cases} sX(s)-x(0)-3X(s)+2Y(s)=0 \\ sY(s)-y(0)+3X(s)+2Y(s)=0 \end{cases}$$

注意到初值条件 $x(0)=1, y(0)=2$, 则

$$\begin{cases} (s-3)X(s)+2Y(s)=1 \\ 3X(s)+(s+2)Y(s)=2 \end{cases}$$

利用克拉默法则，得

$$X(s)=\frac{\begin{vmatrix} 1 & 2 \\ 2 & s+2 \end{vmatrix}}{\begin{vmatrix} s-3 & 2 \\ 3 & s+2 \end{vmatrix}}=\frac{s-2}{(s+3)(s-4)}$$

$$Y(s)=\frac{\begin{vmatrix} s-3 & 1 \\ 3 & 2 \end{vmatrix}}{\begin{vmatrix} s-3 & 2 \\ 3 & s+2 \end{vmatrix}}=\frac{2s-9}{(s+3)(s-4)}$$

令

$$X(s)=\frac{a}{s+3}+\frac{b}{s-4}=\frac{s-2}{(s-3)(s-4)}$$

通分可得

$$\frac{(a+b)s-4a+3b}{(s+3)(s-4)}=\frac{s-2}{(s+3)(s-4)}$$

比较方程两边系数，得

$$\begin{cases} a+b=1 \\ -4a+3b=-2 \end{cases}$$

由克拉默法则求得 $a=\frac{5}{7}, b=\frac{2}{7}$.

于是
$$X(s)=\frac{5}{7}\frac{1}{s+3}+\frac{2}{7}\frac{1}{s-4}$$

对上式两边作拉普拉斯逆变换，且注意到 $\mathcal{L}^{-1}\left[1/(s-k)\right]=\mathrm{e}^{kt}(\ s>k)$，有

$$x(t)=\frac{5}{7}\mathcal{L}^{-1}\left[\frac{1}{s+3}\right]+\frac{2}{7}\mathcal{L}^{-1}\left[\frac{1}{s-4}\right]=\frac{5}{7}\mathrm{e}^{-3t}+\frac{2}{7}\mathrm{e}^{4t}$$

同理可求 $y(t)=\frac{15}{7}\mathrm{e}^{-3t}-\frac{1}{7}\mathrm{e}^{4t}$.

【结论】 在电路设计和分析中，可能会遇到高阶的常微分方程 (组)，如例 1.8 中的式 (1.9) 所示方程组，可采用类似的技巧借助行列式来求解. 对于电子电路设计中建立的积分方程、积分微分方程 (组)，也可借助行列式来简化计算.

1.2.9 积分方程的求解

例 1.9 试用泰勒 (Taylor) 展开法求解如下第二类沃尔泰拉 (Volterra) 积分方程

$$x(t)-\lambda\int_0^t K(t,s)x(s)\mathrm{d}s=f(t),\ 0\leqslant t\leqslant 1 \tag{1.10}$$

其中，λ 为已知常数；$K(t,s)$ 为已知核函数；$f(t)$ 为已知函数；$x(t)$ 为要求的方程的解.

【分析】 第二类沃尔泰拉积分方程的求解方法有很多. 在众多方法中，泰勒展开法是一种比较简单易于操作的近似解法. 其基本思想为：假设满足方程的函数

$x(t)$ 进行泰勒级数展开，将相应泰勒级数展开代入积分方程，将积分方程转化成高阶的常微分方程组. 求解过程涉及的方程组可用克拉默法则求解.

【模型建立与求解】 设满足方程的解 $x(t)$ 的泰勒级数展开式为

$$x(s)=x(t)+x'(t)(s-t)+x''(t)\frac{(s-t)^2}{2!}+\cdots+x^{(n)}(t)\frac{(s-t)^n}{n!}+R(s,t) \tag{1.11}$$

其中，$R(s,t)=x^{(n+1)}(\xi)(s-t)^{n+1}/(n+1)!$，$\xi\in(0,t)$ 为泰勒余项，当 n 充分大时，$R(s,t)$ 为充分小量，此时可忽略不计. 将式 (1.11) 代入原积分方程得

$$x(t)-\lambda\int_0^t K(t,s)\left[x(t)+x'(t)(s-t)+\cdots+x^{(n)}(t)\frac{(s-t)^n}{n!}+R(s,t)\right]\mathrm{d}s=f(t)$$

舍去泰勒余项 $R(s,t)$ 则等价于求解如下微分方程

$$(1-b_{01})\bar{x}(t)+b_{02}\bar{x}'(t)+b_{03}\bar{x}''(t)+\cdots+b_{0n}\bar{x}^{(n)}(t)=f(t) \tag{1.12}$$

其中，$b_{0,k}=\lambda(-1)^k\dfrac{1}{k!}\displaystyle\int_0^t K(t,s)(t-s)^k\mathrm{d}s, k=0,1,2,\cdots,n$；$\bar{x}^{(k)}(t)$ 表示 $x^{(k)}(t)$ 的近似解，即 $\bar{x}^{(k)}(t)\approx x^{(k)}(t)(k=0,1,\cdots,n)$. 欲求解式 (1.12) 所示高阶微分方程，需要初值，而题设中初值未给定. 为了继续求解该问题，将原方程式 (1.10) 两边关于 t 求导数，则

$$x'(t)-\lambda\left[K(t,t)x(t)+\int_0^t K_t'(t,s)x(s)\mathrm{d}s\right]=f'(t) \tag{1.13}$$

对式 (1.13) 两边关于 t 求导数，则

$$x''(t)-\lambda\left[K(t,t)x'(t)+2K_t'(t,t)x(t)+\int_0^t K_t''(t,s)x(s)\mathrm{d}s\right]=f''(t) \tag{1.14}$$

对式 (1.14) 两边继续关于 t 求 n 次导数后，得

$$\begin{aligned}x^{(n)}(t)-\lambda\Big[&K(t,t)x^{(n-1)}(t)+nK_t'(t,t)x^{(n-2)}(t)+\frac{n(n-1)}{2!}K_t''(t,t)x^{(n-3)}(t)\\&+\cdots+nK_t^{(n-1)}(t,t)x(t)+\int_0^t K_t^{(n)}(t,s)x(s)\mathrm{d}s\Big]=f^{(n)}(t)\end{aligned} \tag{1.15}$$

其中，$K_t^{(k)}(t,s) = \dfrac{\partial^k K(t,s)}{\partial t^k}$. 将泰勒级数展开式 (1.11) 分别代入式 (1.13)~式 (1.15)，舍去余项后，得

$$a_{10}\bar{x}(t)+a_{11}\bar{x}'(t)+a_{11}\bar{x}''(t)+\cdots+a_{1n}\bar{x}^{(n)}(t)=f'(t) \tag{1.16}$$

$$a_{20}\bar{x}(t)+a_{21}\bar{x}'(t)+a_{22}\bar{x}''(t)+\cdots+a_{2n}\bar{x}^{(n)}(t)=f''(t) \tag{1.17}$$

$$\cdots\cdots$$

$$a_{n0}\bar{x}(t)+a_{n1}\bar{x}'(t)+a_{n2}\bar{x}''(t)+\cdots+a_{nn}\bar{x}^{(n)}(t)=f^{(n)}(t) \tag{1.18}$$

式 (1.12) 与式 (1.16)~ 式 (1.18) 构成一个关于函数 $\bar{x}(t),\bar{x}'(t),\cdots,\bar{x}^{(n)}(t)$ 为未知量的 $n+1$ 元线性方程组，即

$$A(t)\bar{X}(t)=F(t) \tag{1.19}$$

其中，$\bar{X}(t)=\left[\bar{x}(t),\bar{x}'(t),\cdots,\bar{x}^{(n)}(t)\right]^{\mathrm{T}}$；$F(t)=\left[f(t),f'(t),\cdots,f^{(n)}(t)\right]^{\mathrm{T}}$；

$$\boldsymbol{A}(t)=\begin{bmatrix} a_{00}(t) & a_{01}(t) & \cdots & a_{0n}(t) \\ a_{10}(t) & a_{10}(t) & \cdots & a_{1n}(t) \\ \vdots & \vdots & & \vdots \\ a_{n0}(t) & a_{n1}(t) & \cdots & a_{nn}(t) \end{bmatrix}$$

关于矩阵 $\boldsymbol{A}(t)$ 的系数由式 (1.12) 与式 (1.16)~ 式 (1.18) 确定. 由克拉默法则知，若当 $0\leqslant t\leqslant 1$ 时，系数矩阵的行列式 $\det(\boldsymbol{A}(t))$ 不为零，式 (1.19) 所示方程组有唯一解，且

$$x(t)\approx\bar{x}(t)=\frac{\begin{vmatrix} f(t) & a_{01}(t) & \cdots & a_{0n}(t) \\ f'(t) & a_{10}(t) & \cdots & a_{1n}(t) \\ \vdots & \vdots & & \vdots \\ f^{(n)}(t) & a_{n1}(t) & \cdots & a_{nn}(t) \end{vmatrix}}{\begin{vmatrix} a_{00}(t) & a_{01}(t) & \cdots & a_{0n}(t) \\ a_{10}(t) & a_{10}(t) & \cdots & a_{1n}(t) \\ \vdots & \vdots & & \vdots \\ a_{n0}(t) & a_{n1}(t) & \cdots & a_{nn}(t) \end{vmatrix}} \tag{1.20}$$

【结论】 若方程的解 $x(t)$、右端项满足 $f(t)$ 和核函数 $K(t,s)$ 具有足够的光滑性，只需要计算式 (1.20) 所示行列式便得到原积分方程的近似解. 当 n 越大逼近程度越好，此时需要计算的行列式的阶数也就随之升高.

1.2.10　积分方程组的求解

例 1.10　考虑如图 1.6 所示的串联电路图，已知电阻 R_1、R_2、电容 C_1、C_2 和电源 E，且均为常数. 求回路中的电流 $I(t)$.

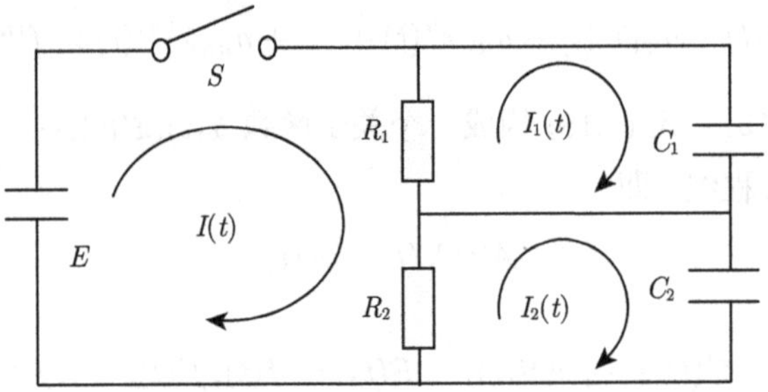

图 1.6　串联电路结构图

【分析】 根据回路电流的知识建立常系数常微分方程组，求解相应线性方程组即可，计算过程可借助行列式简化计算.

【模型建立与求解】 根据基尔霍夫定律，第 1 条回路电流满足积分方程

$$\frac{1}{C_1}\int_0^t I_1(\tau)\mathrm{d}\tau + [I_1(t) - I(t)]\,R_1 = 0$$

第 2 条回路电流满足积分方程

$$\frac{1}{C_2}\int_0^t I_2(\tau)\mathrm{d}\tau + [I_2(t) - I(t)]\,R_2 = 0$$

第 3 条回路电流满足方程

$$[I(t) - I_1(t)]\,R_1 + [I(t) - I_2(t)]\,R_2 = E$$

且 $I(0) = 0$. 综上，电流满足积分方程组

$$\begin{cases} \dfrac{1}{C_1}\displaystyle\int_0^t I_1(\tau)\mathrm{d}\tau + [I_1(t) - I(t)]\,R_1 = 0 \\ \dfrac{1}{C_2}\displaystyle\int_0^t I_2(\tau)\mathrm{d}\tau + [I_2(t) - I(t)]\,R_2 = 0 \\ [I(t) - I_1(t)]\,R_1 + [I(t) - I_2(t)]\,R_2 = E \end{cases} \tag{1.21}$$

设式 (1.21) 所示方程组的解的拉普拉斯变换为 $\mathcal{L}[I(t)](s) = \tilde{I}(s), \mathcal{L}[I_1(t)](s) = \tilde{I}_1(s)$, $\mathcal{L}[I_2(t)](s) = \tilde{I}_2(s)$. 对式 (1.21) 作拉普拉斯变换，且利用

$$\mathcal{L}\left[\int_0^t I_1(\tau)\mathrm{d}\tau\right](s) = \frac{1}{s}\tilde{I}_1(s),\ \ \mathcal{L}\left[\int_0^t I_2(\tau)\mathrm{d}\tau\right](s) = \frac{1}{s}\tilde{I}_2(s), \mathcal{L}\,[1]\,(s) = \frac{1}{s}$$

得到

$$\begin{cases} -\tilde{I}(s)R_1 + \left((1/C_1 s) + R_1\right)\tilde{I}_1(s) = 0 \\ -\tilde{I}(s)R_2 + \left((1/C_2 s) + R_2\right)\tilde{I}_2(s) = 0 \\ (R_1 + R_2)\tilde{I}(s) - \tilde{I}_1(s)R_1 - \tilde{I}_2(s)R_2 = E/s \end{cases}$$

由克拉默法则，得

$$\tilde{I}(s) = \frac{\begin{vmatrix} 0 & (1/C_1 s) + R_1 & 0 \\ 0 & 0 & (1/C_2 s) + R_2 \\ E/s & -R_1 & -R_2 \end{vmatrix}}{\begin{vmatrix} -R_1 & (1/C_1 s) + R_1 & 0 \\ -R_1 & 0 & (1/C_2 s) + R_2 \\ R_1 + R_2 & -R_1 & -R_2 \end{vmatrix}}$$

即

$$\tilde{I}(s) == \frac{1}{s}\frac{E(1 + C_1 R_1 s)(1 + C_2 R_2 s)}{R_1(1 + C_2 R_2 s) + R_2(1 + C_1 R_1 s)}$$

上式两边取拉普拉斯逆变换，则电流

$$\begin{aligned} I(t) =& \mathcal{L}^{-1}\left[\frac{1}{s}\frac{E(1 + C_1 R_1 s)(1 + C_2 R_2 s)}{R_1(1 + C_2 R_2 s) + R_2(1 + C_1 R_1 s)}\right] \\ =& \mathcal{L}^{-1}\left[\frac{E C_1 C_2}{C_1 + C_2}\right] + \mathcal{L}^{-1}\left[\frac{E}{R_1 + R_2}\frac{1}{s}\right] \end{aligned}$$

$$+\frac{E(R_1C_1-R_2C_2)^2}{R_1R_2(R_1+R_2)(C_1+C_2)^2}\mathcal{L}^{-1}\left[\frac{1}{s+\dfrac{R_1+R_2}{(C_1+C_2)R_1R_2}}\right]$$

注意到 $\mathcal{L}^{-1}[1/(s-k)]=\mathrm{e}^{kt},\ s>k,\ \mathcal{L}^{-1}[1]=\delta(t)$，$\mathcal{L}^{-1}[1/s]=1$ (其中 $\delta(t)$ 为狄拉克函数)，得电流

$$I(t)=\frac{EC_1C_2}{C_1+C_2}\delta(t)+\frac{E}{R_1+R_2}+\frac{E(R_1C_1-R_2C_2)^2}{R_1R_2(R_1+R_2)(C_1+C_2)^2}\mathrm{e}^{-\frac{R_1+R_2}{(C_1+C_2)R_1R_2}t}$$

【结论】 从本例可以看出，行列式理论和克拉默法则给求解常微分方程带来了很大的便利. 同时也可以看到，数学模型从建立到求解并不是一个孤立的过程. 问题的求解需要借助的数学知识也不是孤立的.

习　　题

1. 如图 1.7 所示的桥式电路中，设电路中闭合回路的电流分别为 I_1, I_2, I_3，已知 $R_1=2\Omega, R_2=1\Omega, R_3=1\Omega, R_4=2\Omega, R_5=1\Omega, E=4\Omega$，计算流过中央支路 AB 的电流 I_{AB}.

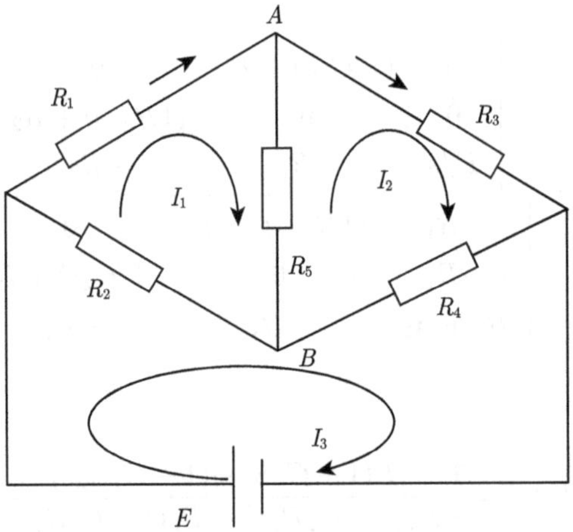

图 1.7　桥式电路图

2. 如图 1.8 所示的电路图，已知电阻 $R_i, i=1,2,3,4,5$ 及各支路的电流强度 $I_i, i=1,2,3,4,5,6$，电路的电压为 U. 证明：$I_5=0$ 的充要条件为 $R_2R_3=R_1R_4$.

3. 如图 1.9 所示的交流电路，已知 $z_1=5\mathrm{i}\Omega$，$z_2=5\Omega$，$I_S=0.2\mathrm{A}$，其中，$\mathrm{i}^2=-1$. 若负载电阻 $z_L=(5+5\mathrm{i})\Omega$，求电流 I_1 和负载电压 U_A、U_B.

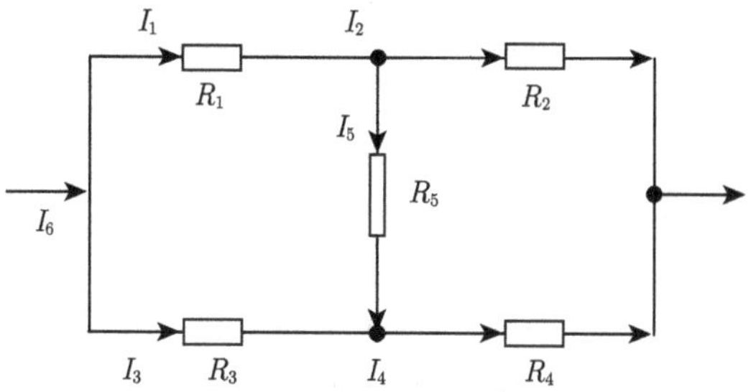

图 1.8　并联电路结构图

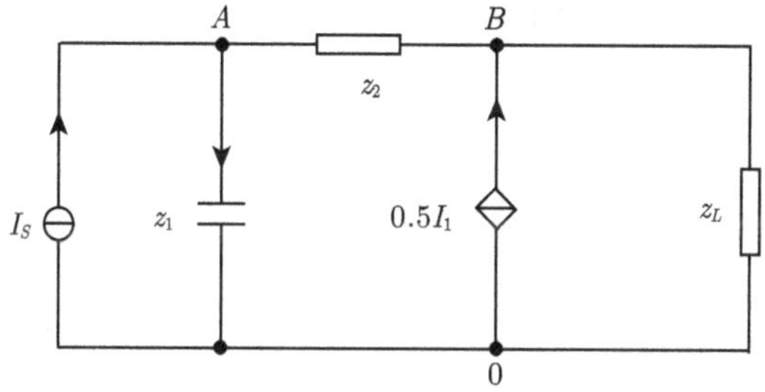

图 1.9　交流电路结构图

4. 计算下列变换的雅可比行列式.

(1) 平移变换 $\begin{cases} y_1 = x_1 + d_2 \\ y_2 = x_1 + d_2 \end{cases}$，其中，$-\infty < d_1, d_2 < +\infty$.

(2) 正交变换 $\begin{cases} y_1 = x_1\cos\theta - x_2\sin\theta \\ y_2 = x_1\sin\theta + x_2\cos\theta \end{cases}$，其中，$\theta$ 为旋转角度.

(3) 柱面坐标变换 $\begin{cases} x = r\cos\theta \\ y = r\sin\theta \\ z = z \end{cases}$，其中，$0 \leqslant r \leqslant +\infty, 0 \leqslant \theta \leqslant 2\pi, -\infty < z < +\infty$.

(4) 球坐标变换 $\begin{cases} x = r\sin\theta\cos\varphi \\ y = r\sin\theta\sin\varphi \\ z = r\cos\theta \end{cases}$，其中，$0 \leqslant r \leqslant +\infty, 0 \leqslant \theta \leqslant \pi, 0 \leqslant \varphi \leqslant 2\pi$.

5. 考虑如图 1.10 所示的串联电路. 其中，$R = 2000\Omega$ 为电阻，$C = 0.5 \times 10^{-6}$F 为自感，$E = 20$V 为电源，$L = 0.1$H 为自感. 当开关 S 拨向 A 达到稳态后再将开关 S 拨向 B，求两极板间的电压为电压 $U(t)$ 以及电流 $I(t)$.

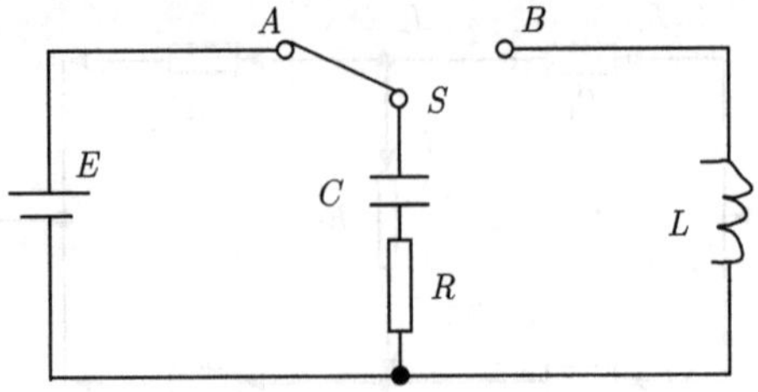

图 1.10　串联电路

6. 已知平面直角坐标系上 3 个点 $A(x_1,y_1),B(x_2,y_2),C(x_3,y_3)$，试证明这不共线的 3 个点围成的三角形面积 $S_{\text{三角形}ABC}$ 为行列式

$$\frac{1}{2}\begin{vmatrix} x_1 & y_1 & 1 \\ x_2 & y_2 & 1 \\ x_3 & y_3 & 1 \end{vmatrix}$$

的绝对值.

第 2 章　矩　　阵

矩阵是数学中一个重要的基本概念，是代数学的一个主要研究对象，也是数学研究和应用的一个重要工具，它在物理、力学、生物、人文、经济、信息处理和现代科学技术等各个领域中有广泛应用.

2.1　矩阵的基本理论

2.1.1　矩阵的定义

定义 2.1　由 $m\times n$ 个数 $a_{ij}(i=1,2,\cdots,m;j=1,2,\cdots,n)$ 排成的 m 行 n 列的矩形数表

$$\begin{bmatrix} a_{11} & a_{12} & \cdots & a_{1n} \\ a_{21} & a_{22} & \cdots & a_{2n} \\ \vdots & \vdots & & \vdots \\ a_{m1} & a_{m2} & \cdots & a_{mn} \end{bmatrix}$$

称为 $m\times n$ 矩阵，其中 a_{ij} 称为该矩阵的第 i 行第 j 列的元素.

1) 行矩阵与列矩阵

只有一行的矩阵 $\boldsymbol{A}=[a_1,a_2,\cdots,a_n]$ 称为行矩阵或 n 维行向量，只有一列的矩阵 $\boldsymbol{B}=\begin{bmatrix} b_1 \\ b_2 \\ \vdots \\ b_m \end{bmatrix}$ 称为列矩阵或 m 维列向量.

2) 方阵

行数和列数相等的矩阵，即 $m=n$，称为 n 阶矩阵或 n 阶方阵，简记为 $\boldsymbol{A}_n$.

3) 对角矩阵

n 阶方阵中，除主对角线元素外，其余元素均为零的矩阵，称为 n 阶对角矩

阵，即

$$\boldsymbol{\Lambda}=\begin{bmatrix} a_{11} & 0 & \cdots & 0 \\ 0 & a_{22} & \cdots & 0 \\ \vdots & \vdots & & \vdots \\ 0 & 0 & \cdots & a_{nn} \end{bmatrix}$$

简记为 $\boldsymbol{\Lambda}=\operatorname{diag}(a_{11},a_{22},\cdots,a_{nn})$.

4) 数量矩阵

n 阶对角矩阵中，主对角线元素均相同的矩阵，称为 n 阶数量矩阵，即

$$\boldsymbol{K}=\begin{bmatrix} k & 0 & \cdots & 0 \\ 0 & k & \cdots & 0 \\ \vdots & \vdots & & \vdots \\ 0 & 0 & \cdots & k \end{bmatrix}$$

5) 单位矩阵

主对角线元素均为 1 的 n 阶数量矩阵，称为 n 阶单位矩阵，记为 $\boldsymbol{E}$ 或 $\boldsymbol{I}$，即

$$\boldsymbol{E}=\begin{bmatrix} 1 & 0 & \cdots & 0 \\ 0 & 1 & \cdots & 0 \\ \vdots & \vdots & & \vdots \\ 0 & 0 & \cdots & 1 \end{bmatrix}$$

6) 上三角矩阵

主对角线以下的元素全为零的 n 阶方阵，称为上三角矩阵，即

$$\begin{bmatrix} a_{11} & a_{12} & \cdots & a_{1n} \\ 0 & a_{22} & \cdots & a_{2n} \\ \vdots & \vdots & & \vdots \\ 0 & 0 & \cdots & a_{nn} \end{bmatrix}$$

7) 下三角矩阵

主对角线以上的元素全为零的 n 阶方阵，称为下三角矩阵，即

$$\begin{bmatrix} a_{11} & 0 & \cdots & 0 \\ a_{21} & a_{22} & \cdots & 0 \\ \vdots & \vdots & & \vdots \\ a_{n1} & a_{n2} & \cdots & a_{nn} \end{bmatrix}$$

8) 零矩阵

元素全为零的矩阵称为零矩阵，记为 $\boldsymbol{O}$.

2.1.2 矩阵的运算

1. 矩阵的线性运算

定义 2.2 设两个同型矩阵 $\boldsymbol{A}=(a_{ij})_{m\times n},\boldsymbol{B}=(b_{ij})_{m\times n}$，其加法规定为 $\boldsymbol{A}$ 与 $\boldsymbol{B}$ 对应元素相加构成的 $m\times n$ 矩阵，记作 $\boldsymbol{A}+\boldsymbol{B}$，即

$$\boldsymbol{A}+\boldsymbol{B}=(a_{ij}+b_{ij})_{m\times n}$$

定义 2.3 设矩阵 $\boldsymbol{A}=(a_{ij})_{m\times n}$，$k$ 是数，数 k 与矩阵 $\boldsymbol{A}$ 的乘法规定为数 k 乘矩阵 $\boldsymbol{A}$ 中的每一个元素，记为 $k\boldsymbol{A}$，即

$$k\boldsymbol{A}=\begin{bmatrix} ka_{11} & ka_{12} & \cdots & ka_{1n} \\ ka_{21} & ka_{22} & \cdots & ka_{2n} \\ \vdots & \vdots & & \vdots \\ ka_{m1} & ka_{m2} & \cdots & ka_{mn} \end{bmatrix}$$

矩阵的加法和数与矩阵的乘法统称为矩阵的线性运算. 线性运算满足如下运算律:

(1) $\boldsymbol{A}+\boldsymbol{B}=\boldsymbol{B}+\boldsymbol{A}$;

(2) $(\boldsymbol{A}+\boldsymbol{B})+\boldsymbol{C}=\boldsymbol{A}+(\boldsymbol{B}+\boldsymbol{C})$;

(3) $\boldsymbol{A}+\boldsymbol{O}=\boldsymbol{A}$;

(4) $\boldsymbol{A}+(-\boldsymbol{A})=\boldsymbol{O}$;

(5) $1\boldsymbol{A}=\boldsymbol{A}$;

(6) $k(l\boldsymbol{A})=(kl)\boldsymbol{A}$;

(7) $k(\boldsymbol{A}+\boldsymbol{B})=k\boldsymbol{A}+k\boldsymbol{B}$;

(8) $(k+l)\boldsymbol{A}=k\boldsymbol{A}+l\boldsymbol{A}$.

其中，$\boldsymbol{A},\boldsymbol{B},\boldsymbol{C},\boldsymbol{O}$ 均为同型矩阵，k,l 为任意常数.

2. 矩阵的乘法

定义 2.4 设 $\boldsymbol{A}=(a_{ij})_{m\times s}$，$\boldsymbol{B}=(b_{ij})_{s\times n}$，规定矩阵 $\boldsymbol{A}$ 与矩阵 $\boldsymbol{B}$ 的乘积是

一个 $m\times n$ 的矩阵 $\boldsymbol{C}=(c_{ij})_{m\times n}$，其中，

$$c_{ij}=a_{i1}b_{1j}+a_{i2}b_{2j}+\cdots+a_{is}b_{sj}=\sum_{k=1}^{s}a_{ik}b_{kj}\quad(i=1,2,\cdots,m;j=1,2,\cdots,n)$$

记为 $\boldsymbol{C}=\boldsymbol{AB}$.

矩阵乘法满足如下运算规律 (假设所有的运算都有意义，k 是任意常数)：

(1) $(\boldsymbol{AB})\boldsymbol{C}=\boldsymbol{A}(\boldsymbol{BC})$;

(2) $\boldsymbol{A}(\boldsymbol{B}+\boldsymbol{C})=\boldsymbol{AB}+\boldsymbol{AC}$，$(\boldsymbol{B}+\boldsymbol{C})\boldsymbol{A}=\boldsymbol{BA}+\boldsymbol{CA}$;

(3) $k(\boldsymbol{AB})=(k\boldsymbol{A})\boldsymbol{B}=\boldsymbol{A}(k\boldsymbol{B})$;

(4) $\boldsymbol{E}_m\boldsymbol{A}_{m\times n}=\boldsymbol{A}_{m\times n}\boldsymbol{E}_n=\boldsymbol{A}_{m\times n}$;

(5) $\boldsymbol{O}_{s\times m}\boldsymbol{A}_{m\times n}=\boldsymbol{O}_{s\times n}$; $\boldsymbol{A}_{m\times n}\boldsymbol{O}_{n\times p}=\boldsymbol{O}_{m\times p}$.

3. 方阵的幂

定义 2.5　设矩阵 $\boldsymbol{A}$ 为 n 阶方阵，k 为非负整数，规定 $\boldsymbol{A}$ 的幂为

$$\boldsymbol{A}^0=\boldsymbol{E},\boldsymbol{A}^1=\boldsymbol{A},\boldsymbol{A}^2=\boldsymbol{AA},\cdots,\boldsymbol{A}^k=\underbrace{\boldsymbol{AA}\cdots\boldsymbol{A}}_{k\text{ 个}}$$

方阵的幂具有如下性质：

(1) 对任意的非负整数 k,l，有 $\boldsymbol{A}^k\boldsymbol{A}^l=\boldsymbol{A}^{k+l},(\boldsymbol{A}^k)^l=\boldsymbol{A}^{kl}$.

(2) 对于同阶方阵 $\boldsymbol{A},\boldsymbol{B}$，当 $\boldsymbol{A},\boldsymbol{B}$ 的乘积不可交换，即 $\boldsymbol{AB}\neq\boldsymbol{BA}$ 时，有 $(\boldsymbol{AB})^k\neq\boldsymbol{A}^k\boldsymbol{B}^k$；$(\boldsymbol{A}+\boldsymbol{B})^2\neq\boldsymbol{A}^2+2\boldsymbol{AB}+\boldsymbol{B}^2$；$(\boldsymbol{A}-\boldsymbol{B})(\boldsymbol{A}+\boldsymbol{B})\neq\boldsymbol{A}^2-\boldsymbol{B}^2$.

4. 矩阵的转置

定义 2.6　设 $\boldsymbol{A}$ 为 $m\times n$ 矩阵，将 $\boldsymbol{A}$ 中的行依次与相应的列互换，得到的 $n\times m$ 矩阵，称为矩阵 $\boldsymbol{A}$ 的转置，记为 $\boldsymbol{A}^{\mathrm{T}}$，即

$$\boldsymbol{A}=\begin{bmatrix}a_{11}&a_{12}&\cdots&a_{1n}\\a_{21}&a_{22}&\cdots&a_{2n}\\\vdots&\vdots&&\vdots\\a_{m1}&a_{m2}&\cdots&a_{mn}\end{bmatrix},\quad\boldsymbol{A}^{\mathrm{T}}=\begin{bmatrix}a_{11}&a_{21}&\cdots&a_{m1}\\a_{12}&a_{22}&\cdots&a_{m2}\\\vdots&\vdots&&\vdots\\a_{1n}&a_{2n}&\cdots&a_{mn}\end{bmatrix}$$

定义 2.7　如果 n 阶方阵 $\boldsymbol{A}=(a_{ij})_{n\times n}$ 满足 $\boldsymbol{A}^{\mathrm{T}}=\boldsymbol{A}$，即

$$a_{ji}=a_{ij}\quad(i=1,2,\cdots,n;j=1,2,\cdots,n)$$

则称 $\boldsymbol{A}$ 为对称矩阵.

定义 2.8 如果 n 阶方阵 $\boldsymbol{A}=(a_{ij})_{n\times n}$ 满足 $\boldsymbol{A}^{\mathrm{T}}=-\boldsymbol{A}$，即

$$a_{ji}=-a_{ij}\quad(i=1,2,\cdots,n;j=1,2,\cdots,n)$$

则称 $\boldsymbol{A}$ 为反对称矩阵.

矩阵的转置满足如下运算规律 (假设运算有意义)：

(1) $(\boldsymbol{A}^{\mathrm{T}})^{\mathrm{T}}=\boldsymbol{A}$;

(2) $(\boldsymbol{A}+\boldsymbol{B})^{\mathrm{T}}=\boldsymbol{A}^{\mathrm{T}}+\boldsymbol{B}^{\mathrm{T}}$;

(3) $(k\boldsymbol{A})^{\mathrm{T}}=k\boldsymbol{A}^{\mathrm{T}}$;

(4) $(\boldsymbol{A}\boldsymbol{B})^{\mathrm{T}}=\boldsymbol{B}^{\mathrm{T}}\boldsymbol{A}^{\mathrm{T}}$.

5. 方阵的行列式

定义 2.9 n 阶方阵 $\boldsymbol{A}=(a_{ij})_{n\times n}$ 的元素按原来的次序排成的 n 阶行列式

$$\begin{vmatrix} a_{11} & a_{12} & \cdots & a_{1n} \\ a_{21} & a_{22} & \cdots & a_{2n} \\ \vdots & \vdots & & \vdots \\ a_{n1} & a_{n2} & \cdots & a_{nn} \end{vmatrix}$$

称为矩阵 $\boldsymbol{A}$ 的行列式，记为 $|\boldsymbol{A}|$ 或 $\det\boldsymbol{A}$.

方阵的行列式满足如下运算规律 ($\boldsymbol{A},\boldsymbol{B}$ 为 n 阶方阵，l 是数，k 是正整数)：

(1) $\left|\boldsymbol{A}^{\mathrm{T}}\right|=|\boldsymbol{A}|$;

(2) $|l\boldsymbol{A}|=l^n|\boldsymbol{A}|$;

(3) $|\boldsymbol{A}\boldsymbol{B}|=|\boldsymbol{A}||\boldsymbol{B}|$;

(4) $\left|\boldsymbol{A}^k\right|=|\boldsymbol{A}|^k$.

6. 伴随矩阵

定义 2.10 设 $\boldsymbol{A}=(a_{ij})_{n\times n}$，以行列式 $|\boldsymbol{A}|$ 的第 $i(i=1,2,\cdots,n)$ 行元素 a_{ij} 的代数余子式 $A_{ij}(j=1,2,\cdots,n)$ 为第 i 列构成的 n 阶矩阵

$$\boldsymbol{A}^*=\begin{bmatrix} A_{11} & A_{21} & \cdots & A_{n1} \\ A_{12} & A_{22} & \cdots & A_{n2} \\ \vdots & \vdots & & \vdots \\ A_{1n} & A_{2n} & \cdots & A_{nn} \end{bmatrix}$$

称为方阵 $\boldsymbol{A}$ 的伴随矩阵.

伴随矩阵的性质：设 $\boldsymbol{A}$ 为 n 阶方阵，则

(1) $\boldsymbol{A}\boldsymbol{A}^* = \boldsymbol{A}^*\boldsymbol{A} = |\boldsymbol{A}|\boldsymbol{E}$;

(2) 若 $|\boldsymbol{A}| \neq \boldsymbol{0}$，则 $|\boldsymbol{A}^*| = |\boldsymbol{A}|^{n-1}$.

2.1.3 逆矩阵

1. 逆矩阵的定义

定义 2.11 设 $\boldsymbol{A}$ 为 n 阶方阵，若存在 n 阶方阵 $\boldsymbol{B}$，满足

$$\boldsymbol{A}\boldsymbol{B} = \boldsymbol{B}\boldsymbol{A} = \boldsymbol{E}$$

则称方阵 $\boldsymbol{A}$ 是可逆的，并称方阵 $\boldsymbol{B}$ 为方阵 $\boldsymbol{A}$ 的逆矩阵，记为 $\boldsymbol{A}^{-1}$，即 $\boldsymbol{B} = \boldsymbol{A}^{-1}$.

2. 判定定理

定理 2.1 若 $\boldsymbol{A}$ 是可逆矩阵，则 $\boldsymbol{A}$ 的逆矩阵是唯一的.

定理 2.2 若 $\boldsymbol{A}$ 是可逆矩阵，且 $\boldsymbol{A}\boldsymbol{B} = \boldsymbol{E}$，则 $\boldsymbol{B}\boldsymbol{A} = \boldsymbol{E}$.

定理 2.3 n 阶方阵 $\boldsymbol{A}$ 可逆的充要条件是 $|\boldsymbol{A}| \neq 0$，且当 $\boldsymbol{A}$ 可逆时，有

$$\boldsymbol{A}^{-1} = \frac{1}{|\boldsymbol{A}|}\boldsymbol{A}^*$$

若方阵 $\boldsymbol{A}$ 可逆，即 $|\boldsymbol{A}| \neq 0$，则称 $\boldsymbol{A}$ 为非奇异矩阵或非退化矩阵，否则称为奇异矩阵或退化矩阵.

3. 逆矩阵的性质

设 $\boldsymbol{A}, \boldsymbol{B}$ 为同阶可逆方阵，常数 $k \neq 0$，则有以下运算律成立：

(1) $(\boldsymbol{A}^{-1})^{-1} = \boldsymbol{A}$;

(2) $(k\boldsymbol{A})^{-1} = \dfrac{1}{k}\boldsymbol{A}^{-1}$;

(3) $(\boldsymbol{A}^{\mathrm{T}})^{-1} = (\boldsymbol{A}^{-1})^{\mathrm{T}}$;

(4) $(\boldsymbol{A}\boldsymbol{B})^{-1} = \boldsymbol{B}^{-1}\boldsymbol{A}^{-1}$;

(5) $(\boldsymbol{A}^*)^{-1} = (\boldsymbol{A}^{-1})^* = \dfrac{1}{|\boldsymbol{A}|}\boldsymbol{A}$.

2.1.4 分块矩阵

1. 分块矩阵的定义

定义 2.12 将矩阵 $\boldsymbol{A}$ 用一些横的和竖的虚线分成若干小块，每一小块称为 $\boldsymbol{A}$ 的子块 (或子矩阵)，以子块为元素的形式上的矩阵，称为分块矩阵.

2. **分块矩阵的运算**

1) 分块矩阵的加法

设 $\boldsymbol{A},\boldsymbol{B}$ 为 $m\times n$ 矩阵，且分块方法相同，即

$$\boldsymbol{A}=\begin{bmatrix}\boldsymbol{A}_{11} & \cdots & \boldsymbol{A}_{1r}\\ \vdots & & \vdots\\ \boldsymbol{A}_{s1} & \cdots & \boldsymbol{A}_{sr}\end{bmatrix},\quad \boldsymbol{B}=\begin{bmatrix}\boldsymbol{B}_{11} & \cdots & \boldsymbol{B}_{1r}\\ \vdots & & \vdots\\ \boldsymbol{B}_{s1} & \cdots & \boldsymbol{B}_{sr}\end{bmatrix}$$

其中，$\boldsymbol{A}_{ij},\boldsymbol{B}_{ij}(i=1,2,\cdots,s;j=1,2,\cdots,r)$ 为同型矩阵，则

$$\boldsymbol{A}+\boldsymbol{B}=\begin{bmatrix}\boldsymbol{A}_{11}+\boldsymbol{B}_{11} & \cdots & \boldsymbol{A}_{1r}+\boldsymbol{B}_{1r}\\ \vdots & & \vdots\\ \boldsymbol{A}_{s1}+\boldsymbol{B}_{s1} & \cdots & \boldsymbol{A}_{sr}+\boldsymbol{B}_{sr}\end{bmatrix}$$

分块矩阵的数乘：设分块矩阵 $\boldsymbol{A}$ 为

$$\boldsymbol{A}=\begin{bmatrix}\boldsymbol{A}_{11} & \cdots & \boldsymbol{A}_{1r}\\ \vdots & & \vdots\\ \boldsymbol{A}_{s1} & \cdots & \boldsymbol{A}_{sr}\end{bmatrix}$$

其中，$\boldsymbol{A}_{ij}(i=1,2,\cdots,s;j=1,2,\cdots,r)$ 为子块，则

$$k\boldsymbol{A}=\begin{bmatrix}k\boldsymbol{A}_{11} & \cdots & k\boldsymbol{A}_{1r}\\ \vdots & & \vdots\\ k\boldsymbol{A}_{s1} & \cdots & k\boldsymbol{A}_{sr}\end{bmatrix}$$

2) 分块矩阵的乘法

设 $\boldsymbol{A}$ 为 $m\times l$ 矩阵，$\boldsymbol{B}$ 为 $l\times n$ 矩阵，对 $\boldsymbol{A}$ 的列分法和对 $\boldsymbol{B}$ 的行分法完全相同，即

$$\boldsymbol{A}=\begin{bmatrix}\boldsymbol{A}_{11} & \boldsymbol{A}_{12} & \cdots & \boldsymbol{A}_{1t}\\ \vdots & \vdots & & \vdots\\ \boldsymbol{A}_{s1} & \boldsymbol{A}_{s2} & \cdots & \boldsymbol{A}_{st}\end{bmatrix},\quad \boldsymbol{B}=\begin{bmatrix}\boldsymbol{B}_{11} & \boldsymbol{B}_{12} & \cdots & \boldsymbol{B}_{1r}\\ \vdots & \vdots & & \vdots\\ \boldsymbol{B}_{t1} & \boldsymbol{B}_{t2} & \cdots & \boldsymbol{B}_{tr}\end{bmatrix}$$

其中，$\boldsymbol{A}_{i1}, \boldsymbol{A}_{i2}, \cdots, \boldsymbol{A}_{it}$ 的列数分别等于 $\boldsymbol{B}_{1j}, \boldsymbol{B}_{2j}, \cdots, \boldsymbol{B}_{tj}$ 的行数 $(i = 1, 2, \cdots, s;$ $j = 1, 2, \cdots, r)$，则有

$$\boldsymbol{AB} = \begin{bmatrix} \boldsymbol{C}_{11} & \boldsymbol{C}_{12} & \cdots & \boldsymbol{C}_{1r} \\ \vdots & \vdots & & \vdots \\ \boldsymbol{C}_{s1} & \boldsymbol{C}_{s2} & \cdots & \boldsymbol{C}_{sr} \end{bmatrix}$$

其中，

$$\boldsymbol{C}_{ij} = \boldsymbol{A}_{i1}\boldsymbol{B}_{1j} + \boldsymbol{A}_{i2}\boldsymbol{B}_{2j} + \cdots + \boldsymbol{A}_{it}\boldsymbol{B}_{tj} \quad (i = 1, 2, \cdots, s; j = 1, 2, \cdots, r)$$

3) 分块矩阵的转置

设分块矩阵 $\boldsymbol{A}$ 为

$$\boldsymbol{A} = \begin{bmatrix} \boldsymbol{A}_{11} & \cdots & \boldsymbol{A}_{1r} \\ \vdots & & \vdots \\ \boldsymbol{A}_{s1} & \cdots & \boldsymbol{A}_{sr} \end{bmatrix}$$

分块矩阵 $\boldsymbol{A}$ 的转置为将 $\boldsymbol{A}$ 的行与相应的列依次互换，同时每个子块转置得到的矩阵，即

$$\boldsymbol{A}^{\mathrm{T}} = \begin{bmatrix} \boldsymbol{A}_{11}^{\mathrm{T}} & \cdots & \boldsymbol{A}_{s1}^{\mathrm{T}} \\ \vdots & & \vdots \\ \boldsymbol{A}_{1r}^{\mathrm{T}} & \cdots & \boldsymbol{A}_{sr}^{\mathrm{T}} \end{bmatrix}$$

3. 分块对角阵

定义 2.13 对 n 阶方阵 $\boldsymbol{A}$，若 $\boldsymbol{A}$ 的分块矩阵为

$$\boldsymbol{A} = \begin{bmatrix} \boldsymbol{A}_1 & & & \\ & \boldsymbol{A}_2 & & \\ & & \ddots & \\ & & & \boldsymbol{A}_s \end{bmatrix}$$

其中，$\boldsymbol{A}_i (i = 1, 2, \cdots, s)$ 为方阵，则称 $\boldsymbol{A}$ 为分块对角矩阵或准对角矩阵.

分块对角矩阵具有如下性质:

(1) $|\boldsymbol{A}| = |\boldsymbol{A}_1||\boldsymbol{A}_2|\cdots|\boldsymbol{A}_s|$，故分块对角矩阵可逆的充分必要条件为 $|\boldsymbol{A}_i| \neq$

$0(i=1,2,\cdots,s)$，即每一个 $\boldsymbol{A}_i(i=1,2,\cdots,s)$ 都可逆，且

$$\boldsymbol{A}^{-1}=\begin{bmatrix}\boldsymbol{A}_1^{-1} & & & \\ & \boldsymbol{A}_2^{-1} & & \\ & & \ddots & \\ & & & \boldsymbol{A}_s^{-1}\end{bmatrix}$$

(2) 对 $\boldsymbol{A}^k$ 有

$$\boldsymbol{A}^{k}=\begin{bmatrix}\boldsymbol{A}_1^{k} & & & \\ & \boldsymbol{A}_2^{k} & & \\ & & \ddots & \\ & & & \boldsymbol{A}_s^{k}\end{bmatrix}$$

(3) 对于分法相同的分块对角矩阵

$$\boldsymbol{A}=\begin{bmatrix}\boldsymbol{A}_1 & & & \\ & \boldsymbol{A}_2 & & \\ & & \ddots & \\ & & & \boldsymbol{A}_s\end{bmatrix},\quad \boldsymbol{B}=\begin{bmatrix}\boldsymbol{B}_1 & & & \\ & \boldsymbol{B}_2 & & \\ & & \ddots & \\ & & & \boldsymbol{B}_s\end{bmatrix}$$

有

$$\boldsymbol{AB}=\begin{bmatrix}\boldsymbol{A}_1\boldsymbol{B}_1 & & & \\ & \boldsymbol{A}_2\boldsymbol{B}_2 & & \\ & & \ddots & \\ & & & \boldsymbol{A}_s\boldsymbol{B}_s\end{bmatrix}$$

2.1.5 矩阵的初等变换

1. *初等变换的定义*

定义 2.14 对矩阵的行施行下列 3 种变换之一:

(1) 交换第 i 行 r_i 和第 j 行 r_j 的位置;

(2) 给第 i 行 r_i 乘不为零的数 k;

(3) 将第 i 行 r_i 的 k 倍加到第 j 行 r_j 上去.

称为对矩阵施行了一次初等行变换. 上述三种变换统称为矩阵的初等行变换. 若将上述定义中的 “行” 都换成 “列”，就称为矩阵的初等列变换. 矩阵的初等行变换和初等列变换统称为矩阵的初等变换.

定义 2.15 若矩阵 $\boldsymbol{A}$ 经过有限次初等变换化为矩阵 $\boldsymbol{B}$，则称 $\boldsymbol{A}$ 与 $\boldsymbol{B}$ 等价，记为 $\boldsymbol{A}\cong\boldsymbol{B}$.

2. 行阶梯形矩阵、行最简形矩阵及标准形

1) 行阶梯形矩阵

若一个矩阵满足下列两个条件:

(1) 如果存在零行 (元素全为 0 的行)，零行均位于非零行 (该行中至少有一个元素不为 0) 的下方;

(2) 非零行中每一行从左起第一个非零元 (主元) 的列标随行标的增大依次增大，即下一行的主元总在上一行主元的右边.

则称该矩阵为行阶梯形矩阵.

2) 行最简形矩阵

若行阶梯形矩阵满足:

(1) 非零行的主元都为 1;

(2) 每一个主元所在的列除主元外，其余元素均为 0.

则称该行阶梯形矩阵为行最简形矩阵.

3) 标准形

矩阵 $\boldsymbol{A}=(a_{ij})_{m\times n}$ 经过有限次初等变换化成如下形式的 $m\times n$ 矩阵

$$\boldsymbol{B}=\begin{bmatrix}\boldsymbol{E}_r & \boldsymbol{O}\\ \boldsymbol{O} & \boldsymbol{O}\end{bmatrix}=\left[\begin{array}{ccc|ccc}1 & \cdots & 0 & 0 & \cdots & 0\\ \vdots & & \vdots & \vdots & & \vdots\\ 0 & \cdots & 1 & 0 & \cdots & 0\\ \hline 0 & \cdots & 0 & 0 & \cdots & 0\\ \vdots & & \vdots & \vdots & & \vdots\\ 0 & \cdots & 0 & 0 & \cdots & 0\end{array}\right]$$

其中，r 为不大于 $\min\{m,n\}$ 的数，$\boldsymbol{E}_r$ 为 r 阶单位矩阵，则 $\boldsymbol{B}$ 称为矩阵 $\boldsymbol{A}$ 的标准形.

3. 初等矩阵

定义 2.16 单位矩阵 $\boldsymbol{E}$ 经过一次初等变换得到的矩阵称为初等矩阵.

对应矩阵的 3 种初等变换，有 3 种初等矩阵.

(1) 交换单位矩阵的第 i 行和第 j 行 (或交换第 i 列和第 j 列) 得到的初等矩阵，记为 $\boldsymbol{E}(i,j)$，即

$$
\boldsymbol{E}(i,j)=\begin{bmatrix}
1 & & & & & & \\
& \ddots & & & & & \\
& & 0 & \cdots & 1 & & \\
& & \vdots & & \vdots & & \\
& & 1 & \cdots & 0 & & \\
& & & & & \ddots & \\
& & & & & & 1
\end{bmatrix}
\begin{matrix} \\ \\ \text{第}i\text{行} \\ \\ \text{第}j\text{行} \\ \\ \\ \end{matrix}
$$

(2) 单位矩阵的第 i 行 (或第 i 列) 乘不为零的数 k 得到的初等矩阵，记为 $\boldsymbol{E}(i(k))$，即

$$
\boldsymbol{E}(i(k))=\begin{bmatrix}
1 & & & & & & \\
& \ddots & & & & & \\
& & 1 & & & & \\
& & & k & & & \\
& & & & 1 & & \\
& & & & & \ddots & \\
& & & & & & 1
\end{bmatrix}
\begin{matrix} \\ \\ \\ \text{第}i\text{行} \\ \\ \\ \\ \end{matrix}
$$

(3) 将单位矩阵第 i 行的 k 倍加到第 j 行 (或第 j 列的 k 倍加到第 i 列) 上去得到的初等矩阵，记为 $\boldsymbol{E}(i(k),j)$，即

$$
\boldsymbol{E}(i(k),j)=\begin{bmatrix}
1 & & & & & & \\
& \ddots & & & & & \\
& & 1 & & & & \\
& & \vdots & \ddots & & & \\
& & k & \cdots & 1 & & \\
& & & & & \ddots & \\
& & & & & & 1
\end{bmatrix}
\begin{matrix} \\ \\ \text{第}i\text{行} \\ \\ \text{第}j\text{行} \\ \\ \\ \end{matrix}
$$

4. 相关定理及结论

定理 2.4 对任一非零矩阵 $\boldsymbol{A}=(a_{ij})_{m\times n}$，必可经过有限次初等变换化成标准形.

推论 2.1 任一非零矩阵 $\boldsymbol{A}=(a_{ij})_{m\times n}$ 都可以经过有限次初等行变换化为行阶梯形矩阵，进而化成行最简形矩阵.

推论 2.2 矩阵 $\boldsymbol{A}$ 与矩阵 $\boldsymbol{B}$ 等价的充分必要条件是 $\boldsymbol{A}$ 与 $\boldsymbol{B}$ 有相同的标准形.

推论 2.3 任一 n 阶可逆矩阵 $\boldsymbol{A}$ 的标准形是 n 阶单位阵 $\boldsymbol{E}_n$.

定理 2.5 对 $m\times n$ 矩阵 $\boldsymbol{A}$ 施行一次初等行变换，相当于在 $\boldsymbol{A}$ 的左边乘相应的 m 阶初等矩阵；对矩阵 $\boldsymbol{A}$ 施行一次初等列变换，相当于在 $\boldsymbol{A}$ 的右边乘相应的 n 阶初等矩阵.

推论 2.4 任一方阵 $\boldsymbol{A}$ 可逆的充分必要条件是 $\boldsymbol{A}$ 可以表示为有限个初等矩阵的乘积.

定理 2.6 $m\times n$ 矩阵 $\boldsymbol{A}$ 与 $\boldsymbol{B}$ 等价的充分必要条件是存在 m 阶可逆矩阵 $\boldsymbol{P}$ 及 n 阶可逆矩阵 $\boldsymbol{Q}$，使得 $\boldsymbol{B}=\boldsymbol{PAQ}$.

2.1.6 矩阵的秩

1. 矩阵秩的定义

定义 2.17 在 $m\times n$ 矩阵 $\boldsymbol{A}$ 中，任取 k 行 k 列 $(1\leqslant k\leqslant \min\{m\ ,\ n\})$，位于这些行列交叉处的 k^2 个元素，按照它们原来在 $\boldsymbol{A}$ 中的次序构成的 k 阶行列式，称为 $\boldsymbol{A}$ 的一个 k 阶子式.

定义 2.18 设 $\boldsymbol{A}$ 为 $m\times n$ 矩阵，若 $\boldsymbol{A}=\boldsymbol{O}$，则称 $\boldsymbol{A}$ 的秩为零；若 $\boldsymbol{A}\neq\boldsymbol{O}$，且 $\boldsymbol{A}$ 中有一个 r 阶子式不为零，而所有 $r+1$ 阶子式 (如果存在的话) 全为零，则称数 r 为矩阵 $\boldsymbol{A}$ 的秩，记为 $\mathrm{R}(\boldsymbol{A})$ 或 $\mathrm{rank}(\boldsymbol{A})$.

定义 2.19 设 $\boldsymbol{A}$ 是 $m\times n$ 矩阵，若 $\mathrm{R}(\boldsymbol{A})=m$，则称 $\boldsymbol{A}$ 为行满秩矩阵；若 $\mathrm{R}(\boldsymbol{A})=n$，则称 $\boldsymbol{A}$ 为列满秩矩阵；若 $\boldsymbol{A}$ 为 n 阶矩阵，且 $\mathrm{R}(\boldsymbol{A})=n$，则称 $\boldsymbol{A}$ 为满秩矩阵.

2. 矩阵秩的性质

(1) 矩阵的秩就是矩阵中不为零的子式的最高阶数；

(2) 设 $\boldsymbol{A}$ 为 $m\times n$ 矩阵，则 $0\leqslant \mathrm{R}(\boldsymbol{A})\leqslant\min\{m,n\}$；

(3) 若矩阵 $\boldsymbol{A}$ 有一个 s 阶子式不为零，则 $\mathrm{R}(\boldsymbol{A})\geqslant s$；

(4) 若矩阵 $\boldsymbol{A}$ 所有的 t 阶子式全为零，则 $\mathrm{R}(\boldsymbol{A})<t$；

(5) 矩阵和它的转置矩阵有相同的秩，即 $\mathrm{R}(\boldsymbol{A})=\mathrm{R}(\boldsymbol{A}^{\mathrm{T}})$.

3. 相关定理及结论

定理 2.7 设 $\boldsymbol{A}$，$\boldsymbol{B}$ 为 n 阶矩阵，则 $\boldsymbol{AB}$ 是满秩矩阵的充分必要条件是 $\boldsymbol{A}$

与 $\boldsymbol{B}$ 均为满秩矩阵.

推论 2.5 若 n 阶矩阵 $\boldsymbol{A}$ 是满秩矩阵，则 $\boldsymbol{A}^{\mathrm{T}}$，$k\boldsymbol{A}(k \neq 0)$，$\boldsymbol{A}^{*}$，$\boldsymbol{A}^{-1}$ 均为满秩矩阵.

定理 2.8 若矩阵 $\boldsymbol{A}$ 经过有限次初等变换化为 $\boldsymbol{B}$，则 $\mathrm{R}(\boldsymbol{A}) = \mathrm{R}(\boldsymbol{B})$，即初等变换不改变矩阵的秩.

推论 2.6 设 $\boldsymbol{A}$ 为 $m \times n$ 矩阵，$\boldsymbol{P}$ 为 m 阶可逆矩阵，$\boldsymbol{Q}$ 为 n 阶可逆矩阵，则有 $\mathrm{R}(\boldsymbol{PA}) = \mathrm{R}(\boldsymbol{A})$，$\mathrm{R}(\boldsymbol{AQ}) = \mathrm{R}(\boldsymbol{A})$，$\mathrm{R}(\boldsymbol{PAQ}) = \mathrm{R}(\boldsymbol{A})$.

2.2 应用案例分析

矩阵交叉点处的元素表示元素之间的相互关联的程度，它以直观的形式将多因素之间的关系表述出来，为许多问题的解决提供了思路. 矩阵普遍应用于自然科学、经济管理和工程技术等领域，是各应用学科中使用最为常见的数学工具.

2.2.1 图像噪声的去除

数字图像是由一系列像素点构成的. 从数学的视角看，图像可以用矩阵表示. 以灰度图像为例，图像的像素点对应矩阵中的元素，每个像素点的位置和灰度值分别对应矩阵中元素的位置和取值. 因此，数字图像的处理通常可利用矩阵的运算来实现.

例 2.1 图 2.1(a) 和图 2.1(b) 是两幅受到不同程度的加性噪声污染的图像，试利用矩阵的线性运算对该图像实现噪声去除.

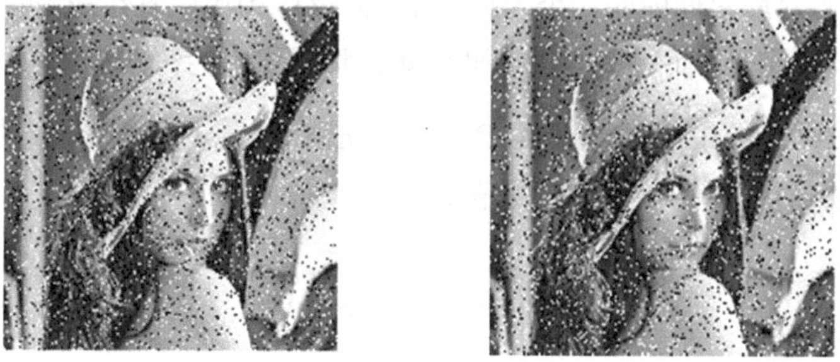

(a) (b)

图 2.1 噪声污染图像

【分析】 同一场景的多幅图像求平均值可以降低加性噪声的影响，这一算法在数学上即可通过矩阵加法和数乘运算实现.

【模型建立与求解】 将图 2.1(a) 和图 2.1(b) 对应的矩阵相加，然后与数 $\frac{1}{2}$ 作数乘运算，结果为两图像的平均，输出如图 2.2 所示. 可以看出，图像中的噪声得到了一定程度的抑制.

图 2.2　噪声去除后的图像

【结论】 矩阵加法和数乘运算可以在一定程度上实现图像中噪声的去除，但是可以看出，图像的一些细节信息也被抹平，图像变模糊了. 因此，在实际应用中，还需要结合其他方法在去除噪声的同时最大限度地保留图像的细节信息.

2.2.2　图像的平移

例 2.2　用矩阵的线性运算实现三维图像的平移.

【分析】 如果不考虑图像的色彩，只考虑图像的形状，可以将图像 (单指位图) 的每一个点对应空间中的一个列矩阵 (列向量)，图像则看作是由有限个点的位置列矩阵构成的集合，而对图像进行平移就是将图像中的每个点进行平移.

设一个三维图像中的任意一点 $P(x,y,z)$ 沿着向量 $\boldsymbol{v}=(p,q,l)$ 进行平移，平移后记为 $P^*(x_1,y_1,z_1)$，该点的坐标满足

$$\begin{cases} x_1 = x + p \\ y_1 = y + q \\ z_1 = z + l \end{cases}$$

这就是图像中点的平移公式，利用平移公式和矩阵加法可实现图像的平移.

【模型建立与求解】 若将一个三维图像中的点用列向量表示，然后将这些向

量按顺序排列在一起，就构成一个矩阵，记为 $\boldsymbol{A}$，即

$$\boldsymbol{A}=\begin{bmatrix} x_0 & x_1 & \cdots & x_n \\ y_0 & y_1 & \cdots & y_n \\ z_0 & z_1 & \cdots & z_n \end{bmatrix}$$

矩阵 $\boldsymbol{A}$ 表示图像中所有的点的坐标和位置关系，对图像进行平移的基本方法是先将向量 $\boldsymbol{v}=(p,q,l)$ 扩展成为与矩阵 $\boldsymbol{A}$ 形状相同的矩阵 $\boldsymbol{V}$，再将矩阵 $\boldsymbol{A}$ 与矩阵 $\boldsymbol{V}$ 相加，就可得到平移后的图像 $\boldsymbol{B}$，即

$$\boldsymbol{V}=\begin{bmatrix} \boldsymbol{v}^{\mathrm{T}}, & \boldsymbol{v}^{\mathrm{T}}, & \cdots & ,\boldsymbol{v}^{\mathrm{T}} \end{bmatrix}=\begin{bmatrix} p & p & \cdots & p \\ q & q & \cdots & q \\ l & l & \cdots & l \end{bmatrix}$$

平移后的图像

$$\boldsymbol{B}=\boldsymbol{A}+\boldsymbol{V}=\begin{bmatrix} x_0+p & x_1+p & \cdots & x_n+p \\ y_0+q & y_1+q & \cdots & y_n+q \\ z_0+l & z_1+l & \cdots & z_n+l \end{bmatrix}$$

【结论】 图像处理中经常用到各种变换，若用解析式表示坐标变换，则计算过程比较复杂，利用平移公式和矩阵加法可简单实现三维图像的平移.

2.2.3 学生总评成绩的计算

例 2.3 已知甲、乙、丙 3 名学生 4 门课程的期末考试成绩如表 2.1 所示，平时成绩如表 2.2 所示. 若期末成绩占总评成绩的 90%，平时成绩占 10%，则他们的总评成绩是多少？

表 2.1 期末考试成绩 (单位：分)

学生	高等数学	线性代数	概率论与数理统计	大学物理
甲	85	98	85	65
乙	95	95	75	70
丙	70	92	80	76

表 2.2 平时成绩 (单位：分)

学生	高等数学	线性代数	概率论与数理统计	大学物理
甲	70	92	90	80
乙	90	92	80	82
丙	75	90	85	90

【分析】 由于成绩都是用矩形表格的形式来呈现，因此可用矩阵来表示期末成绩和平时成绩，并利用矩阵的线性运算获得 3 名学生的总评成绩.

【模型建立与求解】 用矩阵 $\boldsymbol{A}$ 和 $\boldsymbol{B}$ 分别表示期末成绩和平时成绩，有

$$\boldsymbol{A}=\begin{bmatrix} 85 & 98 & 85 & 65 \\ 95 & 95 & 75 & 70 \\ 70 & 92 & 80 & 76 \end{bmatrix},\quad \boldsymbol{B}=\begin{bmatrix} 70 & 92 & 90 & 80 \\ 90 & 92 & 80 & 82 \\ 75 & 90 & 85 & 90 \end{bmatrix}$$

则 3 名学生的总评成绩矩阵

$$\begin{aligned} \boldsymbol{C} &= 0.9\boldsymbol{A}+0.1\boldsymbol{B} \\ &= \begin{bmatrix} 83.5 & 97.4 & 85.5 & 66.5 \\ 94.5 & 94.7 & 75.5 & 71.5 \\ 70.5 & 91.8 & 80.5 & 77.4 \end{bmatrix} \end{aligned}$$

学生的总评成绩如表 2.3 所示.

表 2.3　总评成绩　　(单位：分)

学生	高等数学	线性代数	概率论与数理统计	大学物理
甲	83.5	97.4	85.5	66.5
乙	94.7	94.7	75.5	71.5
丙	70.5	91.8	80.5	77.4

【结论】 从总评成绩可以看出，乙同学高等数学成绩突出，甲同学线性代数成绩优异但大学物理相对较差.

2.2.4　生产成本计算

例 2.4　某厂生产 3 种产品，每件产品的成本及每季度生产的件数如表 2.4 和表 2.5 所示. 请列出该厂每季度的总成本分类表.

表 2.4　生产单位产品的成本　　(单位：元)

成本	产品 A	产品 B	产品 C
原材料	0.10	0.30	0.15
劳动	0.30	0.40	0.25
企业管理费	0.10	0.20	0.15

表 2.5 每季度产量 (单位：件)

产品	夏	秋	冬	春
A	4000	4500	4500	4000
B	2000	2800	2400	2200
C	5800	6200	6000	6000

【分析】 夏季的原材料成本可由表 2.4 中原材料行的数据与表 2.5 中夏季产量列中数据乘积之和得到，同理可分析其他成本与季节产量有类似关系. 因此，若把成本和产量都用矩阵表示，则总成本分类表就可利用矩阵乘法得到.

【模型建立与求解】 表 2.4 和表 2.5 用矩阵可分别表示为

$$\boldsymbol{M}=\begin{bmatrix}0.10 & 0.30 & 0.15\\ 0.30 & 0.40 & 0.25\\ 0.10 & 0.20 & 0.15\end{bmatrix},\quad \boldsymbol{P}=\begin{bmatrix}4000 & 4500 & 4500 & 4000\\ 2000 & 2800 & 2400 & 2200\\ 5800 & 6200 & 6000 & 6000\end{bmatrix}$$

则矩阵 $\boldsymbol{Q}=\boldsymbol{MP}$ 的各列分别表示夏、秋、冬、春季各类别的成本，可得

$$\boldsymbol{Q}=\boldsymbol{MP}=\begin{bmatrix}1870 & 2220 & 2070 & 1960\\ 3450 & 4020 & 3810 & 3580\\ 1670 & 1940 & 1830 & 1740\end{bmatrix}$$

【结论】 $\boldsymbol{Q}$ 第 1 行的元素表示 4 个季度中每一个季度原材料的成本，第 2 和第 3 行的元素分别表示 4 个季度中每一季度中劳动和管理的成本. 每一类成本的年度总成本可由矩阵的每一行元素相加得到. 每一列元素相加，即可得到每一季度的总成本，如表 2.6 所示.

表 2.6 总成本 (单位：元)

成本	夏	秋	冬	春	全年
原材料	1870	2220	2070	1960	8120
劳动	3450	4020	3810	3580	14860
企业管理费	1670	1940	1830	1740	7180
总成本	6990	8180	7710	7280	30160

2.2.5 信息检索

在典型情况下，一个数据库包含一组文档，希望能够通过搜索这些文档找到最符合特定搜索内容的文档. 假设数据库包含 n 个文档和 m 个可用于搜索的关

键字. 设关键字是按照字母顺序排列的，则数据库可以表示为一个 $m \times n$ 矩阵 $\boldsymbol{A} = (a_{ij})_{m\times n}$. 每一个文档用矩阵 $\boldsymbol{A}$ 的一列表示，$\boldsymbol{A}$ 的第 i 行第 j 列的元素 a_{ij} 表示第 j 个文档中第 i 个关键字出现的相对频率，用于搜索的关键字用 $m \times 1$ 的列矩阵 $\boldsymbol{x}$ 表示. 如果第 i 个关键字在搜索列表中，则 $\boldsymbol{x}$ 中的第 i 个元素为 1；否则为 0. 为了完成搜索，只需用 $\boldsymbol{A}^{\mathrm{T}}$ 乘 $\boldsymbol{x}$.

例 2.5　假设数据库中包含下列书名：

B_1. Applied Linear Algebra

B_2. Elementary Linear Algebra

B_3. Elementary Linear Algebra with Applications

B_4. Linear Algebra and Its Applications

B_5. Linear Algebra with Applications

B_6. Matrix Algebra with Applications

B_7. Matrix Theory

按照字母顺序给出关键字的集合为

Algebra，Application，Elementary，Linear，Matrix，Theory

如果搜索的关键字是 Applied，Linear 和 Algebra，求搜索结果.

【分析】　一类最简单的搜索是确定每一个文档中有多少个搜索的关键字，只需在数据库矩阵中使用 0 和 1，而不必考虑关键字的相对频率. 因此，矩阵的第 i 行第 j 列的元素 1 表示第 i 个关键字出现在第 j 个文档中，0 表示第 i 个关键字不出现在第 j 个文档中. 假设搜索引擎十分先进，可以将关键字的不同形式认为是同一个单词.

【模型建立与求解】　由题意，可得书籍数据库的列表表示，如表 2.7 所示.

表 2.7　书籍数据库的列表表示

关键字	书籍						
	B_1	B_2	B_3	B_4	B_5	B_6	B_7
Algebra	1	1	1	1	1	1	0
Application	1	0	1	1	1	1	0
Elementary	0	1	1	0	0	0	0
Linear	1	1	1	1	1	0	0
Matrix	0	0	0	0	0	1	1
Theory	0	0	0	0	0	0	1

设数据库矩阵和搜索列矩阵分别为 $\boldsymbol{A}$ 和 $\boldsymbol{x}$，由表 2.7 有

$$\boldsymbol{A}=\begin{bmatrix}1&1&1&1&1&1&0\\1&0&1&1&1&1&0\\0&1&1&0&0&0&0\\1&1&1&1&1&0&0\\0&0&0&0&0&1&1\\0&0&0&0&0&0&1\end{bmatrix},\quad \boldsymbol{x}=\begin{bmatrix}1\\1\\0\\1\\0\\0\end{bmatrix}$$

搜索结果为

$$\boldsymbol{y}=\boldsymbol{A}^{\mathrm{T}}\boldsymbol{x}=\begin{bmatrix}1&1&0&1&0&0\\1&0&1&1&0&0\\1&1&1&1&0&0\\1&1&0&1&0&0\\1&1&0&1&0&0\\1&1&0&0&1&0\\0&0&0&0&1&1\end{bmatrix}\begin{bmatrix}1\\1\\0\\1\\0\\0\end{bmatrix}=\begin{bmatrix}3\\2\\3\\3\\3\\2\\0\end{bmatrix}$$

$y_1=3$ 表示在 B_1 中搜索到 3 个关键字，同理 y_i 的值表示在第 i 个书名中搜索到的关键字的数量.

【结论】 因为 $y_1=y_3=y_4=y_5=3$，所以书名 B_1、B_3、B_4 和 B_5 中必然包含所有三个搜索的关键字，B_6 中包含 2 个搜索的关键字，B_7 中没有要搜索的关键字.

2.2.6 图像的伸缩

例 2.6 用矩阵运算实现三维图像的伸缩.

【分析】 图像的伸缩是图像中点的位置改变引起的一种形状变化. 若将图像 (单指位图) 的每一个点对应空间中的一个列矩阵 (列向量)，图像则看作是由有限个点的位置列矩阵构成的集合，因此可利用矩阵运算来实现图像伸缩. 图像的伸缩实质上是矩阵的乘法运算.

【模型建立与求解】 图像的伸缩是将图像沿着 x,y,z 轴方向分别进行拉伸和压缩，从而改变图像的形状. 设一个三维图形中的任意一点 $P(x,y,z)$，经过伸缩后的坐标位置为

$$P^*(x_1,y_1,z_1)=P^*(k_x x,k_y y,k_z z)$$

其中，k_x, k_y, k_z 分别表示 x, y, z 方向的伸缩因子.

用矩阵运算的形式表示点的变化过程为

$$\begin{bmatrix} x_1 \\ y_1 \\ z_1 \end{bmatrix} = \begin{bmatrix} k_x & 0 & 0 \\ 0 & k_y & 0 \\ 0 & 0 & k_z \end{bmatrix} \begin{bmatrix} x \\ y \\ z \end{bmatrix}$$

称 $\boldsymbol{K} = \begin{bmatrix} k_x & 0 & 0 \\ 0 & k_y & 0 \\ 0 & 0 & k_z \end{bmatrix}$ 为伸缩矩阵. 一个三维图像 $\boldsymbol{A}$，伸缩后的图像 $\boldsymbol{B}$ 为

$$\boldsymbol{B} = \boldsymbol{KA} = \begin{bmatrix} k_x & 0 & 0 \\ 0 & k_y & 0 \\ 0 & 0 & k_z \end{bmatrix} \begin{bmatrix} x_0 & x_1 & \cdots & x_n \\ y_0 & y_1 & \cdots & y_n \\ z_0 & z_1 & \cdots & z_n \end{bmatrix} = \begin{bmatrix} k_x x_0 & k_x x_1 & \cdots & k_x x_n \\ k_y y_0 & k_y y_1 & \cdots & k_y y_n \\ k_z z_0 & k_z z_1 & \cdots & k_z z_n \end{bmatrix}$$

【结论】 将图像表示成位置列矩阵，对伸缩矩阵与位置列矩阵做乘法运算即可实现三维图像的伸缩.

2.2.7　信息加密

信息加密技术是利用数学或物理手段，对传输过程中或存储器内的电子信息进行保护，以防止信息泄漏的技术. Hill 加密是一种基于矩阵乘法的加密技术.

例 2.7　设 26 个英文字母分别与自然数 1~26 对应，空格与 0 对应，如表 2.8 所示. 取加密矩阵

$$\boldsymbol{A} = \begin{bmatrix} 3 & 1 & 1 & 7 \\ 6 & 3 & 1 & 15 \\ 2 & 1 & 0 & 5 \\ 8 & 2 & 2 & 19 \end{bmatrix}$$

利用矩阵运算对信息 “linear algebra is fun and we love it” 进行加密与解密.

表 2.8　字符与自然数对应表

字符	空格	a	b	c	d	e	f	g	h	i	j	k	l	m
自然数	0	1	2	3	4	5	6	7	8	9	10	11	12	13
字符	n	o	p	q	r	s	t	u	v	w	x	y	z	
自然数	14	15	16	17	18	19	20	21	22	23	24	25	26	

【分析】 把 26 个英文字母和空格共 27 个字符当作 27 进制数，对 0~26 的数直接查表 2.8 获得对应字符. 若该数超出此范围，则先取模 27 然后查表 2.8 获得对应字符. 这样字符与数之间就建立了对应关系，从而可以利用矩阵乘法进行加密，可利用逆矩阵解密.

【模型建立与求解】 将 “linear algebra is fun and we love it” 对应为数，可利用表 2.8 得到一串数 (即明文表值)，由于加密矩阵为 4×4 矩阵，故每 4 个数排成一列，依次排列，形成 4×9 的信息矩阵 (若不够，则补 0) 为

$$
\boldsymbol{X}=\begin{bmatrix} 12 & 1 & 12 & 18 & 19 & 14 & 4 & 0 & 5 \\ 9 & 18 & 7 & 1 & 0 & 0 & 0 & 12 & 0 \\ 14 & 0 & 5 & 0 & 6 & 1 & 23 & 15 & 9 \\ 5 & 1 & 2 & 9 & 21 & 14 & 5 & 22 & 20 \end{bmatrix}
$$

信息矩阵 $\boldsymbol{X}$ 左乘加密矩阵 $\boldsymbol{A}$，则乘积矩阵 $\boldsymbol{Y}=\boldsymbol{AX}$ 为密文矩阵，即

$$
\boldsymbol{Y}=\boldsymbol{AX}=\begin{bmatrix} 3 & 1 & 1 & 7 \\ 6 & 3 & 1 & 15 \\ 2 & 1 & 0 & 5 \\ 8 & 2 & 2 & 19 \end{bmatrix}\begin{bmatrix} 12 & 1 & 12 & 18 & 19 & 14 & 4 & 0 & 5 \\ 9 & 18 & 7 & 1 & 0 & 0 & 0 & 12 & 0 \\ 14 & 0 & 5 & 0 & 6 & 1 & 23 & 15 & 9 \\ 5 & 1 & 2 & 9 & 21 & 14 & 5 & 22 & 20 \end{bmatrix}
$$

$$
=\begin{bmatrix} 94 & 28 & 62 & 118 & 210 & 141 & 70 & 181 & 164 \\ 188 & 75 & 128 & 246 & 435 & 295 & 122 & 381 & 339 \\ 58 & 25 & 41 & 82 & 143 & 98 & 33 & 122 & 110 \\ 237 & 63 & 158 & 317 & 563 & 380 & 173 & 472 & 438 \end{bmatrix}
$$

取模 27，得密文信息矩阵

$$
\boldsymbol{Y}_{\text{密}}=\begin{bmatrix} 13 & 1 & 8 & 10 & 21 & 6 & 16 & 19 & 2 \\ 26 & 21 & 20 & 3 & 3 & 25 & 14 & 3 & 15 \\ 4 & 25 & 14 & 1 & 8 & 17 & 6 & 14 & 2 \\ 21 & 9 & 23 & 20 & 23 & 2 & 11 & 13 & 6 \end{bmatrix}
$$

利用表 2.8 将密文矩阵与字符对应，得到加密后的信息为

“mzduauyihtnwjcatuchwfyqbpnfkscnmbobf”.

可以看到，加密后信息与明文信息完全不同. 因此，在未知加密矩阵的情况下，一般很难从密文直接获得原始信息.

反过来，当接收方收到密文信息 “mzduauyihtnwjcatuchwfyqbpnfkscnmbobf” 时，需要通过解密获得明文信息. 通过查表 2.8 获得密文表值，每 4 个数字排成一

列，依次排列，获得 4×9 的密文信息矩阵 $\boldsymbol{Y}_{密}$，左乘加密矩阵的逆矩阵 $\boldsymbol{A}^{-1}$，则可得明文矩阵 $\boldsymbol{X}_{明}$，即

$$\boldsymbol{X}_{明}=\boldsymbol{A}^{-1}\boldsymbol{Y}_{密}=\begin{bmatrix}3&1&1&7\\6&3&1&15\\2&1&0&5\\8&2&2&19\end{bmatrix}^{-1}\begin{bmatrix}13&1&8&10&21&6&16&19&2\\26&21&20&3&3&25&14&3&15\\4&25&14&1&8&17&6&14&2\\21&9&23&20&23&2&11&13&6\end{bmatrix}$$

$$=\begin{bmatrix}9&-5&10&-2\\2&0&1&-1\\0&1&-3&0\\-4&2&4&1\end{bmatrix}\begin{bmatrix}13&1&8&10&21&6&16&19&2\\26&21&20&3&3&25&14&3&15\\4&25&14&1&8&17&6&14&2\\21&9&23&20&23&2&11&13&6\end{bmatrix}$$

$$=\begin{bmatrix}-15&136&66&45&208&95&112&270&-49\\9&18&7&1&27&27&27&39&0\\14&-54&-22&0&-21&-26&-4&-39&9\\5&-53&-25&-18&-87&-40&-49&-113&20\end{bmatrix}$$

取模 27，得明文信息矩阵

$$\boldsymbol{X}=\begin{bmatrix}12&1&12&18&19&14&4&0&5\\9&18&7&1&0&0&0&12&0\\14&0&5&0&6&1&23&15&9\\5&1&2&9&21&14&5&22&20\end{bmatrix}$$

利用表 2.8 与字母对应，得到解码信息为 “linear algebra is fun and we love it”.

【结论】 由于加密后信息与明文信息完全不同，在未知加密矩阵的情况下，一般很难从密文直接获得原始信息，从而提高了信息传输的安全性. 因此，加密矩阵的设计是 Hill 加密方法的关键，一般通过对单位矩阵作有限次初等变换来构造加密矩阵. 注意当加密矩阵的行列式为 1 或者 -1 时，可使得加密或解密过程中不出现分数，从而便于取余后数字与字符间的对应.

2.2.8 多项式的乘法

例 2.8 设 $f_1(x)=x^2+x+1,\ f_2(x)=x^4+2x^3+3x+4$，计算 $f_1(x)f_2(x)$.

【分析】 对于多项式

$$f(x)=a_nx^n+a_{n-1}x^{n-1}+\cdots+a_1x+a_0$$

称列矩阵

$$\boldsymbol{p}=[a_n,a_{n-1},\cdots,a_0]^{\mathrm{T}}$$

为多项式的系数矩阵.

设

$$g(x)=b_mx^m+b_{m-1}x^{m-1}+\cdots+b_1x+b_0$$

为计算 $f(x)g(x)$，构造矩阵

$$\boldsymbol{p}_g=\begin{bmatrix} b_m & & & \\ b_{m-1} & b_m & \vdots & \\ \vdots & b_{m-1} & & \\ b_0 & \vdots & \vdots & b_m \\ & b_0 & & b_{m-1} \\ & & \vdots & \vdots \\ & & & b_0 \end{bmatrix}_{(m+n+1)\times(n+1)}$$

则 $f(x)g(x)$ 的系数矩阵为 $\boldsymbol{p}_g\boldsymbol{p}$，进一步可获得乘积多项式.

【模型建立与求解】 构造矩阵

$$\boldsymbol{p}_1=\begin{bmatrix} 1 & & \\ 2 & 1 & \\ 0 & 2 & 1 \\ 3 & 0 & 2 \\ 4 & 3 & 0 \\ & 4 & 3 \\ & & 4 \end{bmatrix}_{7\times3},\quad \boldsymbol{p}_2=\begin{bmatrix} 1 \\ 1 \\ 1 \end{bmatrix}$$

则多项式 $f_1(x)f_2(x)$ 的系数矩阵为

$$\boldsymbol{p}_1\boldsymbol{p}_2=\begin{bmatrix} 1 & & \\ 2 & 1 & \\ 0 & 2 & 1 \\ 3 & 0 & 2 \\ 4 & 3 & 0 \\ & 4 & 3 \\ & & 4 \end{bmatrix}\begin{bmatrix} 1 \\ 1 \\ 1 \end{bmatrix}=\begin{bmatrix} 1 \\ 3 \\ 3 \\ 5 \\ 7 \\ 7 \\ 4 \end{bmatrix}$$

故乘积多项式为

$$f_1(x)f_2(x) = x^6 + 3x^5 + 3x^4 + 5x^3 + 7x^2 + 7x + 4$$

【结论】 两个高次多项式相乘，在合并同类项时容易丢三落四，借助矩阵乘法可以有效避免这一问题出现. 对于多个高次多项式乘法，可两两结合使用该方法化简计算.

2.2.9 航班问题

图论是应用数学中的一个重要分支. 一个图定义为顶点和无序的顶点对 (或称为边) 的集合. 图 2.3 给出了一个图的几何关系表示，顶点 V_1, V_2, V_3, V_4, V_5 可以看成通信网络的结点.

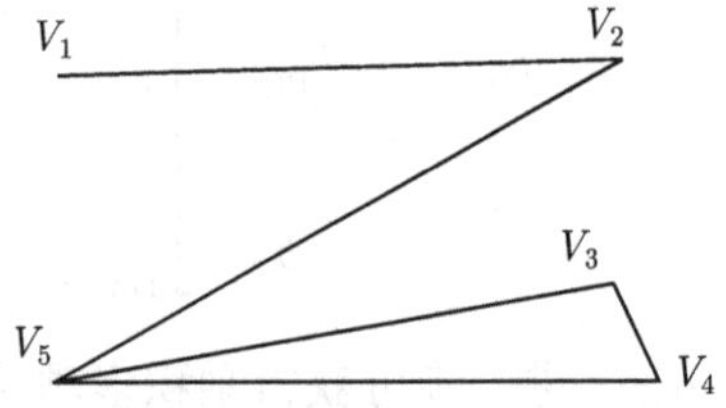

图 2.3　图的几何关系表示

图 2.3 的顶点集和边集可分别表示为

$$V = \{V_1, V_2, V_3, V_4, V_5\}$$

$$E = \{\{V_1, V_2\}, \{V_2, V_5\}, \{V_3, V_4\}, \{V_3, V_5\}, \{V_4, V_5\}\}$$

每条边表示网络中两个结点之间有直接通信链路.

当顶点数目较大，顶点之间连接较复杂时，网络的图形将变得十分混乱. 将图的表示用矩阵表达，其顶点与边之间的关系将变得较为简洁.

若图包含 n 个顶点，则图的邻接矩阵 $\boldsymbol{A} = (a_{ij})_{n\times n}$，其元素

$$a_{ij} = \begin{cases} 1 & \text{如果} V_i, V_j \text{间有边相连} \\ 0 & \text{如果没有边连接顶点} V_i \text{和} V_j \end{cases}$$

图上的路可以看成连接一个顶点到另一个顶点的边的序列. 在图 2.3 中，边 $\{V_3, V_4\}$, $\{V_4, V_5\}$ 表示从顶点 V_3 到顶点 V_5 的一条路. 该路的长度为 2，因为它包含了两条边. 一个简单的表示路的方法是将顶点间的移动用箭头表示，即 $V_3 \to V_4 \to V_5$ 表

示从 V_3 到 V_5 长度为 2 的路. 若 $\boldsymbol{A}$ 为某图的邻接矩阵，$\boldsymbol{A}^k=(a_{ij}^{(k)})_{n\times n}$，则 $a_{ij}^{(k)}$ 表示顶点 V_i 与 V_j 间长度为 k 的路的条数.

例 2.9 图 2.4 为 1，2，3，4 四个城市之间的空运航线图，则从城市 1 是否可以连续乘坐两次航班到达城市 2，从城市 4 是否可以连续乘坐三次航班到达城市 2?

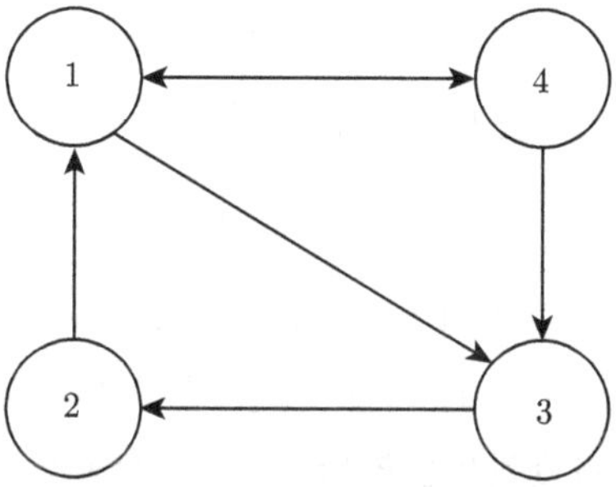

图 2.4 四个城市之间的空运航线

【分析】 把四个城市看成四个结点，构造这四个结点的邻接矩阵，利用乘幂运算可得各城市间航班数目.

【模型建立与求解】 从图 2.4 中可以看出，从城市 1 到城市 3 和城市 4 都有航班，但到城市 2 没有. 该图的邻接矩阵 $\boldsymbol{A}$ 为

$$\boldsymbol{A}=\begin{bmatrix}0&0&1&1\\1&0&0&0\\0&1&0&0\\1&0&1&0\end{bmatrix}$$

其中，若城市 i 到城市 j 有航线，则 $a_{ij}=1$，否则 $a_{ij}=0$.

一次转机 (也就是坐两次航班) 能达到的城市，可以由邻接矩阵的平方来求得. 实际意义就是把第一次航班的到站再作为起点，求下一个航班的终点.

$$\boldsymbol{A}^2=\begin{bmatrix}0&0&1&1\\1&0&0&0\\0&1&0&0\\1&0&1&0\end{bmatrix}\begin{bmatrix}0&0&1&1\\1&0&0&0\\0&1&0&0\\1&0&1&0\end{bmatrix}=\begin{bmatrix}1&1&1&0\\0&0&1&1\\1&0&0&0\\0&1&1&1\end{bmatrix}$$

因为 $a_{12}^{(2)}=1$，所以从城市 1 可以连续乘坐两次航班到达城市 2.

因为矩阵 $\boldsymbol{A}^3=\begin{bmatrix}1&1&1&1\\1&1&1&0\\0&0&1&1\\2&1&1&0\end{bmatrix}$ 表示一个人连续乘坐三次航班可以到达的城市，$a_{42}^{(3)}=1$，所以可以连续乘坐三次航班从城市 4 到达城市 2.

【结论】 通过邻接矩阵的乘幂，可求出任意两顶点间给定长度的路的条数，从而可利用矩阵乘幂运算计算到达某城市的航班路线数目. 尤其当航运涉及城市较多且航线复杂时，该方法可直观表示和有效分析城市间航运路线情况和数目.

2.2.10 婚姻状况计算模型

例 2.10 在某城镇中，每年有 30%的已婚女性离婚，20%的单身女性结婚，城镇中有 8000 位已婚女性和 2000 位单身女性，假设所有女性的总数为 1 个常数，1 年后有多少已婚女性和单身女性? 2 年后呢? n 年后呢?

【分析】 用 1 年后仍处于婚姻状态的原已婚女性和已婚的原单身女性的百分比、1 年后离婚的原已婚女性和未婚的原单身女性的百分比来构造矩阵，然后可利用矩阵乘法得到 1 年后女性的婚姻状况，进一步用乘幂运算得到 2 年及 n 年后的情况.

【模型建立与求解】 构造矩阵 $\boldsymbol{A}$: 第一行元素为 1 年后仍处于婚姻状态的原已婚女性和已婚的原单身女性的百分比，第二行元素分别为 1 年后离婚的原已婚女性和未婚的原单身女性的百分比. 设 $\boldsymbol{x}$ 矩阵两行分别是目前已婚和单身女性人数，则

$$\boldsymbol{A}=\begin{bmatrix}0.7&0.2\\0.3&0.8\end{bmatrix},\quad \boldsymbol{x}=\begin{bmatrix}8000\\2000\end{bmatrix}$$

1 年后已婚女性和单身女性人数为

$$\boldsymbol{Ax}=\begin{bmatrix}0.7&0.2\\0.3&0.8\end{bmatrix}\begin{bmatrix}8000\\2000\end{bmatrix}=\begin{bmatrix}6000\\4000\end{bmatrix}$$

即 1 年后将有 6000 位已婚女性和 4000 位单身女性.

2 年后，已婚女性和单身女性的数量为

$$\boldsymbol{A}\begin{bmatrix}6000\\4000\end{bmatrix}=\boldsymbol{A}^2\boldsymbol{x}=\begin{bmatrix}0.7&0.2\\0.3&0.8\end{bmatrix}^2\begin{bmatrix}8000\\2000\end{bmatrix}=\begin{bmatrix}5000\\5000\end{bmatrix}$$

利用 Matlab 软件可计算，10 年后，已婚女性和单身女性的数量为

$$\boldsymbol{A}^{10}\boldsymbol{x}=\begin{bmatrix}0.7 & 0.2\\0.3 & 0.8\end{bmatrix}^{10}\begin{bmatrix}8000\\2000\end{bmatrix}=\begin{bmatrix}4003.9\\5996.1\end{bmatrix}$$

20 年、30 年后，已婚女性和单身女性的数量为

$$\boldsymbol{A}^{20}\boldsymbol{x}=\begin{bmatrix}0.7 & 0.2\\0.3 & 0.8\end{bmatrix}^{20}\begin{bmatrix}8000\\2000\end{bmatrix}=\begin{bmatrix}4000\\6000\end{bmatrix}$$

$$\boldsymbol{A}^{30}\boldsymbol{x}=\begin{bmatrix}0.7 & 0.2\\0.3 & 0.8\end{bmatrix}^{30}\begin{bmatrix}8000\\2000\end{bmatrix}=\begin{bmatrix}4000\\6000\end{bmatrix}$$

n 年后已婚女性和单身女性人数的数量可用 $\boldsymbol{A}^n\boldsymbol{x}$ 得到，即

$$\boldsymbol{A}^{n}\boldsymbol{x}=\begin{bmatrix}0.7 & 0.2\\0.3 & 0.8\end{bmatrix}^{n}\begin{bmatrix}8000\\2000\end{bmatrix}=\begin{bmatrix}4000\\6000\end{bmatrix}$$

【结论】 可以看出，已婚女性人数比例总体在下降，单身女性比例逐年增长，但是 10 年后两者比例趋于稳定，最后该比例稳定在 2:3.

2.2.11 数字滤波器中传递函数的求解

信号流图是用来表示和分析复杂系统内的信号变换关系的工具，其基本概念如下：

(1) 系统中每个信号用一个节点表示；

(2) 系统部件对信号实施的变换关系用有向线段表示，箭尾为输入信号，箭头为输出信号，箭身标注对此信号进行变换的乘子；

(3) 每个节点信号的值等于所有指向此节点的箭头信号之和，每个节点信号可以向外输出给多个部件，其值不变.

带反馈的简单信号流如图 2.5 所示.

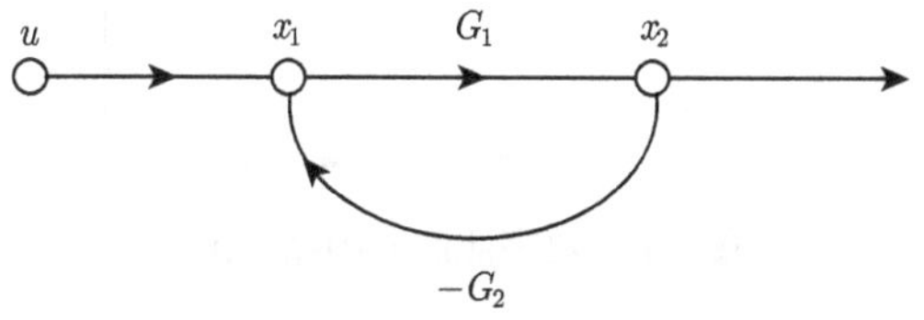

图 2.5 带反馈的简单信号流图

由图 2.5 得方程

$$x_1 = u - G_2 x_2, \quad x_2 = G_1 x_1$$

写成矩阵形式为

$$\begin{bmatrix} x_1 \\ x_2 \end{bmatrix} = \begin{bmatrix} 0 & -G_2 \\ G_1 & 0 \end{bmatrix} \begin{bmatrix} x_1 \\ x_2 \end{bmatrix} + \begin{bmatrix} 1 \\ 0 \end{bmatrix} u$$

或

$$\boldsymbol{x} = \boldsymbol{Q}\boldsymbol{x} + \boldsymbol{P}u$$

其中,

$$\boldsymbol{x} = \begin{bmatrix} x_1 \\ x_2 \end{bmatrix}, \quad \boldsymbol{Q} = \begin{bmatrix} 0 & G_2 \\ -G_1 & 0 \end{bmatrix}, \quad \boldsymbol{P} = \begin{bmatrix} 1 \\ 0 \end{bmatrix}$$

当 $(\boldsymbol{E} - \boldsymbol{Q})$ 可逆时, 可解得

$$\boldsymbol{x} = (\boldsymbol{E} - \boldsymbol{Q})^{-1}\boldsymbol{P}u$$

因此, 由系统的输出与输入的比值求得传递函数矩阵 $\boldsymbol{W}$ 为

$$\boldsymbol{W} = \frac{1}{u}\boldsymbol{x} = (\boldsymbol{E} - \boldsymbol{Q})^{-1}\boldsymbol{P}$$

例 2.11 图 2.6 表示某个数字滤波器的结构图, 求其传递函数.

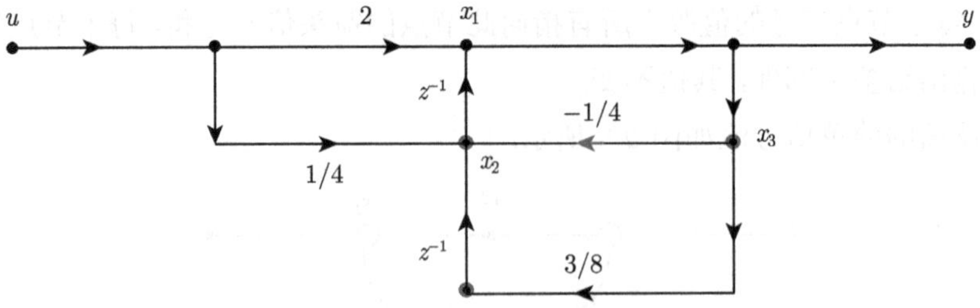

图 2.6 数字滤波器的结构图

【分析】 数字滤波器的结构图是简单信号流图的组合, 其特殊要求在于所有的相加节点都限定为双输入相加器.

【模型建立与求解】 设 $q=z^{-1}$，根据图 2.6，有

$$\begin{cases} x_1 = qx_2 + 2u \\ x_2 = \left(\dfrac{3}{8}q - \dfrac{1}{4}\right)x_3 + \dfrac{1}{4}u \\ x_3 = x_1 \end{cases}$$

写成矩阵形式为

$$\boldsymbol{x} = \begin{bmatrix} x_1 \\ x_2 \\ x_3 \end{bmatrix} = \begin{bmatrix} 0 & q & 0 \\ 0 & 0 & \dfrac{3}{8}q - \dfrac{1}{4} \\ 1 & 0 & 0 \end{bmatrix} \begin{bmatrix} x_1 \\ x_2 \\ x_3 \end{bmatrix} + \begin{bmatrix} 2 \\ \dfrac{1}{4} \\ 0 \end{bmatrix} u$$

即

$$\boldsymbol{x} = \boldsymbol{Q}\boldsymbol{x} + \boldsymbol{P}u$$

其中，

$$\boldsymbol{x} = \begin{bmatrix} x_1 \\ x_2 \\ x_3 \end{bmatrix}, \quad \boldsymbol{Q} = \begin{bmatrix} 0 & q & 0 \\ 0 & 0 & \dfrac{3}{8}q - \dfrac{1}{4} \\ 1 & 0 & 0 \end{bmatrix}, \quad \boldsymbol{P} = \begin{bmatrix} 2 \\ \dfrac{1}{4} \\ 0 \end{bmatrix}$$

由于 $(\boldsymbol{E}-\boldsymbol{Q})$ 可逆，故得

$$\boldsymbol{x} = (\boldsymbol{E}-\boldsymbol{Q})^{-1}\boldsymbol{P}u$$

故传递函数矩阵 $\boldsymbol{W}$ 为

$$\boldsymbol{W} = \frac{1}{u}\boldsymbol{x} = (\boldsymbol{E}-\boldsymbol{Q})^{-1}\boldsymbol{P} = \begin{bmatrix} 1 & -q & 0 \\ 0 & 1 & \dfrac{1}{4} - \dfrac{3}{8}q \\ -1 & 0 & 1 \end{bmatrix}^{-1} \begin{bmatrix} 2 \\ \dfrac{1}{4} \\ 0 \end{bmatrix}$$

$$= \begin{bmatrix} \dfrac{-16-2q}{-8+3q^2-2q} \\ \dfrac{-2(3q-2)-2}{-8+3q^2-2q} \\ \dfrac{-16-2q}{-8+3q^2-2q} \end{bmatrix}$$

所关心的是 $y = x_3$ 作为输出的传递函数，即

$$w_3 = \frac{y}{u} = \frac{-16-2q}{-8+3q^2-2q} = \frac{q+8}{-1.5q^2+q+4} = \frac{z^{-1}+8}{-1.5z^{-2}+z^{-1}+4}$$

【结论】 数字滤波器的结构图实际上也是一种信号流图. 矩阵运算结合信号流图为数字滤波器传递函数的求解提供了一种简便方法.

2.2.12 矩阵方程的求解

例 2.12 设矩阵

$$\boldsymbol{A} = \begin{bmatrix} 1 & 2 & 3 \\ 2 & 3 & 1 \\ 3 & 1 & 2 \end{bmatrix}, \quad \boldsymbol{B} = \begin{bmatrix} 1 & 0 \\ 3 & 2 \end{bmatrix}, \quad \boldsymbol{C} = \begin{bmatrix} 1 & 2 \\ 0 & 5 \\ -1 & 1 \end{bmatrix}$$

已知 $\boldsymbol{AXB}=\boldsymbol{C}$，求矩阵 $\boldsymbol{X}$.

【分析】 利用矩阵的运算与性质，当 $\boldsymbol{A}$, $\boldsymbol{B}$ 可逆时，等式两边分别左乘 $\boldsymbol{A}$ 的逆矩阵，同时分别右乘 $\boldsymbol{B}$ 的逆矩阵，则有 $\boldsymbol{X} = \boldsymbol{A}^{-1}\boldsymbol{C}\boldsymbol{B}^{-1}$.

【模型建立与求解】 $|\boldsymbol{A}| = -18$, $|\boldsymbol{B}| = 2$, 行列式均不为 0，故 $\boldsymbol{A}$ 与 $\boldsymbol{B}$ 均可逆，且

$$\boldsymbol{A}^{-1} = \frac{1}{-18}\begin{bmatrix} 5 & -1 & -7 \\ -1 & -7 & 5 \\ -7 & 5 & -1 \end{bmatrix}, \boldsymbol{B}^{-1} = \frac{1}{2}\begin{bmatrix} 2 & 0 \\ -3 & 1 \end{bmatrix}$$

故

$$\boldsymbol{X} = \boldsymbol{A}^{-1}\boldsymbol{C}\boldsymbol{B}^{-1} = \frac{1}{-36}\begin{bmatrix} 5 & -1 & -7 \\ -1 & -7 & 5 \\ -7 & 5 & -1 \end{bmatrix}\begin{bmatrix} 1 & 2 \\ 0 & 5 \\ -1 & 1 \end{bmatrix}\begin{bmatrix} 2 & 0 \\ -3 & 1 \end{bmatrix}$$

$$= \frac{1}{-36}\begin{bmatrix} 30 & -2 \\ 84 & -32 \\ -42 & 10 \end{bmatrix}$$

【结论】 对含有方阵且方阵可逆时的矩阵方程，利用逆矩阵的运算和性质可以方便地表示矩阵方程的解，进而求解.

2.2.13 数字图像的压缩

数字图像的数据量通常都很大，在不同用户及系统间相互交换时会造成很大麻烦，因此需要有效的方法对它进行压缩，利用正交变换可以实现图像压缩.

例 2.13 如图 2.7，截取 Lenna 图像中大小为 8×8 的一块. 设有正交变换矩阵

$$
\boldsymbol{M}=\begin{bmatrix}
0 & 0 & -0.7071 & 0 & 0 & 0.5 & -0.3536 & -0.3536\\
0 & 0 & 0.7071 & 0 & 0 & 0.5 & -0.3536 & -0.3536\\
0 & 0 & 0 & -0.7071 & 0 & -0.5 & -0.3536 & -0.3536\\
0 & 0 & 0 & 0.7071 & 0 & -0.5 & -0.3536 & -0.3536\\
0 & 0.7071 & 0 & 0 & -0.5 & 0 & -0.3536 & 0.3536\\
0 & -0.7071 & 0 & 0 & -0.5 & 0 & -0.3536 & 0.3536\\
-0.7071 & 0 & 0 & 0 & 0.5 & 0 & -0.3536 & 0.3536\\
0.7071 & 0 & 0 & 0 & 0.5 & 0 & -0.3536 & 0.3536
\end{bmatrix}
$$

利用正交变换对截取的图像块进行压缩并说明压缩效果.

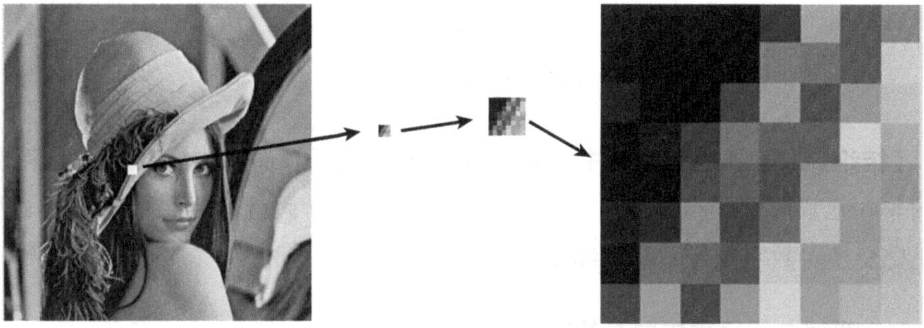

(a) Lenna图像 (b) 截取的图像块 (放大后)

图 2.7 Lenna 图像与取出的图像块

【分析】 将取出的图像块用矩阵表示，矩阵中的元素表示图像块中对应位置像素的灰度值，然后用给定的正交矩阵分别对图像块矩阵的行和列施行正交变换，观察结果，以期将图像块矩阵中尽可能多元素变为 0 或绝对值接近于 0，从而进一步实现数据压缩.

【模型建立与求解】 利用 Matlab 软件中的 imread 命令读图像块，读取结果对应的矩阵记为 $\boldsymbol{A}$，则

$$A = \begin{bmatrix} 225 & 210 & 118 & 202 & 80 & 110 & 200 & 105 \\ 168 & 142 & 240 & 191 & 123 & 61 & 175 & 76 \\ 88 & 93 & 132 & 36 & 15 & 150 & 116 & 222 \\ 75 & 180 & 226 & 4 & 251 & 195 & 145 & 3 \\ 87 & 142 & 44 & 228 & 149 & 136 & 203 & 198 \\ 136 & 115 & 250 & 52 & 106 & 162 & 16 & 249 \\ 184 & 180 & 68 & 74 & 130 & 51 & 155 & 252 \\ 80 & 160 & 65 & 168 & 83 & 98 & 10 & 200 \end{bmatrix}$$

作正交变换 $\boldsymbol{M}^{\mathrm{T}}\boldsymbol{A}\boldsymbol{M}$，并用 uint8($\boldsymbol{M}^{\mathrm{T}}\boldsymbol{A}\boldsymbol{M}$) 转换为 8 位无符号数据矩阵，结果记为 $\boldsymbol{B}$，则

$$B = \begin{bmatrix} 46 & 0 & 42 & 48 & 0 & 0 & 58 & 0 \\ 0 & 34 & 38 & 191 & 2 & 3 & 0 & 51 \\ 0 & 46 & 0 & 0 & 0 & 0 & 19 & 0 \\ 0 & 95 & 50 & 0 & 0 & 4 & 0 & 0 \\ 21 & 38 & 15 & 43 & 6 & 81 & 56 & 0 \\ 0 & 39 & 0 & 125 & 7 & 0 & 0 & 0 \\ 0 & 7 & 0 & 47 & 0 & 0 & 255 & 17 \\ 186 & 17 & 10 & 95 & 5 & 18 & 16 & 59 \end{bmatrix}$$

【结论】 与 $\boldsymbol{A}$ 相比，$\boldsymbol{B}$ 中很多元素变为 0，由于存储或传输时只需要存储或传输非 0 元素的位置和数值，且通过 $\boldsymbol{A} = \boldsymbol{M}\boldsymbol{B}\boldsymbol{M}^{\mathrm{T}}$ 解码就可得到原图像块，因此该正交变换对数字图像数据压缩是有效的.

2.2.14　直线与平面位置关系的判断

例 2.14　判断直线 $l:\begin{cases} x+z=0 \\ y=0 \end{cases}$ 与平面 π: $x-y+z+1=0$ 的位置关系.

【分析】 直线与平面若无交点则直线与平面平行，若有唯一交点，则相交；若有无穷多交点，则直线属于平面. 设平面与空间直线的一般方程为

$$A_1x+B_1y+C_1z=D_1,\quad \begin{cases} A_2x+B_2y+C_2z=D_2 \\ A_3x+B_3y+C_3z=D_3 \end{cases}$$

直线与平面是否相交，相当于方程组

$$\begin{cases} A_1x + B_1y + C_1z = D_1 \\ A_2x + B_2y + C_2z = D_2 \\ A_3x + B_3y + C_3z = D_3 \end{cases}$$

是否有解.

设系数矩阵与增广矩阵分别为

$$\boldsymbol{A} = \begin{bmatrix} A_1 & B_1 & C_1 \\ A_2 & B_2 & C_2 \\ A_3 & B_3 & C_3 \end{bmatrix}, \quad \overline{\boldsymbol{A}} = \left[\begin{array}{ccc:c} A_1 & B_1 & C_1 & D_1 \\ A_2 & B_2 & C_2 & D_2 \\ A_3 & B_3 & C_3 & D_3 \end{array}\right]$$

则

(1) 直线与平面相交的充要条件为 $\mathrm{R}(\boldsymbol{A}) = \mathrm{R}(\overline{\boldsymbol{A}}) = 3$;

(2) 直线与平面平行充要条件为 $\mathrm{R}(\boldsymbol{A}) = 2, \mathrm{R}(\overline{\boldsymbol{A}}) = 3$;

(3) 直线属于平面的充要条件为 $\mathrm{R}(\boldsymbol{A}) = \mathrm{R}(\overline{\boldsymbol{A}}) = 2$.

【模型建立与求解】 由已知可得系数矩阵与增广矩阵分别为

$$\boldsymbol{A} = \begin{bmatrix} 1 & 0 & 1 \\ 0 & 1 & 0 \\ 1 & -1 & 1 \end{bmatrix}, \overline{\boldsymbol{A}} = \left[\begin{array}{ccc:c} 1 & 0 & 1 & 0 \\ 0 & 1 & 0 & 0 \\ 1 & -1 & 1 & -1 \end{array}\right]$$

对增广矩阵进行初等变换得

$$\overline{\boldsymbol{A}} = \left[\begin{array}{ccc:c} 1 & 0 & 1 & 0 \\ 0 & 1 & 0 & 0 \\ 1 & -1 & 1 & -1 \end{array}\right] \to \left[\begin{array}{ccc:c} 1 & 0 & 1 & 0 \\ 0 & 1 & 0 & 0 \\ 0 & 0 & 0 & 1 \end{array}\right]$$

$\mathrm{R}(\boldsymbol{A}) = 2, \mathrm{R}(\overline{\boldsymbol{A}}) = 3$，故直线 l 平行于平面 π.

【结论】 用矩阵的秩判定线面间的位置关系，直观形象且易于理解.

2.2.15 直线与直线位置关系的判断

例 2.15 判断两直线

$$l_1: \begin{cases} x + 2y - z - 7 = 0 \\ -2x + y + z - 7 = 0 \end{cases} \quad 和 \quad l_2: \begin{cases} 3x + 6y - 3z - 8 = 0 \\ 2x - y - z = 0 \end{cases}$$

的位置关系.

【分析】 设空间两直线的一般方程分别为

$$\begin{cases} A_1x+B_1y+C_1z=D_1 \\ A_2x+B_2y+C_2z=D_2 \end{cases}, \quad \begin{cases} A_3x+B_3y+C_3z=D_3 \\ A_4x+B_4y+C_4z=D_4 \end{cases}$$

设矩阵

$$\boldsymbol{A}=\begin{bmatrix} A_1 & B_1 & C_1 \\ A_2 & B_2 & C_2 \\ A_3 & B_3 & C_3 \\ A_4 & B_4 & C_4 \end{bmatrix}, \quad \overline{\boldsymbol{A}}=\left[\begin{array}{ccc:c} A_1 & B_1 & C_1 & D_1 \\ A_2 & B_2 & C_2 & D_2 \\ A_3 & B_3 & C_3 & D_3 \\ A_4 & B_4 & C_4 & D_4 \end{array}\right]$$

则

(1) 两直线异面的充要条件为 $\mathrm{R}(\boldsymbol{A})=3, \mathrm{R}(\overline{\boldsymbol{A}})=4$;

(2) 两直线相交的充要条件为 $\mathrm{R}(\boldsymbol{A})=\mathrm{R}(\overline{\boldsymbol{A}})=3$;

(3) 两直线平行的充要条件为 $\mathrm{R}(\boldsymbol{A})=2, \mathrm{R}(\overline{\boldsymbol{A}})=3$;

(4) 两直线重合的充要条件为 $\mathrm{R}(\boldsymbol{A})=\mathrm{R}(\overline{\boldsymbol{A}})=2$.

【模型建立与求解】 由已知，可得矩阵

$$\boldsymbol{A}=\begin{bmatrix} 1 & 2 & -1 \\ -2 & 1 & 1 \\ 3 & 6 & -3 \\ 2 & -1 & -1 \end{bmatrix}, \overline{\boldsymbol{A}}=\left[\begin{array}{ccc:c} 1 & 2 & -1 & 7 \\ -2 & 1 & 1 & 7 \\ 3 & 6 & -3 & 8 \\ 2 & -1 & -1 & 0 \end{array}\right]$$

对 $\overline{\boldsymbol{A}}$ 进行初等变换得

$$\overline{\boldsymbol{A}}=\left[\begin{array}{ccc:c} 1 & 2 & -1 & 7 \\ -2 & 1 & 1 & 7 \\ 3 & 6 & -3 & 8 \\ 2 & -1 & -1 & 0 \end{array}\right] \rightarrow \left[\begin{array}{ccc:c} 1 & 2 & -1 & 7 \\ 0 & 5 & -1 & 21 \\ 0 & 0 & 0 & 1 \\ 0 & 0 & 0 & 0 \end{array}\right]$$

$\mathrm{R}(\boldsymbol{A})=2, \mathrm{R}(\overline{\boldsymbol{A}})=3$，故两直线平行.

【结论】 解析几何中常用代数方法来解决几何问题，使得一些复杂的几何问题得以简便解决. 利用矩阵的秩判定空间直线间的位置关系，几何意义明确且计算简单.

2.2.16 平面与平面位置关系的判断

例 2.16 判断两平面 $\pi_1: x+2y+3z-5=0$ 和 $\pi_2: 2x-3y+4z+7=0$ 的位置关系.

【分析】 已知平面 $\pi_1: A_1x+B_1y+C_1z=D_1$ 与平面 $\pi_2: A_2x+B_2y+C_2z=D_2$. 线性方程组

$$\begin{cases} A_1x+B_1y+C_1z=D_1 \\ A_2x+B_2y+C_2z=D_2 \end{cases}$$

的系数矩阵 $\boldsymbol{A}$ 和增广矩阵 $\overline{\boldsymbol{A}}$ 分别为

$$\boldsymbol{A}=\begin{bmatrix} A_1 & B_1 & C_1 \\ A_2 & B_2 & C_2 \end{bmatrix}, \quad \overline{\boldsymbol{A}}=\begin{bmatrix} A_1 & B_1 & C_1 & D_1 \\ A_2 & B_2 & C_2 & D_2 \end{bmatrix}$$

则

(1) 两平面平行的充要条件为 $\mathrm{R}(\boldsymbol{A})=1, \mathrm{R}(\overline{\boldsymbol{A}})=2$;

(2) 两平面重合的充要条件为 $\mathrm{R}(\boldsymbol{A})=\mathrm{R}(\overline{\boldsymbol{A}})=1$;

(3) 两平面相交于一条直线的充要条件为 $\mathrm{R}(\boldsymbol{A})=\mathrm{R}(\overline{\boldsymbol{A}})=2$.

【模型建立与求解】 由已知可得系数矩阵与增广矩阵分别为

$$\boldsymbol{A}=\begin{bmatrix} 1 & 2 & 3 \\ 2 & -3 & 4 \end{bmatrix}, \quad \overline{\boldsymbol{A}}=\left[\begin{array}{ccc:c} 1 & 2 & 3 & 5 \\ 2 & -3 & 4 & -7 \end{array}\right]$$

对 $\overline{\boldsymbol{A}}$ 作初等变换变为行阶梯形得

$$\overline{\boldsymbol{A}}=\left[\begin{array}{ccc:c} 1 & 2 & 3 & 5 \\ 2 & -3 & 4 & -7 \end{array}\right] \longrightarrow \left[\begin{array}{ccc:c} 1 & 2 & 3 & 5 \\ 0 & 7 & 2 & 17 \end{array}\right]$$

$\mathrm{R}(\boldsymbol{A})=\mathrm{R}(\overline{\boldsymbol{A}})=2$，故两平面相交.

【结论】 利用矩阵的秩判定平面间的位置关系，数形结合，从理论角度解释了平面间的几何关系，易于理解.

习　题

1. 有 6 名选手参加乒乓球比赛，成绩如下：选手 1 胜选手 2,4,5,6，负于 3；选手 2 胜 4,5,6，负于 1 和 3；选手 3 胜选手 1,2,4，负于 5,6；选手 4 胜选手 5,6，负于 1,2,3；选手 5 胜选手 3,6，负于 1,2,4. 若胜一场得 1 分，负一场得 0 分，试用矩阵表示输赢状况，并排序.

2. 甲、乙、丙、丁、戊 5 人从图书馆借来 5 本不同的小说，他们约定读完后相互交换，这 5 本书的厚度以及他们的阅读速度差不多，因此，5 人总是能同时交换书. 经过四次交换后，5 人读完了这 5 本书，现已知：

(1) 甲最后读的书是乙读的第 2 本书；

(2) 丙最后读的书是乙读的第 4 本书；

(3) 丙读的第 2 本书甲在一开始就读了；

(4) 丁最后读的书是丙读的第 3 本书；

(5) 乙读的第 4 本书是戊读的第 3 本书；

(6) 丁第 3 本读的书是丙一开始读的那本书.

试根据以上情况推出丁第 2 次读的书是谁最先读的书？

3. 通过对城乡人口流动做年度调查，发现有一个稳定的向城镇流动的趋势：每年农村居民的 2.5%移居城镇，而城镇居民的 1%迁出. 现在总人口的 60%位于城镇. 假如城乡总人口保持不变，并且认可流动的这种趋势继续下去，那么 1 年以后住在城镇的人口所占比例是多少？2 年以后呢？10 年以后呢？

4. 5 个小朋友玩传球游戏. 游戏规则为：任意两个人之间都可以相互传球，但自己不能给自己传.

(1) 把 5 个小朋友看成 5 个结点，构造这 5 个结点的邻接矩阵；

(2) 假设从第一个小朋友开始传球，经过 4 次传球后，球又回到第一个小朋友手里，共有多少种不同的传法？

(3) 假设从第一个小朋友开始传球，经过 1 次、2 次或者 3 次传球，球传给第 2 个小朋友，共有多少种不同的传法？

5. 信息 SEND MONEY 的编码为 5，8，10，21，7，2，10，8，3. 现已知加密矩阵为

$$\boldsymbol{A}=\begin{bmatrix}1 & 2 & 1\\ 2 & 5 & 3\\ 2 & 3 & 2\end{bmatrix}$$

求输出的密文.

6. 设简支梁如图 2.8 所示，在梁的 3 个位置分别施加力 f_1，f_2，f_3 后，在该处产生的综合挠度分别为 y_1，y_2，y_3. 已知柔度矩阵

$$\boldsymbol{D}=\begin{bmatrix}0.005 & 0.002 & 0.001\\ 0.002 & 0.004 & 0.003\\ 0.001 & 0.003 & 0.006\end{bmatrix}\text{(单位为cm/N)}$$

试求解以下问题：

(1) 设在位置 1, 2, 3 处施加的力分别为 30, 50, 20(单位为 N)，求其挠度；

(2) 若要在位置 3 处产生 0.4cm 的挠度，其他两处挠度为零，那么应施加多大的力？

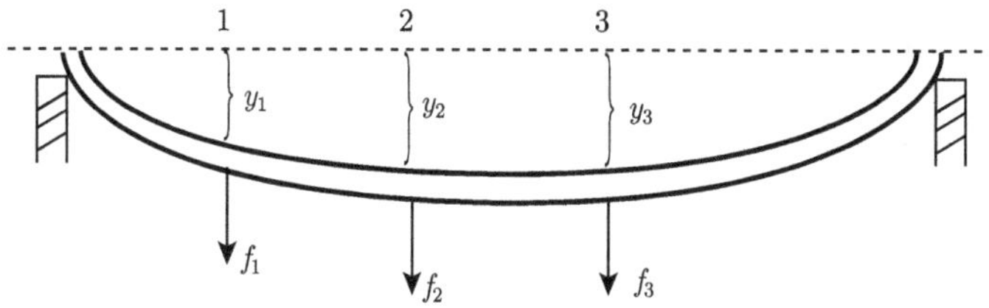

图 2.8　简支梁

7. 图 2.9 中 $1,2,3,4,5,6$ 表示 6 个城市，带箭头的线段表示两城市之间的航线.

(1) 写出该图的邻接矩阵；

(2) 若某人连续乘坐 5 次航班，他从哪一个城市出发到达另一个城市的方法最多？

(3) 若某人可以乘坐 1 次、2 次、3 次或 4 次航班，那么他从哪一个城市出发总是不能到达哪一个城市？

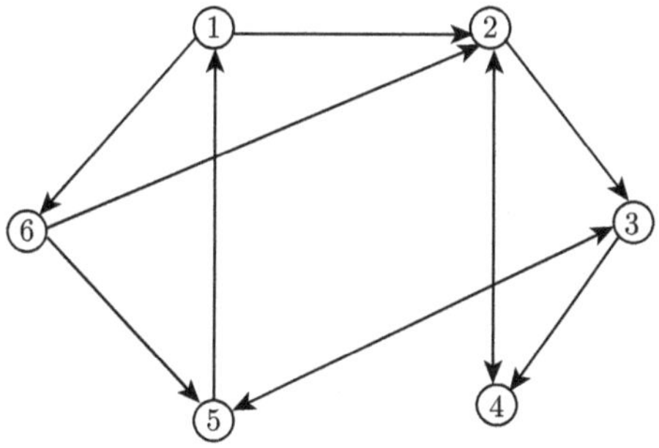

图 2.9　城市之间的航线图

8. 证明：直线 l_1 和直线 l_2 平行，其中，

$$l_1:\begin{cases}x+2y-z=7\\-2x+y+z=7\end{cases},\quad l_2:\begin{cases}3x+6y-3z=8\\2x-y-z=0\end{cases}$$

9. 设空间中 4 个点 $P_i(x_i,y_i,z_i), i=1,2,3,4$ 以及矩阵

$$\boldsymbol{A}=\begin{bmatrix}x_1 & y_1 & z_1 & 1\\x_2 & y_2 & z_2 & 1\\x_3 & y_3 & z_3 & 1\\x_4 & y_4 & z_4 & 1\end{bmatrix}$$

且矩阵 $\boldsymbol{A}$ 的秩 $\mathrm{R}(\boldsymbol{A})=r$，证明：

(1) $r=4$ 时，四点异面；

(2) $r=3$ 时，四点共面；

(3) $r=2$ 时，四点共线；

(4) $r=1$ 时，四点重合.

第 3 章 向量组的线性相关性

向量组的线性相关性是线性代数的重点学习内容之一. 该部分知识抽象程度高，既有相对独立的理论价值，又有实际应用价值. 由于这部分知识点既密集量又大，还与矩阵知识相互交错，在学习的过程中易"消化不良". 为了便于理解，本章通过案例将各知识点具体化. 向量组的线性相关性可分为三种关系：一个向量与一组向量的线性关系；一向量组内各个向量之间的线性关系；两个 (或多个) 向量组之间的关系.

3.1 向量组线性相关的基本理论

3.1.1 向量的定义与线性运算

1. n 维向量

定义 3.1 由 n 个数 $a_1, a_2, \cdots, a_n$ 构成的一个有序数组 $[a_1, a_2, \cdots, a_n]$ 称为一个 n 维向量，记作 $\boldsymbol{\alpha} = [a_1, a_2, \cdots, a_n]$，并称其为 n 维行向量. 记

$$\boldsymbol{\alpha}^{\mathrm{T}} = [a_1, a_2, \cdots, a_n]^{\mathrm{T}} = \begin{bmatrix} a_1 \\ a_2 \\ \vdots \\ a_n \end{bmatrix}$$

并称其为 n 维列向量.

1) 零向量

所有元素均为 0 的向量，称为零向量，记作 $\mathbf{0} = [0, 0, \cdots, 0]^{\mathrm{T}}$.

2) 负向量

由 n 维向量 $\boldsymbol{\alpha} = [a_1, a_2, \cdots, a_n]^{\mathrm{T}}$ 的各分量的相反数所构成的 n 维向量，称为 $\boldsymbol{\alpha}$ 的负向量，记为 $-\boldsymbol{\alpha}$，即 $-\boldsymbol{\alpha} = [-a_1, -a_2, \cdots, -a_n]^{\mathrm{T}}$.

3) 向量相等

对两个 n 维向量 $\boldsymbol{\alpha} = [a_1, a_2, \cdots, a_n]^{\mathrm{T}}, \boldsymbol{\beta} = [b_1, b_2, \cdots, b_n]^{\mathrm{T}}$，若向量的对应分量相等，即 $a_i = b_i, (i = 1, 2, \cdots, n)$，则称两个向量相等，记为 $\boldsymbol{\alpha} = \boldsymbol{\beta}$.

2. 向量的线性运算

定义 3.2　设 $\boldsymbol{\alpha}=[a_1,a_2,\cdots,a_n]^{\mathrm{T}},\boldsymbol{\beta}=[b_1,b_2,\cdots,b_n]^{\mathrm{T}}$，向量的加法和数乘运算定义为

(1) 加减运算：$\boldsymbol{\alpha}\pm\boldsymbol{\beta}=[a_1\pm b_1,a_2\pm b_2,\cdots,a_n\pm b_n]^{\mathrm{T}}$；

(2) 数乘运算：$k\boldsymbol{\alpha}=[ka_1,ka_2,\cdots,ka_n]^{\mathrm{T}}$.

向量的加法和数乘运算统称为向量的线性运算，且满足以下运算律：

(1) $\boldsymbol{\alpha}+\boldsymbol{\beta}=\boldsymbol{\beta}+\boldsymbol{\alpha}$;

(2) $(\boldsymbol{\alpha}+\boldsymbol{\beta})+\boldsymbol{\gamma}=\boldsymbol{\alpha}+(\boldsymbol{\beta}+\boldsymbol{\gamma})$;

(3) $\boldsymbol{\alpha}+\mathbf{0}=\boldsymbol{\alpha}$;

(4) $\boldsymbol{\alpha}+(-\boldsymbol{\alpha})=\mathbf{0}$;

(5) $1\cdot\boldsymbol{\alpha}=\boldsymbol{\alpha}$;

(6) $\lambda(\mu\boldsymbol{\alpha})=(\lambda\mu)\boldsymbol{\alpha}$;

(7) $\lambda(\boldsymbol{\alpha}+\boldsymbol{\beta})=\lambda\boldsymbol{\alpha}+\lambda\boldsymbol{\beta}$;

(8) $(\lambda+\mu)\boldsymbol{\alpha}=\lambda\boldsymbol{\alpha}+\mu\boldsymbol{\alpha}$

其中，$\boldsymbol{\alpha}$、$\boldsymbol{\beta}$、$\boldsymbol{\gamma}$ 均为 n 维向量；$\lambda,\mu\in\mathbf{R}$.

3.1.2　向量组的线性组合与线性表示

1. 线性组合

定义 3.3　向量组：若干个同维向量的集合称为向量组.

定义 3.4　给定向量组 T：$\boldsymbol{\alpha}_1,\boldsymbol{\alpha}_2,\cdots,\boldsymbol{\alpha}_s$，对任意一组实数 $k_1,k_2,\cdots,k_s$，称

$$k_1\boldsymbol{\alpha}_1+k_2\boldsymbol{\alpha}_2+\cdots+k_s\boldsymbol{\alpha}_s$$

为向量组 T 的一个线性组合，$k_1,k_2,\cdots,k_s$ 称为这个线性组合的组合系数.

2. 线性表示

定义 3.5　给定向量组 T: $\boldsymbol{\alpha}_1,\boldsymbol{\alpha}_2,\cdots,\boldsymbol{\alpha}_s$ 和向量 $\boldsymbol{\beta}$，若存在一组数 $k_1,k_2,\cdots,k_s$，使得

$$\boldsymbol{\beta}=k_1\boldsymbol{\alpha}_1+k_2\boldsymbol{\alpha}_2+\cdots+k_s\boldsymbol{\alpha}_s$$

成立，则称 $\boldsymbol{\beta}$ 是向量组 T 的线性组合，或称 $\boldsymbol{\beta}$ 可由向量组 T 线性表示.

定理 3.1 向量 $\boldsymbol{\beta}$ 能由向量组 T: $\boldsymbol{\alpha}_1,\boldsymbol{\alpha}_2,\cdots,\boldsymbol{\alpha}_s$ 线性表示的充分必要条件是线性方程组

$$x_1\boldsymbol{\alpha}_1+x_2\boldsymbol{\alpha}_2+\cdots+x_s\boldsymbol{\alpha}_s=\boldsymbol{\beta} \tag{3.1}$$

有解. 若式 (3.1) 有唯一解，则 $\boldsymbol{\beta}$ 可由向量组 $\boldsymbol{\alpha}_1,\boldsymbol{\alpha}_2,\cdots,\boldsymbol{\alpha}_s$ 唯一表示；若式 (3.1) 有无穷多解，则表示方法不唯一.

3. 等价向量组

定义 3.6 设有两个向量组

$$T_1:\ \boldsymbol{\alpha}_1,\boldsymbol{\alpha}_2,\cdots,\boldsymbol{\alpha}_s;\quad T_2:\ \boldsymbol{\beta}_1,\boldsymbol{\beta}_2,\cdots,\boldsymbol{\beta}_t$$

若向量组 T_1 中的每一个向量都可由向量组 T_2 线性表示，则称向量组 T_1 可由向量组 T_2 线性表示；若向量组 T_1 与向量组 T_2 可以相互线性表示，则称向量组 T_1 与向量组 T_2 等价.

定理 3.2 向量组 T_1 : $\boldsymbol{\alpha}_1,\boldsymbol{\alpha}_2,\cdots,\boldsymbol{\alpha}_s$ 能由向量组 T_2 : $\boldsymbol{\beta}_1,\boldsymbol{\beta}_2,\cdots,\boldsymbol{\beta}_t$ 线性表示的充分必要条件是 $\mathrm{R}(\boldsymbol{B})=\mathrm{R}(\boldsymbol{B},\boldsymbol{A})$，其中，$\boldsymbol{A}=[\boldsymbol{\alpha}_1,\boldsymbol{\alpha}_2,\cdots,\boldsymbol{\alpha}_s]$，$\boldsymbol{B}=[\boldsymbol{\beta}_1,\boldsymbol{\beta}_2,\cdots,\boldsymbol{\beta}_t]$.

推论 3.1 向量组 T_1 : $\boldsymbol{\alpha}_1,\boldsymbol{\alpha}_2,\cdots,\boldsymbol{\alpha}_s$ 与向量组 $T_2,\boldsymbol{\beta}_1,\boldsymbol{\beta}_2,\cdots,\boldsymbol{\beta}_t$ 等价的充分必要条件是 $\mathrm{R}(\boldsymbol{A})=\mathrm{R}(\boldsymbol{B})=\mathrm{R}(\boldsymbol{A},\boldsymbol{B})$.

3.1.3 向量组的线性相关性

1. 线性相关与线性无关

定义 3.7 设有 n 维向量组 $\boldsymbol{\alpha}_1,\boldsymbol{\alpha}_2,\cdots,\boldsymbol{\alpha}_s$，若存在一组不全为零的数 k_1, $k_2,\cdots,k_s$，使得

$$k_1\boldsymbol{\alpha}_1+k_2\boldsymbol{\alpha}_2+\cdots+k_s\boldsymbol{\alpha}_s=\mathbf{0} \tag{3.2}$$

成立，则称向量组 $\boldsymbol{\alpha}_1,\boldsymbol{\alpha}_2,\cdots,\boldsymbol{\alpha}_s$ 线性相关；否则，称为线性无关.

2. 判定方法

定理 3.3 向量组 $\boldsymbol{\alpha}_1,\boldsymbol{\alpha}_2,\cdots,\boldsymbol{\alpha}_s$ 线性相关的充分必要条件是齐次线性方程组 $\boldsymbol{Ax}=\mathbf{0}$ 有非零解；线性无关的充分必要条件是齐次线性方程组 $\boldsymbol{Ax}=\mathbf{0}$ 仅有零解. 其中，矩阵 $\boldsymbol{A}=[\boldsymbol{\alpha}_1,\boldsymbol{\alpha}_2,\cdots,\boldsymbol{\alpha}_s]$.

推论 3.2　向量组 $\boldsymbol{\alpha}_1,\boldsymbol{\alpha}_2,\cdots,\boldsymbol{\alpha}_s$ 线性相关的充分必要条件是以该向量组为列的矩阵 $\boldsymbol{A}=[\boldsymbol{\alpha}_1,\boldsymbol{\alpha}_2,\cdots,\boldsymbol{\alpha}_s]$ 的秩小于向量的个数 s，即 $\mathrm{R}(\boldsymbol{A})<s$；线性无关的充分必要条件是 $\mathrm{R}(\boldsymbol{A})=s$.

推论 3.3　n 个 n 维向量线性相关 (线性无关) 的充分必要条件是

$$|\boldsymbol{A}|=|\alpha_1,\alpha_2,\cdots,\alpha_n|=0(\neq 0)$$

推论 3.4　s 个 n 维向量 $\boldsymbol{\alpha}_1,\boldsymbol{\alpha}_2,\cdots,\boldsymbol{\alpha}_s$ 构成的向量组，若 $s>n$，则向量组必线性相关；特别的，$n+1$ 个 n 维向量必线性相关.

定理 3.4　向量组 $\boldsymbol{\alpha}_1,\boldsymbol{\alpha}_2,\cdots,\boldsymbol{\alpha}_s$ 线性相关的充分必要条件是向量组中至少有一个向量可以由其余 $s-1$ 个向量线性表示.

定理 3.5　若向量组 $\boldsymbol{\alpha}_1,\boldsymbol{\alpha}_2,\cdots,\boldsymbol{\alpha}_s$ 线性无关，而向量组 $\boldsymbol{\beta},\boldsymbol{\alpha}_1,\boldsymbol{\alpha}_2,\cdots,\boldsymbol{\alpha}_s$ 线性相关，则 $\boldsymbol{\beta}$ 可由 $\boldsymbol{\alpha}_1,\boldsymbol{\alpha}_2,\cdots,\boldsymbol{\alpha}_s$ 线性表示，且表示方法唯一.

定理 3.6　若向量组 $\boldsymbol{\alpha}_1,\boldsymbol{\alpha}_2,\cdots,\boldsymbol{\alpha}_s$ 的一个部分组线性相关，则向量组 $\boldsymbol{\alpha}_1,\boldsymbol{\alpha}_2,\cdots,\boldsymbol{\alpha}_s$ 线性相关；反之，若 $\boldsymbol{\alpha}_1,\boldsymbol{\alpha}_2,\cdots,\boldsymbol{\alpha}_s$ 线性无关，则它的任一部分组线性无关.

定理 3.7　设 $\boldsymbol{\alpha}_1,\boldsymbol{\alpha}_2,\cdots,\boldsymbol{\alpha}_s$ 是 m 维向量组，$\boldsymbol{\beta}_1,\boldsymbol{\beta}_2,\cdots,\boldsymbol{\beta}_s$ 是 n 维向量组，$\boldsymbol{\gamma}_1,\boldsymbol{\gamma}_2,\cdots,\boldsymbol{\gamma}_s$ 是由向量组 $\boldsymbol{\alpha}_1,\boldsymbol{\alpha}_2,\cdots,\boldsymbol{\alpha}_s$ 和 $\boldsymbol{\beta}_1,\boldsymbol{\beta}_2,\cdots,\boldsymbol{\beta}_s$ 构成的 $m+n$ 维向量组，即

$$\boldsymbol{\gamma}_1=\begin{bmatrix}\boldsymbol{\alpha}_1\\ \boldsymbol{\beta}_1\end{bmatrix},\boldsymbol{\gamma}_2=\begin{bmatrix}\boldsymbol{\alpha}_2\\ \boldsymbol{\beta}_2\end{bmatrix},\cdots,\boldsymbol{\gamma}_s=\begin{bmatrix}\boldsymbol{\alpha}_s\\ \boldsymbol{\beta}_s\end{bmatrix}$$

若 $\boldsymbol{\alpha}_1,\boldsymbol{\alpha}_2,\cdots,\boldsymbol{\alpha}_s$ 线性无关，则 $\boldsymbol{\gamma}_1,\boldsymbol{\gamma}_2,\cdots,\boldsymbol{\gamma}_s$ 线性无关；反之，若 $\boldsymbol{\gamma}_1,\boldsymbol{\gamma}_2,\cdots,\boldsymbol{\gamma}_s$ 线性相关，则 $\boldsymbol{\alpha}_1,\boldsymbol{\alpha}_2,\cdots,\boldsymbol{\alpha}_s$ 线性相关.

定理 3.8　设向量组 $T_1:\boldsymbol{\alpha}_1,\boldsymbol{\alpha}_2,\cdots,\boldsymbol{\alpha}_s$ 可由向量组 $T_2:\boldsymbol{\beta}_1,\boldsymbol{\beta}_2,\cdots,\boldsymbol{\beta}_t$ 线性表示，若

(1) $s>t$，则向量组 T_1 线性相关；

(2) T_1 线性无关，则 $s\leqslant t$.

推论 3.5　若向量组 T_1 与 T_2 等价，且都是线性无关的，则这两个向量组所含向量的个数一定相同.

3.1.4　向量组的秩

1. 向量组的极大线性无关组

定义 3.8　若向量组 T 中的 r 个向量 $\boldsymbol{\alpha}_1,\boldsymbol{\alpha}_2,\cdots,\boldsymbol{\alpha}_r$ 满足:

(1) 向量组 $\boldsymbol{\alpha}_1,\boldsymbol{\alpha}_2,\cdots,\boldsymbol{\alpha}_r$ 线性无关；

(2) T 中的任一向量都可由 $\boldsymbol{\alpha}_1,\boldsymbol{\alpha}_2,\cdots,\boldsymbol{\alpha}_r$ 线性表示.

则称 $\boldsymbol{\alpha}_1,\boldsymbol{\alpha}_2,\cdots,\boldsymbol{\alpha}_r$ 是向量组 T 的一个极大线性无关组 (简称极大无关组).

定理 3.9 向量组中任一向量均可由其极大无关组线性表示，因而向量组与它的任意一个极大无关组等价.

定理 3.10 向量组的任意两个极大无关组所含向量的个数相同.

2. 向量组的秩

定义 3.9 向量组 $\boldsymbol{\alpha}_1,\boldsymbol{\alpha}_2,\cdots,\boldsymbol{\alpha}_s$ 的极大无关组所含向量的个数称为该向量组的秩，记为 $\mathrm{R}(\boldsymbol{\alpha}_1,\boldsymbol{\alpha}_2,\cdots,\boldsymbol{\alpha}_s)$.

定理 3.11 (1) 向量组 $\boldsymbol{\alpha}_1,\boldsymbol{\alpha}_2,\cdots,\boldsymbol{\alpha}_s$ 线性无关的充要条件是 $\mathrm{R}(\boldsymbol{\alpha}_1,\boldsymbol{\alpha}_2,\cdots,\boldsymbol{\alpha}_s)=s$;

(2) 向量组 $\boldsymbol{\alpha}_1,\boldsymbol{\alpha}_2,\cdots,\boldsymbol{\alpha}_s$ 线性相关的充要条件是 $\mathrm{R}(\boldsymbol{\alpha}_1,\boldsymbol{\alpha}_2,\cdots,\boldsymbol{\alpha}_s)<s$.

3. 向量组的秩与矩阵秩的关系

定理 3.12 设 $\boldsymbol{A}$ 为 $m\times n$ 矩阵，则 $\boldsymbol{A}$ 的秩既等于其列秩，也等于其行秩.

定理 3.13 设矩阵 $\boldsymbol{A}=(a_{ij})_{m\times n},\boldsymbol{B}=(b_{ij})_{n\times s}$，则

$$\mathrm{R}(\boldsymbol{AB})\leqslant\min\{\mathrm{R}(\boldsymbol{A}),\mathrm{R}(\boldsymbol{B})\} \tag{3.3}$$

推论 3.6 若向量组 T_1 可由向量组 T_2 线性表示，则 $\mathrm{R}(T_1)=\mathrm{R}(T_2)$.

推论 3.7 等价的向量组具有相同的秩.

3.1.5 向量空间

1. 向量空间的概念

定义 3.10 设 $\boldsymbol{V}$ 是非空的 n 维向量的集合，若对 $\boldsymbol{V}$ 中任意向量 $\boldsymbol{\alpha},\boldsymbol{\beta}$ 和任意的实数 k，对向量的加法和数乘满足

$$\boldsymbol{\alpha}+\boldsymbol{\beta}\in\boldsymbol{V}$$

$$k\boldsymbol{\alpha}\in\boldsymbol{V}$$

则称集合 $\boldsymbol{V}$ 是实数域上的一个向量空间.

定义 3.11 如果向量空间 $\boldsymbol{V}$ 的一个非空子集合 $\boldsymbol{W}$ 对于 $\boldsymbol{V}$ 的两种运算 (向量的加法和数与向量的乘法) 也构成向量空间，则称 $\boldsymbol{W}$ 为 $\boldsymbol{V}$ 的一个子空间.

2. 向量空间的基和维数

定义 3.12 设 $\boldsymbol{V}$ 是向量空间，如果存在 r 个向量 $\boldsymbol{\alpha}_1,\boldsymbol{\alpha}_2,\cdots,\boldsymbol{\alpha}_r\in\boldsymbol{V}$，满足

(1) $\boldsymbol{\alpha}_1,\boldsymbol{\alpha}_2,\cdots,\boldsymbol{\alpha}_r$ 线性无关；

(2) $\boldsymbol{V}$ 中任意向量都可由 $\boldsymbol{\alpha}_1,\boldsymbol{\alpha}_2,\cdots,\boldsymbol{\alpha}_r$ 线性表示.

则称向量组 $\boldsymbol{\alpha}_1,\boldsymbol{\alpha}_2,\cdots,\boldsymbol{\alpha}_r$ 为向量空间 $\boldsymbol{V}$ 的一个基，并称 r 为向量空间 $\boldsymbol{V}$ 的维数，记为 $\dim(\boldsymbol{V})=r$，且称 $\boldsymbol{V}$ 为 r 维向量空间.

定义 3.13 设 $\boldsymbol{\alpha}_1,\boldsymbol{\alpha}_2,\cdots,\boldsymbol{\alpha}_r$ 是向量空间 $\boldsymbol{V}$ 的一个基，对于 $\boldsymbol{V}$ 中任意向量 $\boldsymbol{\alpha}$，都有唯一的一组有序数 $(a_1,a_2,\cdots,a_r)$，使得

$$\boldsymbol{\alpha}=a_1\boldsymbol{\alpha}_1+a_2\boldsymbol{\alpha}_2+\cdots+a_r\boldsymbol{\alpha}_r \tag{3.4}$$

则称 $(a_1,a_2,\cdots,a_r)$ 为向量 $\boldsymbol{\alpha}$ 在给定基 $\boldsymbol{\alpha}_1,\boldsymbol{\alpha}_2,\cdots,\boldsymbol{\alpha}_r$ 下的坐标.

3. 向量空间的基变换与坐标变换

定义 3.14 设向量组 T_1：$\boldsymbol{\alpha}_1,\boldsymbol{\alpha}_2,\cdots,\boldsymbol{\alpha}_n$ 和向量组 T_2：$\boldsymbol{\beta}_1,\boldsymbol{\beta}_2,\cdots,\boldsymbol{\beta}_n$ 是 n 维向量空间 $\boldsymbol{V}$ 的两个基，若 $\boldsymbol{\beta}_1,\boldsymbol{\beta}_2,\cdots,\boldsymbol{\beta}_n$ 可由 $\boldsymbol{\alpha}_1,\boldsymbol{\alpha}_2,\cdots,\boldsymbol{\alpha}_n$ 线性表示为

$$\begin{cases}\boldsymbol{\beta}_1=p_{11}\boldsymbol{\alpha}_1+p_{21}\boldsymbol{\alpha}_2+\cdots+p_{n1}\boldsymbol{\alpha}_n\\ \boldsymbol{\beta}_2=p_{12}\boldsymbol{\alpha}_1+p_{22}\boldsymbol{\alpha}_2+\cdots+p_{n2}\boldsymbol{\alpha}_n\\ \qquad\cdots\cdots\\ \boldsymbol{\beta}_n=p_{1n}\boldsymbol{\alpha}_1+p_{2n}\boldsymbol{\alpha}_2+\cdots+p_{nn}\boldsymbol{\alpha}_n\end{cases} \tag{3.5}$$

则称式 (3.5) 为由基 $\boldsymbol{\alpha}_1,\boldsymbol{\alpha}_2,\cdots,\boldsymbol{\alpha}_n$ 到基 $\boldsymbol{\beta}_1,\boldsymbol{\beta}_2,\cdots,\boldsymbol{\beta}_n$ 的基变换公式.

定义 3.15 若记

$$\boldsymbol{P}=\begin{bmatrix}p_{11}&p_{12}&\cdots&p_{1n}\\p_{21}&p_{22}&\cdots&p_{2n}\\\vdots&\vdots&&\vdots\\p_{n1}&p_{n2}&\cdots&p_{nn}\end{bmatrix}$$

则由基 $\boldsymbol{\alpha}_1,\boldsymbol{\alpha}_2,\cdots,\boldsymbol{\alpha}_n$ 到基 $\boldsymbol{\beta}_1,\boldsymbol{\beta}_2,\cdots,\boldsymbol{\beta}_n$ 的基变换公式可以写为

$$[\boldsymbol{\beta}_1,\boldsymbol{\beta}_2,\cdots,\boldsymbol{\beta}_n]=[\boldsymbol{\alpha}_1,\boldsymbol{\alpha}_2,\cdots,\boldsymbol{\alpha}_n]\boldsymbol{P} \tag{3.6}$$

称矩阵 $\boldsymbol{P}$ 为由基 $\boldsymbol{\alpha}_1,\boldsymbol{\alpha}_2,\cdots,\boldsymbol{\alpha}_n$ 到基 $\boldsymbol{\beta}_1,\boldsymbol{\beta}_2,\cdots,\boldsymbol{\beta}_n$ 的过渡矩阵.

定义 3.16 设 n 维向量空间 $\boldsymbol{V}$ 中的向量 $\boldsymbol{x}$ 在基 T_1 和基 T_2 下的坐标分别为 $(x_1, x_2, \cdots, x_n)$ 和 $(y_1, y_2, \cdots, y_n)$，从基 T_1 到基 T_2 的过渡矩阵为 $\boldsymbol{P}$，则

$$\begin{bmatrix} x_1 \\ x_2 \\ \vdots \\ x_n \end{bmatrix} = \boldsymbol{P} \begin{bmatrix} y_1 \\ y_2 \\ \vdots \\ y_n \end{bmatrix} \text{ 或 } \begin{bmatrix} y_1 \\ y_2 \\ \vdots \\ y_n \end{bmatrix} = \boldsymbol{P}^{-1} \begin{bmatrix} x_1 \\ x_2 \\ \vdots \\ x_n \end{bmatrix} \tag{3.7}$$

称式 (3.7) 为基 T_1 到基 T_2 的坐标变换公式.

3.1.6 重要公式

(1) 设 $\boldsymbol{A}, \boldsymbol{B}$ 为 $m \times n$ 矩阵，则 $\mathrm{R}(\boldsymbol{A} \pm \boldsymbol{B}) \leqslant \mathrm{R}(\boldsymbol{A}) + \mathrm{R}(\boldsymbol{B})$；

(2) 设 $\boldsymbol{A}$ 为 $m \times n$ 矩阵，$\boldsymbol{B}$ 为 $n \times s$ 矩阵，则

$$\mathrm{R}(\boldsymbol{A}) + \mathrm{R}(\boldsymbol{B}) - n \leqslant \mathrm{R}(\boldsymbol{AB}) \leqslant \min(\mathrm{R}(\boldsymbol{A}), \mathrm{R}(\boldsymbol{B}));$$

(3) 设 $\boldsymbol{A}^{\mathrm{T}}$ 为 $\boldsymbol{A}$ 的转置矩阵，则 $\mathrm{R}(\boldsymbol{A}) = \mathrm{R}(\boldsymbol{A}^{\mathrm{T}})$；

(4) 设 $\boldsymbol{A}$ 为 n 阶可逆矩阵，则 $\mathrm{R}(\boldsymbol{A}) = \mathrm{R}(\boldsymbol{A}^{-1}) = n$；

(5) 设 $\boldsymbol{A}$ 为 $m \times n$ 矩阵，$\boldsymbol{B}$ 为非零的 $n \times s$ 矩阵，且 $\boldsymbol{AB} = \boldsymbol{O}$，则 $\mathrm{R}(\boldsymbol{A}) < n$；

(6) 设 $\boldsymbol{A}$ 为 n 阶方阵，且 $\boldsymbol{A}^2 = \boldsymbol{A}$，则 $\mathrm{R}(\boldsymbol{A}) + \mathrm{R}(\boldsymbol{A} - \boldsymbol{E}) = n$；

(7) 设 $\boldsymbol{A}$ 为 n 阶方阵，且 $\boldsymbol{A}^2 = \boldsymbol{E}$，则 $\mathrm{R}(\boldsymbol{A} + \boldsymbol{E}) + \mathrm{R}(\boldsymbol{A} - \boldsymbol{E}) = n$；

(8) 设 $\boldsymbol{A}$ 为 n 阶方阵，则 $\mathrm{R}(\boldsymbol{A}) + \mathrm{R}(\boldsymbol{A} + \boldsymbol{E}) \geqslant n$.

3.2 应用案例分析

3.2.1 燃煤量的计算

向量是描述目标各个属性的数学工具，许多实际问题可以借助向量来表示，同时实际问题中变量的关系也可以用向量的线性运算来刻画.

例 3.1 某蒸汽厂烧两种煤：无烟煤 A 和烟煤 B，每吨无烟煤 A 燃烧产生 27.6MJ 的热量、3100g 二氧化硫和 250g 固体粒子污染物；每吨烟煤 B 燃烧产生 30.2MJ 的热量、6400g 二氧化硫和 360g 固体粒子污染物.

(1) 若该厂燃烧 x_1t 无烟煤 A 和 x_2t 烟煤 B，它产出多少热量？

(2) 设该厂的产出可用它产出的热量、二氧化硫和固体粒子污染物的量构成的向量表示，若燃烧煤 A：x_1t，煤 B：x_2t，请用向量运算表示这个厂的产出.

(3) 设某一段时间，该厂生产 162MJ 的热量、23610g 二氧化硫和 1623g 固体粒子污染物，列出向量方程，确定该厂烧了 A、B 两种煤各多少吨？

【分析】 将目标状态用向量表示，通过向量的加法和数乘的线性运算表示目标的状态变化. 燃烧每吨无烟煤 A 的产出可以用向量 $\boldsymbol{\alpha}=[27.6,3100,250]^{\mathrm{T}}$ 来表示，燃烧 x_1t 无烟煤 A 的产出可表示为 $x_1\boldsymbol{\alpha}$，类似可分析烟煤 B.

【模型建立与求解】 (1) 该厂燃烧 x_1t 无烟煤 A 和 x_2t 烟煤 B，总共产出 $(27.6x_1+30.2x_2)$MJ 的热量.

(2) 表示燃烧每吨无烟煤 A 和烟煤 B 产出的热量、二氧化硫和固体粒子污染物的向量分别为：$\boldsymbol{\alpha}=[27.6,3100,250]^{\mathrm{T}},\boldsymbol{\beta}=[30.2,6400,360]^{\mathrm{T}}$，则该厂燃烧 x_1t 无烟煤 A 和 x_2t 烟煤 B 的产出可用向量表示为

$$x_1\boldsymbol{\alpha}+x_2\boldsymbol{\beta}=\begin{bmatrix}27.6x_1+30.2x_2\\3100x_1+6400x_2\\250x_1+360x_2\end{bmatrix}$$

(3) 设该厂生产 162MJ 的热量、23610g 二氧化硫和 1623g 固体粒子污染物需要燃烧 x_1t 无烟煤 A 和 x_2t 烟煤 B，则由向量方程得

$$\begin{cases}27.6x_1+30.2x_2=162\\3100x_1+6400x_2=23610\\250x_1+360x_2=1623\end{cases}$$

解该方程组可得 $\begin{cases}x_1=3.9\\x_2=1.8\end{cases}$，故该厂燃烧了 A、B 两种煤各 3.9t 和 1.8t.

【结论】 利用向量的线性运算以及向量相等的概念，将所求燃煤数量转化为向量方程，继而写出相应的方程组，由方程组的解求出燃煤量.

3.2.2　楼层设计

例 3.2　一幢大型公寓建筑使用模块建筑技术，每层楼的建筑设计有 3 种设计方案可供选择：A 设计每层有 18 个公寓，包括 3 个三室单元、7 个两室单元和 8 个一室单元；B 设计每层有 16 个公寓，包括 4 个三室单元、4 个两室单元和 8 个一室单元；C 设计每层有 17 个公寓，包括 5 个三室单元、3 个两室单元和 9 个一室单元. 设该建筑有 x_1 层采取 A 设计，有 x_2 层采取 B 设计，有 x_3 层采取 C 设计. 试解决以下问题：

(1) 向量 $x_1[3,7,8]^{\mathrm{T}}$ 的实际意义是什么？

(2) 用向量的线性组合表示该建筑所包含的三室、两室、一室单元的总数;

(3) 是否可能设计该建筑物, 使恰有 66 个三室单元、74 个两室单元、136 个一室单元? 若可能的话, 是否有多种方法?

【分析】 每种设计方案一层所拥有的户型数目可以用向量表示, 如 A 设计可用向量 $\boldsymbol{\alpha}=[3,7,8]^{\mathrm{T}}$ 表示, 依次表示 B 和 C 设计后, 依照题意, 可列相应的向量方程.

【模型建立与求解】 (1) 向量 $x_1[3,7,8]^{\mathrm{T}}=[3x_1,7x_1,8x_1]^{\mathrm{T}}$ 的实际意义是: 用 A 设计建造了 x_1 层时, 三室、两室及一室的公寓数目分别为 $3x_1,7x_1,8x_1$.

(2) 该建筑所包含的三室、两室、一室单元的总数用向量的线性组合可表示为

$$x_1\begin{bmatrix}3\\7\\8\end{bmatrix}+x_2\begin{bmatrix}4\\4\\8\end{bmatrix}+x_3\begin{bmatrix}5\\3\\9\end{bmatrix}=\begin{bmatrix}3x_1+4x_2+5x_3\\7x_1+4x_2+3x_3\\8x_1+8x_2+9x_3\end{bmatrix}$$

(3) 依题意有

$$\begin{bmatrix}3x_1+4x_2+5x_3\\7x_1+4x_2+3x_3\\8x_1+8x_2+9x_3\end{bmatrix}=\begin{bmatrix}66\\74\\136\end{bmatrix}$$

写成矩阵方程为 $\boldsymbol{Ax}=\boldsymbol{b}$, 其中,

$$\boldsymbol{A}=\begin{bmatrix}3&4&5\\7&4&3\\8&8&9\end{bmatrix},\boldsymbol{x}=\begin{bmatrix}x_1\\x_2\\x_3\end{bmatrix},\boldsymbol{b}=\begin{bmatrix}66\\74\\136\end{bmatrix}$$

矩阵 $[\boldsymbol{A},\boldsymbol{b}]$ 的行最简形矩阵为

$$\left[\begin{array}{ccc:c}1&0&-1/2&2\\0&1&13/8&15\\0&0&0&0\end{array}\right]$$

取 x_3 为自由未知量可得

$$\begin{cases}x_1=2+x_3/2\\x_2=15-13x_3/8\\x_3=x_3\end{cases}$$

由于 $x_1\geqslant 0,x_2\geqslant 0,x_3\geqslant 0$ 且需为正整数, 令 $x_3=0$, 可得 $x_1=2,x_2=15$; 令 $x_3=8$, 可得 $x_1=6,x_2=2$.

【结论】 可以设计该建筑物，使恰有 66 个三室单元、74 个两室单元、136 个一室单元，且有两种可行方案：

方案一：该建筑有 2 层采取 A 设计，有 15 层采取 B 设计，不采用 C 设计；

方案二：该建筑有 6 层采取 A 设计，有 2 层采取 B 设计，有 8 层采取 C 设计.

3.2.3 宠物喂养

例 3.3 对于某种宠物的喂养，据专家建议，每天的饮食中应当含有 100 单位蛋白质、200 单位碳水化合物和 50 单位的脂肪. 一个宠物食物专卖店出售 4 种不同的食品 A，B，C，D，其中，蛋白质、碳水化合物和脂肪的含量 (单位：盎司；1 盎司 ≈28.350g) 如表 3.1 所示，如何搭配这四种食品才能够使该宠物的饮食符合专家的建议标准？

表 3.1　蛋白质、碳水化合物和脂肪的含量表　　(单位：盎司)

食品	蛋白质	碳水化合物	脂肪
A	5	20	2
B	4	25	2
C	7	10	10
D	10	5	6

【分析】 每种宠物食品中营养成分的含量以及宠物所需营养成分可用向量表示，宠物的健康喂养问题可抽象为向量的线性表示问题.

【模型建立与求解】 A，B，C，D 四种食品中蛋白质、碳水化合物、脂肪的含量以及专家建议每天的饮食中蛋白质、碳水化合物和脂肪的含量可用 3 维向量分别表示为

$$\boldsymbol{\alpha}_{\mathrm{A}}=\begin{bmatrix}5\\20\\2\end{bmatrix},\boldsymbol{\alpha}_{\mathrm{B}}=\begin{bmatrix}4\\25\\2\end{bmatrix},\boldsymbol{\alpha}_{\mathrm{C}}=\begin{bmatrix}7\\10\\10\end{bmatrix},\boldsymbol{\alpha}_{\mathrm{D}}=\begin{bmatrix}10\\5\\6\end{bmatrix},\boldsymbol{\beta}=\begin{bmatrix}100\\200\\50\end{bmatrix}$$

设每天喂养 A、B、C、D 四种食品的数量分别为 x_1,x_2,x_3,x_4，则

$$x_1\boldsymbol{\alpha}_{\mathrm{A}}+x_2\boldsymbol{\alpha}_{\mathrm{B}}+x_3\boldsymbol{\alpha}_{\mathrm{C}}+x_4\boldsymbol{\alpha}_{\mathrm{D}}=\boldsymbol{\beta}$$

即

$$\begin{cases}5x_1+4x_2+7x_3+10x_4=100\\20x_1+25x_2+10x_3+5x_4=200\\2x_1+2x_2+10x_3+6x_4=50\end{cases}$$

该方程组的增广矩阵化为行最简形为

$$\left[\begin{array}{cccc:c} 1 & 0 & 0 & 34/9 & 1105/36 \\ 0 & 1 & 0 & -3 & -35/2 \\ 0 & 0 & 1 & 4/9 & 85/36 \end{array}\right]$$

以 x_4 为自由未知量的方程组的解为

$$x_1 = \frac{1105}{36} - \frac{34}{9}x_4, x_2 = -\frac{35}{2} + 3x_4, x_3 = \frac{85}{36} - \frac{4}{9}x_4, x_4 = x_4$$

由于 $x_i \geqslant 0, i = 1,2,3,4$，方程组有无穷多解. 若令 $x_4 = 6$，可得一组近似解为 $x_1 = 8$，$x_2 = 0.5$，$x_3 = 8$，$x_4 = 6$.

【结论】 对于营养膳食的搭配问题，若一个向量用某一向量组线性表示的结果不唯一，可根据实际取近似解.

3.2.4 混凝土配方

例 3.4 某混凝土生产企业的设备只能生产存储 3 种基本类型的混凝土，即超强型、通用型和长寿型. 它们的配方如表 3.2 所示. 假如客户要求的混凝土的 5 种成分分别为 16，10，21，9，4，则 3 种基本类型的混凝土 A，B，C 各占多少比例? 如果客户总共需要 5000kg 混凝土，则 3 种类型各需多少千克? 假如客户要求的混凝土的 5 种成分为 16，12，19，9，4，则这种材料能用 A，B，C 配成吗? 为什么?

表 3.2 3 种混凝土的配方 (单位：kg)

用料	超强型 A	通用型 B	长寿型 C
水泥 c	20	18	12
水 w	10	10	10
砂 s	20	25	15
石 g	10	5	15
灰 f	0	2	8

【分析】 每一种基本类型的混凝土可以用一个 5 维的列向量 $[c, w, s, g, f]^{\mathrm{T}}$ 表示，生产企业希望客户所订购的其他混凝土都由这 3 种基本类型按一定比例混合而成，故客户的需求是否能满足可以转化为向量的线性表示问题.

【模型建立与求解】 将客户要求的 2 种混凝土分别用向量 $\boldsymbol{w}_1, \boldsymbol{w}_2$ 来表示，已知的 3 种基本类型的混凝土分别用向量 $\boldsymbol{v}_{\mathrm{A}}, \boldsymbol{v}_{\mathrm{B}}, \boldsymbol{v}_{\mathrm{C}}$ 表示，问题转化为向量 $\boldsymbol{w}_1, \boldsymbol{w}_2$ 是否可以用向量组 $\boldsymbol{v}_{\mathrm{A}}, \boldsymbol{v}_{\mathrm{B}}, \boldsymbol{v}_{\mathrm{C}}$ 线性表示.

表示 3 种基本类型混凝土的向量 $\boldsymbol{v}_{\mathrm{A}},\boldsymbol{v}_{\mathrm{B}},\boldsymbol{v}_{\mathrm{C}}$ 和 2 种待配制混凝土的向量 $\boldsymbol{w}_1,\boldsymbol{w}_2$ 的数值分别为

$$\boldsymbol{v}_{\mathrm{A}}=\begin{bmatrix}20\\10\\20\\10\\0\end{bmatrix},\boldsymbol{v}_{\mathrm{B}}=\begin{bmatrix}18\\10\\25\\5\\2\end{bmatrix},\boldsymbol{v}_{\mathrm{C}}=\begin{bmatrix}12\\10\\15\\15\\8\end{bmatrix},\boldsymbol{w}_1=\begin{bmatrix}16\\10\\21\\9\\4\end{bmatrix},\boldsymbol{w}_2=\begin{bmatrix}16\\12\\19\\9\\4\end{bmatrix}$$

向量 $\boldsymbol{w}_1,\boldsymbol{w}_2$ 是不是向量组 $\boldsymbol{v}_{\mathrm{A}},\boldsymbol{v}_{\mathrm{B}},\boldsymbol{v}_{\mathrm{C}}$ 的线性组合，可考察向量组 $\boldsymbol{v}_{A},\boldsymbol{v}_{\mathrm{B}},\boldsymbol{v}_{\mathrm{C}}$ 的秩是否等于向量组 $\boldsymbol{v}_{\mathrm{A}},\boldsymbol{v}_{\mathrm{B}},\boldsymbol{v}_{\mathrm{C}},\boldsymbol{w}_1$ 和向量组 $\boldsymbol{v}_{\mathrm{A}},\boldsymbol{v}_{\mathrm{B}},\boldsymbol{v}_{\mathrm{C}},\boldsymbol{w}_2$ 的秩，若相等则可以配制，否则不能配制. 设

$$\boldsymbol{A}=[\boldsymbol{v}_{\mathrm{A}},\boldsymbol{v}_{\mathrm{B}},\boldsymbol{v}_{\mathrm{C}},\boldsymbol{w}_1,\boldsymbol{w}_2]=\left[\begin{array}{ccc:cc}20&18&12&16&16\\10&10&10&10&12\\20&25&15&21&19\\10&5&15&9&9\\0&2&8&4&4\end{array}\right]$$

由 Matlab 中的命令 rref($\boldsymbol{A}$) 得 $\boldsymbol{A}$ 的行最简形矩阵为

$$\left[\begin{array}{ccc:cc}1&0&0&0.08&0\\0&1&0&0.56&0\\0&0&1&0.36&0\\0&0&0&0&1\\0&0&0&0&0\end{array}\right]$$

故 $\mathrm{R}(\boldsymbol{v}_{\mathrm{A}},\boldsymbol{v}_{\mathrm{B}},\boldsymbol{v}_{\mathrm{C}})=3$, $\mathrm{R}(\boldsymbol{v}_{\mathrm{A}},\boldsymbol{v}_{\mathrm{B}},\boldsymbol{v}_{\mathrm{C}},\boldsymbol{w}_1)=3$, $\mathrm{R}(\boldsymbol{v}_{\mathrm{A}},\boldsymbol{v}_{\mathrm{B}},\boldsymbol{v}_{\mathrm{C}},\boldsymbol{w}_2)=4$. 从而 $\boldsymbol{w}_1$ 能由 $\boldsymbol{v}_{\mathrm{A}},\boldsymbol{v}_{\mathrm{B}},\boldsymbol{v}_{\mathrm{C}}$ 线性表示，$\boldsymbol{w}_2$ 不能由 $\boldsymbol{v}_{\mathrm{A}},\boldsymbol{v}_{\mathrm{B}},\boldsymbol{v}_{\mathrm{C}}$ 线性表示，即 $\boldsymbol{w}_1$ 能由 3 种基本类型的混凝土 $\boldsymbol{v}_{\mathrm{A}},\boldsymbol{v}_{\mathrm{B}},\boldsymbol{v}_{\mathrm{C}}$ 混合而成，而 $\boldsymbol{w}_2$ 不能由 3 种基本类型的混凝土 $\boldsymbol{v}_{\mathrm{A}},\boldsymbol{v}_{\mathrm{B}},\boldsymbol{v}_{\mathrm{C}}$ 配制.

为计算 $\boldsymbol{w}_1$ 所需的混合比例，问题可归结为解下列向量方程：

$$x_1\boldsymbol{v}_{\mathrm{A}}+x_2\boldsymbol{v}_{\mathrm{B}}+x_3\boldsymbol{v}_{\mathrm{C}}=\boldsymbol{w}_1$$

转化为线性方程组为

$$\begin{cases}20x_1+18x_2+12x_3=16\\10x_1+10x_2+10x_3=10\\20x_1+25x_2+15x_3=21\\10x_1+5x_2+15x_3=9\\2x_2+8x_3=4\end{cases}$$

解该方程组可得 $x_1=\dfrac{2}{25},x_2=\dfrac{14}{25},x_3=\dfrac{9}{25}$. 从而对于 5000 kg 的混凝土，需 3 种基本类型的混凝土 $\boldsymbol{v}_{\mathrm{A}},\boldsymbol{v}_{\mathrm{B}},\boldsymbol{v}_{\mathrm{C}}$ 的用量分别为 400kg、2800kg 和 1800kg.

【结论】 本题所给的 3 种基本类型的混凝土中，水的含量都是 $\dfrac{1}{6}$，因此不管怎么混合，合成的混凝土中水的含量必然是 $\dfrac{1}{6}$. 如果客户要求的混凝土含水量不是 $\dfrac{1}{6}$，则无法配制，$\boldsymbol{w}_2$ 所要求的成分就属于这种情况.

3.2.5 人口分布

若 $\boldsymbol{P}$ 是一个随机矩阵 (随机矩阵是指各列向量均为概率向量的方阵，概率向量是指具有非负分量且各分量的数值相加等于 1 的向量)，则相对于随机矩阵 $\boldsymbol{P}$ 的稳态向量 (或平衡向量) 是指满足方程 $\boldsymbol{P}\boldsymbol{q}=\boldsymbol{q}$ 的概率向量 $\boldsymbol{q}$.

若一个概率向量序列 $\boldsymbol{x}_0,\boldsymbol{x}_1,\boldsymbol{x}_2,\cdots$ 和一个随机矩阵 $\boldsymbol{P}$，使得

$$\boldsymbol{x}_1=\boldsymbol{P}\boldsymbol{x}_0,\boldsymbol{x}_2=\boldsymbol{P}\boldsymbol{x}_1,\boldsymbol{x}_3=\boldsymbol{P}\boldsymbol{x}_2,\cdots$$

则称序列 $\boldsymbol{x}_0,\boldsymbol{x}_1,\boldsymbol{x}_2,\cdots$ 为马尔可夫链. 若随机矩阵 $\boldsymbol{P}$ 和初始向量 $\boldsymbol{x}_0$ 已知，则可根据 $\boldsymbol{x}_1=\boldsymbol{P}\boldsymbol{x}_0,\boldsymbol{x}_2=\boldsymbol{P}\boldsymbol{x}_1,\boldsymbol{x}_3=\boldsymbol{P}\boldsymbol{x}_2,\cdots$ 求出 $\boldsymbol{x}_1,\boldsymbol{x}_2,\boldsymbol{x}_3,\cdots,\boldsymbol{x}_n,\cdots$. 随着 n 的增大，若向量 $\boldsymbol{x}_n$ 的变化越来越小，即有 $\boldsymbol{x}_n\approx\boldsymbol{P}\boldsymbol{x}_n$，数学上称使得 $\boldsymbol{x}=\boldsymbol{P}\boldsymbol{x}$ 的向量 $\boldsymbol{x}$ 为稳态向量.

对很多实际问题，往往可以用向量序列 $\boldsymbol{x}_0,\boldsymbol{x}_1,\boldsymbol{x}_2,\cdots$ 来表示，构造随机矩阵 $\boldsymbol{P}$，建立马尔可夫链，通过计算稳态向量来进行分析、预测数据的变化趋势.

例 3.5 人口统计学的研究表明，每年有 5%的城市人口移居郊区 (其他 95%留在城市)，而 3%的郊区人口移居城市 (其他 97%留在郊区). 设 2015 年城市和郊区人口数分别为 r_0 和 s_0.

(1) 试建立人口在城市和郊区之间移动的模型 (忽略出生、死亡、移民等对城市和郊区人口的影响)；

(2) 设 2015 年的城市人口为 600000 人，郊区人口为 400000 人，求 2016 年和 2017 年的人口分布情况；

(3) 试计算 50 年、100 年、200 年后的人口分布情况，并用稳态向量分析.

【分析】 城市人口和郊区人口的迁徙可用二维向量表示，利用向量的运算分析城市人口与郊区人口的分布情况.

【模型建立与求解】 (1) 2015 年的城市和郊区人口数可用向量表示为 $\boldsymbol{x}_0 = \begin{bmatrix} r_0 \\ s_0 \end{bmatrix}$，1 年后，原来城市中的人口 r_0 在城市和郊区的分布为

$$\begin{bmatrix} 0.95r_0 \\ 0.05r_0 \end{bmatrix} = r_0 \begin{bmatrix} 0.95 \\ 0.05 \end{bmatrix}$$

1 年后，原来郊区的人口 s_0 在城市和郊区的分布为

$$\begin{bmatrix} 0.03s_0 \\ 0.97s_0 \end{bmatrix} = s_0 \begin{bmatrix} 0.03 \\ 0.97 \end{bmatrix}$$

因此，1 年后城市和郊区的人口数可用向量 $\boldsymbol{x}_1$ 表示为

$$\boldsymbol{x}_1 = \begin{bmatrix} r_1 \\ s_1 \end{bmatrix} = r_0 \begin{bmatrix} 0.95 \\ 0.05 \end{bmatrix} + s_0 \begin{bmatrix} 0.03 \\ 0.97 \end{bmatrix} = \begin{bmatrix} 0.95 & 0.03 \\ 0.05 & 0.97 \end{bmatrix} \begin{bmatrix} r_0 \\ s_0 \end{bmatrix}$$

即 $\boldsymbol{x}_1 = \boldsymbol{M}\boldsymbol{x}_0$，其中，$\boldsymbol{M} = \begin{bmatrix} 0.95 & 0.03 \\ 0.05 & 0.97 \end{bmatrix}$ 为移民矩阵.

方程 $\boldsymbol{x}_1 = \boldsymbol{M}\boldsymbol{x}_0$ 表示人口数由 2015 年到 2016 年的变化. 若移民比例保持不变，则由 2016 年到 2017 年的改变为

$$\boldsymbol{x}_2 = \boldsymbol{M}\boldsymbol{x}_1$$

由 2017 年到 2018 年的改变为

$$\boldsymbol{x}_3 = \boldsymbol{M}\boldsymbol{x}_2$$

一般地，由第 k 年到 $k+1$ 年的改变为 $\boldsymbol{x}_{k+1} = \boldsymbol{M}\boldsymbol{x}_k, k = 0, 1, 2, \cdots$，$\boldsymbol{x}_k$ 表示第 k 年城市和郊区的人口数量.

(2) 由 (1) 的分析可知，2015 年城市和郊区的人口数为 $\boldsymbol{x}_0 = \begin{bmatrix} 600000 \\ 400000 \end{bmatrix}$，则 2016 年城市和郊区的人口数为

$$\boldsymbol{x}_1=\begin{bmatrix} r_1 \\ s_1 \end{bmatrix}=\begin{bmatrix} 0.95 & 0.03 \\ 0.05 & 0.97 \end{bmatrix}\begin{bmatrix} 600000 \\ 400000 \end{bmatrix}=\begin{bmatrix} 582000 \\ 418000 \end{bmatrix}$$

2017 年城市和郊区的人口数为

$$\boldsymbol{x}_2=\begin{bmatrix} r_2 \\ s_2 \end{bmatrix}=\begin{bmatrix} 0.95 & 0.03 \\ 0.05 & 0.97 \end{bmatrix}\begin{bmatrix} 582000 \\ 418000 \end{bmatrix}=\begin{bmatrix} 565440 \\ 434560 \end{bmatrix}$$

(3) 由 $\boldsymbol{x}_{k+1}=\boldsymbol{M}\boldsymbol{x}_k, k=0,1,2,\cdots$ 可知

$$\boldsymbol{x}_{k+1}=\boldsymbol{M}\boldsymbol{x}_k=\boldsymbol{M}^2\boldsymbol{x}_{k-1}=\cdots=\boldsymbol{M}^{k+1}\boldsymbol{x}_0, k=0,1,2,\cdots$$

因此 50 年后的人口分布向量为

$$\boldsymbol{x}_{50}=\boldsymbol{M}^{50}\boldsymbol{x}_0=\begin{bmatrix} 0.95 & 0.03 \\ 0.05 & 0.97 \end{bmatrix}^{50}\begin{bmatrix} 600000 \\ 400000 \end{bmatrix}=\begin{bmatrix} 378480 \\ 621520 \end{bmatrix}$$

该式可由 Matlab 中的命令 $\boldsymbol{M}^{50*}\boldsymbol{x}_0$ 计算. 同理，100 年后的人口分布向量为

$$\boldsymbol{x}_{100}=\boldsymbol{M}^{100}\boldsymbol{x}_0=\begin{bmatrix} 0.95 & 0.03 \\ 0.05 & 0.97 \end{bmatrix}^{100}\begin{bmatrix} 600000 \\ 400000 \end{bmatrix}=\begin{bmatrix} 375054 \\ 624950 \end{bmatrix}$$

200 年后的人口分布向量为

$$\boldsymbol{x}_{200}=\boldsymbol{M}^{200}\boldsymbol{x}_0=\begin{bmatrix} 0.95 & 0.03 \\ 0.05 & 0.97 \end{bmatrix}^{200}\begin{bmatrix} 600000 \\ 400000 \end{bmatrix}=\begin{bmatrix} 375000 \\ 625000 \end{bmatrix}$$

矩阵 $\boldsymbol{M}=\begin{bmatrix} 0.95 & 0.03 \\ 0.05 & 0.97 \end{bmatrix}$ 的稳态向量为 $\boldsymbol{q}=\begin{bmatrix} 0.375 \\ 0.625 \end{bmatrix}$，即 $\boldsymbol{M}\boldsymbol{q}=\boldsymbol{q}$. 城市和郊区的人口总数是 1000000 人，经过较长时期的演化，城市和郊区的人口分布趋于稳定，保持在

$$1000000\boldsymbol{q}=\begin{bmatrix} 375000 \\ 625000 \end{bmatrix}$$

【结论】 稳态向量 $\boldsymbol{q}$ 可以通过求解齐次线性方程组 $(\boldsymbol{M}-\boldsymbol{E})\boldsymbol{q}=\boldsymbol{0}$ 得到符合条件的解. 人口移动的过程需要较长的时间达到大致平稳状态，故可以通过稳态向量得到较长时间后的人口分布情况.

3.2.6　调料配制

向量组的秩在向量组的研究中起着非常重要的作用，可以判定向量组的线性相关性，可以确定一个向量是否可由其他向量线性表示，也可以确定一个向量组的极大线性无关组. 在配方问题 (调料、混凝土和药方配制等) 中，把每种原料看作一个列向量，可通过对由列向量组成的矩阵做初等行变换化为行阶梯形来求向量组的秩；配方中需要的最小原料的集合可以通过求解向量组的极大线性无关组解决；新物品的配制问题可转化为一个向量能否用一个向量组线性表示，并通过考察向量组的线性相关性来解决.

例 3.6　已知某调料公司用 7 种成分来制造多种调味品，表 3.3 列出了 6 种调味品 A，B，C，D，E，F 每包所需各成分的量 (单位：盎司). 请解决以下问题：

表 3.3　每包调味品所需成分　　　(单位：盎司)

成分	品种					
	A	B	C	D	E	F
红辣椒	3	1.5	4.5	7.5	9	4.5
姜黄	2	4	0	8	1	6
胡椒	1	2	0	4	2	3
欧莳萝	1	2	0	4	1	3
大蒜粉	0.5	1	0	2	2	1.5
盐	0.5	1	0	2	2	1.5
丁香油	0.25	0.5	0	2	1	0. 75

(1) 一个顾客为了避免购买全部 6 种调味品，他可以只购买其中一部分并用它们配制出其余几种调味品，为了能配制出其余几种调味品，这位顾客必须购买的最少调味品的种类是多少？写出所需最少的调味品的集合.

(2) 利用在 (1) 中找到的最小调味品的集合，按下列成分配制一种新的调味品，并写出需要的调味品的包数.

红辣椒：18，姜黄：18，胡椒：9，欧莳萝：9，大蒜粉：4.8，盐：4.5，丁香油：3.25

(3) 另一顾客希望按下列成分表配制一种调味品，他要购买的最小调味品集合是什么？

红辣椒：9，姜黄：12，胡椒：6，欧莳萝：6，大蒜粉：3，盐：3，丁香油：1.5.

【分析】　在调料配制问题中，把每种调味品所含成分作为一个列向量，最小调味品的集合相当于求 6 种调味品所含成分构成的向量组的极大线性无关组；新调味品的配制通过分析所给列向量与最小调味品集合所构成的向量组的线性相关性来确定，若向量组线性无关，则无法配制新调味品；若向量组线性相关，则可以配制新调味品. 新配方的重组问题可转化为一个向量能否用一个向量组来线性表示，这个问题可再次通过考察向量组的线性相关性来解决.

【模型建立与求解】 (1) 将每种调味品的所含成分依次排列，构成一个 7 维列向量，A，B，C，D，E，F 这 6 种调味品构成的向量分别为

$$\boldsymbol{v}_{\mathrm{A}}=\begin{bmatrix}3\\2\\1\\1\\0.5\\0.5\\0.25\end{bmatrix},\boldsymbol{v}_{\mathrm{B}}=\begin{bmatrix}1.5\\4\\2\\2\\1\\1\\0.5\end{bmatrix},\boldsymbol{v}_{\mathrm{C}}=\begin{bmatrix}4.5\\0\\0\\0\\0\\0\\0\end{bmatrix},\boldsymbol{v}_{\mathrm{D}}=\begin{bmatrix}7.5\\8\\4\\4\\2\\2\\2\end{bmatrix},\boldsymbol{v}_{\mathrm{E}}=\begin{bmatrix}9\\1\\2\\1\\2\\2\\1\end{bmatrix},\boldsymbol{v}_{\mathrm{F}}=\begin{bmatrix}4.5\\6\\3\\3\\1.5\\1.5\\0.75\end{bmatrix}$$

问题相当于求这个向量组的一个极大线性无关组.

设 $\boldsymbol{A}=[\boldsymbol{v}_{\mathrm{A}},\boldsymbol{v}_{\mathrm{B}},\boldsymbol{v}_{\mathrm{C}},\boldsymbol{v}_{\mathrm{D}},\boldsymbol{v}_{\mathrm{E}},\boldsymbol{v}_{\mathrm{F}}]$，为求向量组 $\boldsymbol{v}_{\mathrm{A}},\boldsymbol{v}_{\mathrm{B}},\boldsymbol{v}_{\mathrm{C}},\boldsymbol{v}_{\mathrm{D}},\boldsymbol{v}_{\mathrm{E}},\boldsymbol{v}_{\mathrm{F}}$ 的极大线性无关组，并给出不是极大无关组中向量的线性表示，可把矩阵 $\boldsymbol{A}=[\boldsymbol{v}_{\mathrm{A}},\boldsymbol{v}_{\mathrm{B}},\boldsymbol{v}_{\mathrm{C}},\boldsymbol{v}_{\mathrm{D}},\boldsymbol{v}_{\mathrm{E}},\boldsymbol{v}_{\mathrm{F}}]$ 通过初等行变换化为行最简形，用 Matlab 中 rref($\boldsymbol{A}$) 命令，可得矩阵 $\boldsymbol{A}$ 的行最简形为

$$\begin{bmatrix}1&0&2&0&0&1\\0&1&-1&0&0&1\\0&0&0&1&0&0\\0&0&0&0&1&0\\0&0&0&0&0&0\\0&0&0&0&0&0\\0&0&0&0&0&0\end{bmatrix}$$

故向量组 $\boldsymbol{v}_{\mathrm{A}},\boldsymbol{v}_{\mathrm{B}},\boldsymbol{v}_{\mathrm{C}},\boldsymbol{v}_{\mathrm{D}},\boldsymbol{v}_{\mathrm{E}},\boldsymbol{v}_{\mathrm{F}}$ 的一个极大线性无关组为 $\boldsymbol{v}_{\mathrm{A}},\boldsymbol{v}_{\mathrm{B}},\boldsymbol{v}_{\mathrm{D}},\boldsymbol{v}_{\mathrm{E}}$，理论上要求购买的最少调味品的种类为 A，B，D，E，而 C，F 调味品可以通过这 4 种调味品配制. 由于 $\boldsymbol{v}_{\mathrm{C}}=2\boldsymbol{v}_{\mathrm{A}}-\boldsymbol{v}_{\mathrm{B}}$，$\boldsymbol{v}_{\mathrm{F}}=\boldsymbol{v}_{\mathrm{A}}+\boldsymbol{v}_{\mathrm{B}}$，F 调味品可由 1 包 A 和 1 包 B 调味品配制而成，但 C 调味品配制时的组合系数有负值，对成分已经混杂的调味品，无法配制，因此实际购买的调味品为 A，B，C，D，E.

(2) 问题相当于求向量 $\boldsymbol{\alpha}=[18,18,9,9,4.8,4.5,3.25]^{\mathrm{T}}$ 用向量组 $\boldsymbol{v}_{\mathrm{A}},\boldsymbol{v}_{\mathrm{B}},\boldsymbol{v}_{\mathrm{D}},\boldsymbol{v}_{\mathrm{E}}$ 线性表示时的组合系数. 设 $x_1\boldsymbol{v}_{\mathrm{A}}+x_2\boldsymbol{v}_{\mathrm{B}}+x_3\boldsymbol{v}_{\mathrm{D}}+x_4\boldsymbol{v}_{\mathrm{E}}=\boldsymbol{\alpha}$，写成矩阵方程为 $\boldsymbol{A}\boldsymbol{x}=\boldsymbol{\alpha}$，其中，$\boldsymbol{A}=[\boldsymbol{v}_{\mathrm{A}},\boldsymbol{v}_{\mathrm{B}},\boldsymbol{v}_{\mathrm{D}},\boldsymbol{v}_{\mathrm{E}}]$. 将矩阵 $[\boldsymbol{v}_{\mathrm{A}},\boldsymbol{v}_{\mathrm{B}},\boldsymbol{v}_{\mathrm{D}},\boldsymbol{v}_{\mathrm{E}},\alpha]$ 化为行最简形为

$$\left[\begin{array}{cccc:c}1&0&0&0&0\\0&1&0&0&0\\0&0&1&0&0\\0&0&0&1&0\\0&0&0&0&1\\0&0&0&0&0\\0&0&0&0&0\end{array}\right]$$

显然，$\mathrm{R}(\boldsymbol{A})=4,\mathrm{R}(\boldsymbol{A},\boldsymbol{\alpha})=5,\mathrm{R}(\boldsymbol{A})\neq\mathrm{R}(\boldsymbol{A},\boldsymbol{\alpha})$，因此方程组 $\boldsymbol{A}\boldsymbol{x}=\boldsymbol{\alpha}$ 无解，从而利用在 (1) 中找到的最小调味品的集合，不能配制出顾客所要求的调味品.

(3) 设 $\boldsymbol{\beta}=[9,12,6,6,3,3,1.5]^{\mathrm{T}}$，考察向量组 $\boldsymbol{v}_{\mathrm{A}},\boldsymbol{v}_{\mathrm{B}},\boldsymbol{v}_{\mathrm{C}},\boldsymbol{v}_{\mathrm{D}},\boldsymbol{v}_{\mathrm{E}},\boldsymbol{v}_{\mathrm{F}},\boldsymbol{\beta}$ 的线性相关性，把矩阵 $[\boldsymbol{v}_{\mathrm{A}},\boldsymbol{v}_{\mathrm{B}},\boldsymbol{v}_{\mathrm{C}},\boldsymbol{v}_{\mathrm{D}},\boldsymbol{v}_{\mathrm{E}},\boldsymbol{v}_{\mathrm{F}},\boldsymbol{\beta}]$ 化为行最简形为

$$\left[\begin{array}{cccccc:c}1&0&2&0&0&1&2\\0&1&1&0&0&1&2\\0&0&0&1&0&0&0\\0&0&0&0&1&0&0\\0&0&0&0&0&0&0\\0&0&0&0&0&0&0\\0&0&0&0&0&0&0\end{array}\right]$$

因此 $\boldsymbol{\beta}=2\boldsymbol{v}_A+2\boldsymbol{v}_B$，故该顾客需要购买的最小调味品集合是调味品 A 和调味品 B 各 2 包，即可配制出所需调味品.

【结论】 用向量组的线性相关性、极大无关组求解调料配制问题，混合系数为负，无实际意义；当选取的极大无关组不同时，购买的调料类型及比例系数会有变化，实际配制时还要考虑经济因素.

3.2.7　药方配制

例 3.7　某中药厂用 9 种中草药 (分别记为 A，B，C，D，E，F，G，H，I)，根据不同的比例配制成了 7 种特效药，成分如表 3.4 所示. 请解决以下问题：

(1) 某医院要购买这 7 种特效药，但药厂的第 3 号药和第 6 号药已经卖完，能否用其他特效药配制出这两种脱销的药品？

(2) 现在该医院想用这 7 种特效药配制出另外 3 种新的特效药，表 3.5 给出了 3 种新的特效药的成分，能否配制？若能配制，应如何配制？否则，说明理由.

表 3.4　7 种特效药成分表　(单位：g)

成分	1 号成药	2 号成药	3 号成药	4 号成药	5 号成药	6 号成药	7 号成药
A	10	2	14	12	20	38	100
B	12	0	12	25	35	60	55
C	5	3	11	0	5	14	0
D	7	9	25	5	15	47	35
E	0	1	2	25	5	33	6
F	25	5	35	5	35	55	50
G	9	4	17	25	2	39	25
H	6	5	16	10	10	35	10
I	8	2	12	0	2	8	20

表 3.5　3 种新的特效药成分表　(单位：g)

成分	1 号新药	2 号新药	3 号新药
A	40	162	88
B	62	141	67
C	14	27	8
D	44	102	51
E	53	60	7
F	50	155	80
G	71	118	38
H	41	68	21
I	14	52	30

【分析】　在药方配制问题中，把每种特效药的成分作为一个列向量，通过分析所给列向量构成的向量组的线性相关性来确定是否可以用现有的药来配制脱销药. 若向量组线性无关，则无法配制脱销的特效药；若向量组线性相关，则可以配制脱销的特效药. 而新药的配制问题可转化为一个向量能否用一个向量组线性表示，这个问题可通过考察向量组的线性相关性来解决.

【模型建立与求解】　(1) 把每一种特效药都看成一个 9 维列向量，并记为

$\boldsymbol{u}_i(i=1,2,3,4,5,6,7)$，即

$$\boldsymbol{u}_1=\begin{bmatrix}10\\12\\5\\7\\0\\25\\9\\6\\8\end{bmatrix},\boldsymbol{u}_2=\begin{bmatrix}2\\0\\3\\9\\1\\5\\4\\5\\2\end{bmatrix},\boldsymbol{u}_3=\begin{bmatrix}14\\12\\11\\25\\2\\35\\17\\16\\12\end{bmatrix},\boldsymbol{u}_4=\begin{bmatrix}12\\25\\0\\5\\25\\5\\25\\10\\0\end{bmatrix}$$

$$\boldsymbol{u}_5=\begin{bmatrix}20\\35\\5\\15\\5\\35\\2\\10\\2\end{bmatrix},\boldsymbol{u}_6=\begin{bmatrix}38\\60\\14\\47\\33\\55\\39\\35\\8\end{bmatrix},\boldsymbol{u}_7=\begin{bmatrix}100\\55\\0\\35\\6\\50\\25\\10\\20\end{bmatrix}$$

分析这 7 个列向量所构成的向量组的线性相关性. 若向量组线性无关，则无法配制脱销的特效药；若向量组线性相关，并且能找到不含 $\boldsymbol{u}_3$ 和 $\boldsymbol{u}_6$ 的一个极大线性无关组，则可以用现有的特效药来配制第 3 号和第 6 号脱销的特效药.

设 $\boldsymbol{U}=[\boldsymbol{u}_1,\boldsymbol{u}_2,\boldsymbol{u}_3,\boldsymbol{u}_4,\boldsymbol{u}_5,\boldsymbol{u}_6,\boldsymbol{u}_7]$，将该矩阵化成行最简形为

$$\begin{bmatrix}1&0&1&0&0&0&0\\0&1&2&0&0&3&0\\0&0&0&1&0&1&0\\0&0&0&0&1&1&0\\0&0&0&0&0&0&1\\0&0&0&0&0&0&0\\0&0&0&0&0&0&0\\0&0&0&0&0&0&0\\0&0&0&0&0&0&0\end{bmatrix}$$

从行最简形矩阵可以看出，特效药向量组是线性相关的，且 $\mathrm{R}(\boldsymbol{U})=5$，它的一个极大线性无关组为 $\boldsymbol{u}_1,\boldsymbol{u}_2,\boldsymbol{u}_4,\boldsymbol{u}_5,\boldsymbol{u}_7$，故可以用现有特效药来配制出第 3 号和第 6 号药品. 由于 $\boldsymbol{u}_3=\boldsymbol{u}_1+2\boldsymbol{u}_2$，$\boldsymbol{u}_6=3\boldsymbol{u}_2+\boldsymbol{u}_4+\boldsymbol{u}_5$，说明用 1 份 1 号药和 2 份 2 号药可配制出 1 份 3 号药；3 份 2 号药、1 份 4 号药和 1 份 5 号药可配制出 1 份 6 号药.

(2) 把三种新的特效药分别用向量 $\boldsymbol{v}_1,\boldsymbol{v}_2,\boldsymbol{v}_3$ 来表示，即

$$\boldsymbol{v}_1=[40,62,14,44,53,50,71,41,14]^{\mathrm{T}}$$

$$\boldsymbol{v}_2=[162,141,27,102,60,155,118,68,52]^{\mathrm{T}}$$

$$\boldsymbol{v}_3=[88,67,8,51,7,80,38,21,30]^{\mathrm{T}}$$

问题转化为 $\boldsymbol{v}_1,\boldsymbol{v}_2,\boldsymbol{v}_3$ 能否由 $\boldsymbol{u}_i(i=1,2,3,4,5,6,7)$ 这 7 个列向量所构成的向量组线性表示，若能表示，则可配制；否则，不能配制.

设 $\boldsymbol{V}=[\boldsymbol{u}_1,\boldsymbol{u}_2,\boldsymbol{u}_3,\boldsymbol{u}_4,\boldsymbol{u}_5,\boldsymbol{u}_6,\boldsymbol{u}_7,\boldsymbol{v}_1,\boldsymbol{v}_2,\boldsymbol{v}_3]$，把该矩阵化成行最简形为

$$\left[\begin{array}{ccccccc:ccc}
1 & 0 & 1 & 0 & 0 & 0 & 0 & 1 & 3 & 0\\
0 & 1 & 2 & 0 & 0 & 3 & 0 & 3 & 4 & 0\\
0 & 0 & 0 & 1 & 0 & 1 & 0 & 2 & 2 & 0\\
0 & 0 & 0 & 0 & 1 & 1 & 0 & 0 & 0 & 0\\
0 & 0 & 0 & 0 & 0 & 0 & 1 & 0 & 1 & 0\\
0 & 0 & 0 & 0 & 0 & 0 & 0 & 0 & 0 & 1\\
0 & 0 & 0 & 0 & 0 & 0 & 0 & 0 & 0 & 0\\
0 & 0 & 0 & 0 & 0 & 0 & 0 & 0 & 0 & 0\\
0 & 0 & 0 & 0 & 0 & 0 & 0 & 0 & 0 & 0
\end{array}\right]$$

从行最简形矩阵的后 3 列可以看出：$\boldsymbol{v}_1=\boldsymbol{u}_1+3\boldsymbol{u}_2+2\boldsymbol{u}_4$，$\boldsymbol{v}_2=3\boldsymbol{u}_1+4\boldsymbol{u}_2+2\boldsymbol{u}_4+\boldsymbol{u}_7$，$\boldsymbol{v}_3$ 不能由 $\boldsymbol{u}_1,\boldsymbol{u}_2,\boldsymbol{u}_3,\boldsymbol{u}_4,\boldsymbol{u}_5,\boldsymbol{u}_6,\boldsymbol{u}_7$ 线性表示. 即 $\boldsymbol{v}_1,\boldsymbol{v}_2$ 能由 $\boldsymbol{u}_1,\boldsymbol{u}_2,\boldsymbol{u}_3,\boldsymbol{u}_4,\boldsymbol{u}_5,\boldsymbol{u}_6,\boldsymbol{u}_7$ 这 7 种特效药配制，而 $\boldsymbol{v}_3$ 无法用 $\boldsymbol{u}_1,\boldsymbol{u}_2,\boldsymbol{u}_3,\boldsymbol{u}_4,\boldsymbol{u}_5,\boldsymbol{u}_6,\boldsymbol{u}_7$ 这 7 种特效药配制.

【结论】　本例给出了一个中成药配制问题，涉及向量组的线性相关性、向量组的极大线性无关组、向量的线性表示以及向量空间等线性代数的知识. 当向量的维数较高，个数较多时，用 Matlab 软件较容易做出解答.

3.2.8 不定积分的求解

求连续函数的不定积分时，需要求该函数的原函数，对某些特殊的连续函数，利用向量理论可以简化积分计算.

例 3.8　求不定积分 $I=\displaystyle\int\frac{A\cos x+B\sin x}{a\cos x+b\sin x}\mathrm{d}x\ (a^2+b^2\neq 0)$.

【分析】　当 $[A,B]^{\mathrm{T}}=[a,b]^{\mathrm{T}}$ 时，易知不定积分 $I=I_1=x+C$，C 为任意常数；当 $[A,B]^{\mathrm{T}}=[b,-a]^{\mathrm{T}}$ 时，易知不定积分 $I=I_2=\ln|a\cos x+b\sin x|+C$；当 $[A,B]^{\mathrm{T}}$ 取其他值时，利用向量组 $[a,b]^{\mathrm{T}},[b,-a]^{\mathrm{T}},[A,B]^{\mathrm{T}}$ 的线性相关性，将积分化为 I_1,I_2 的线性组合计算.

【模型建立与求解】　对 I 变形得

$$\begin{aligned}I&=\int\frac{A\cos x+B\sin x}{a\cos x+b\sin x}\mathrm{d}x=\int\left(A\cdot\frac{\cos x}{a\cos x+b\sin x}+B\cdot\frac{\sin x}{a\cos x+b\sin x}\right)\mathrm{d}x\\&=\int[f(x),g(x)]\cdot\begin{bmatrix}A\\B\end{bmatrix}\mathrm{d}x\end{aligned}$$

其中，$f(x)=\dfrac{\cos x}{a\cos x+b\sin x},g(x)=\dfrac{\sin x}{a\cos x+b\sin x}$，则

$$I_1=\int[af(x)+bg(x)]\mathrm{d}x,I_2=\int[bf(x)-ag(x)]\mathrm{d}x$$

由于 $a^2+b^2\neq 0$，故 $\begin{vmatrix}a&b\\b&-a\end{vmatrix}\neq 0$，因此向量组 $[a,b]^{\mathrm{T}},[b,-a]^{\mathrm{T}}$ 线性无关，又向量组 $[a,b]^{\mathrm{T}},[b,-a]^{\mathrm{T}},[A,B]^{\mathrm{T}}$ 线性相关，故 $[A,B]^{\mathrm{T}}=k_1[a,b]^{\mathrm{T}}+k_2[b,-a]^{\mathrm{T}}$，即

$$\begin{bmatrix}a&b\\b&-a\end{bmatrix}\begin{bmatrix}k_1\\k_2\end{bmatrix}=\begin{bmatrix}A\\B\end{bmatrix}$$

方程组有唯一解 $k_1=\dfrac{aA+bB}{a^2+b^2},k_2=\dfrac{bA-aB}{a^2+b^2}$. 故

$$\begin{aligned}I&=\int[f(x),g(x)]\cdot\begin{bmatrix}a&b\\b&-a\end{bmatrix}\begin{bmatrix}k_1\\k_2\end{bmatrix}\mathrm{d}x=\int[af(x)+bg(x),bf(x)-ag(x)]\cdot\begin{bmatrix}k_1\\k_2\end{bmatrix}\mathrm{d}x\\&=k_1\int[af(x)+bg(x)]\,\mathrm{d}x+k_2\int[bf(x)-ag(x)]\mathrm{d}x=k_1I_1+k_2I_2\\&=\frac{aA+bB}{a^2+b^2}x+\frac{bA-aB}{a^2+b^2}\ln|a\cos x+b\sin x|+C\end{aligned}$$

【结论】 利用向量理论求解特殊的不定积分时，可以将未知积分设计为已知积分 (向量元素为特殊值的结果) 的线性组合，通过求解组合系数得到所求积分.

3.2.9 根式方程的求解

对于根式方程，若根式中被开方的函数之间线性相关，相当于增加了一个已知条件，使得方程求根问题的难度降低.

例 3.9 求方程 $\sqrt{x^2+x+1}+\sqrt{2x^2+x+5}=\sqrt{x^2-3x+13}$ 的实数解.

【分析】 令 $\alpha_1=x^2+x+1,\alpha_2=2x^2+x+5,\alpha_3=x^2-3x+13$，若 $\alpha_1,\alpha_2,\alpha_3$ 线性相关，即有 $k_1\alpha_1+k_2\alpha_2+k_3\alpha_3=0$，这就对原方程补充了一个已知条件；再根据原始关系，分析求解.

【模型建立与求解】 设 $k_1\alpha_1+k_2\alpha_2+k_3\alpha_3=0$，即

$$(k_1+2k_2+k_3)x^2+(k_1+k_2-3k_3)x+(k_1+5k_2+13k_3)=0$$

比较方程两端同次幂的系数得

$$\begin{cases} k_1+2k_2+k_3=0 \\ k_1+k_2-3k_3=0 \\ k_1+5k_2+13k_3=0 \end{cases}$$

解之得 $k_1=-7,k_2=4,k_3=-1$，故有 $-7\alpha_1+4\alpha_2=\alpha_3$.

令 $\beta_1=\sqrt{\alpha_1}>0,\beta_2=\sqrt{\alpha_2}>0,\beta_3=\sqrt{\alpha_3}>0$，则有 $\beta_1+\beta_2=\beta_3$.

由 $-7\alpha_1+4\alpha_2=\alpha_3$ 得 $-7\beta_1^2+4\beta_2^2=\beta_3^2$. 即

$$-7\beta_1^2+4\beta_2^2=(\beta_1+\beta_2)^2$$

整理得 $(\beta_2-2\beta_1)(3\beta_2+4\beta_1)=0$. 由于 $3\beta_2+4\beta_1>0$，故有 $\beta_2-2\beta_1=0$，即 $\beta_2=2\beta_1$. 因此有 $2x^2+x+5=4(x^2+x+1)$，整理得 $2x^2+3x-1=0$，故所求方程的实数解为 $x=\dfrac{-3\pm\sqrt{17}}{4}$.

【结论】 从向量空间角度将被开方的函数看作向量，利用向量的线性相关性理论有效的化简了计算过程，使求解过程简明易懂.

3.2.10　探测数据的处理

太空航天探测器发射以后，需要调整姿态，以使探测器处在精确的轨道里. 如何实现快速计算，增强数据处理的实时性，是迫切需要解决的问题.

例 3.10　已知雷达监测直到 k 时刻的数据向量为 $\boldsymbol{x}_1,\boldsymbol{x}_2,\cdots,\boldsymbol{x}_k$，现接收到 $k+1$ 时刻的数据 $\boldsymbol{x}_{k+1}$，设计快速的处理 $\boldsymbol{x}_{k+1}$ 的计算方法.

【分析】　快速计算方法的设计就是如何有效利用已有计算的结果，从而减少计算量.

【模型建立与求解】　$\boldsymbol{x}_1,\boldsymbol{x}_2,\cdots,\boldsymbol{x}_k$ 表示直到 k 时刻探测器的实际位置 $\boldsymbol{x}^k_{\text{真实值}}$ 与预定轨道 $\boldsymbol{x}^k_{\text{模型值}}$ 之间的偏差，即 $\boldsymbol{x}_k=\boldsymbol{x}^k_{\text{真实值}}-\boldsymbol{x}^k_{\text{模型值}}$，令 $\boldsymbol{X}_k=[\boldsymbol{x}_1,\boldsymbol{x}_2,\cdots,\boldsymbol{x}_k]$，则

$$\boldsymbol{G}_k=\boldsymbol{X}_k\boldsymbol{X}_k^{\mathrm{T}}=[\boldsymbol{x}_1,\boldsymbol{x}_2,\cdots,\boldsymbol{x}_k]\begin{bmatrix}\boldsymbol{x}_1^{\mathrm{T}}\\\boldsymbol{x}_2^{\mathrm{T}}\\\vdots\\\boldsymbol{x}_k^{\mathrm{T}}\end{bmatrix}=\sum_{i=1}^{k}\boldsymbol{x}_i\boldsymbol{x}_i^{\mathrm{T}}$$

当接收到 $\boldsymbol{x}_{k+1}$ 时，按照 $\boldsymbol{G}_{k+1}$ 原始的计算方法，计算量随着 k 的增大而增加. 若将 $\boldsymbol{G}_{k+1}$ 拆项写成如下形式

$$\boldsymbol{G}_{k+1}=\sum_{i=1}^{k+1}\boldsymbol{x}_i\boldsymbol{x}_i^{\mathrm{T}}=\sum_{i=1}^{k}\boldsymbol{x}_i\boldsymbol{x}_i^{\mathrm{T}}+\boldsymbol{x}_{k+1}\boldsymbol{x}_{k+1}^{\mathrm{T}}=\boldsymbol{G}_k+\boldsymbol{x}_{k+1}\boldsymbol{x}_{k+1}^{\mathrm{T}}$$

则利用了已经得到的结果 $\boldsymbol{G}_k$，使计算量减小，计算速度加快.

【结论】　计算机计算加法的时间与计算乘法的时间相比可以忽略不计，因此在考虑矩阵乘法的计算复杂度时，只要考察乘法的计算次数即可. 设 $\boldsymbol{x}_k$ 的维数为 n，则 $\boldsymbol{X}_k=[\boldsymbol{x}_1,\boldsymbol{x}_2,\cdots,\boldsymbol{x}_k]$ 是 $n\times k$ 的矩阵，$\boldsymbol{G}_k=\boldsymbol{X}_k\boldsymbol{X}_k^{\mathrm{T}}$ 是 $n\times n$ 的矩阵. 直接计算 $\boldsymbol{G}_k=\boldsymbol{X}_k\boldsymbol{X}_k^{\mathrm{T}}$ 需要做 n^2k 次乘法，因而计算量会随着 k 的增加而增加. 但是对于每一个 k，计算 $\boldsymbol{x}_k\boldsymbol{x}_k^{\mathrm{T}}$ 始终只要做 n^2 次乘法.

3.2.11　基因相似性的度量

三维向量的相似性可以用向量的长度以及两个向量之间的夹角进行度量，对高维向量也可用类似的方法度量.

例 3.11　在 ABO 血型的人中，对各种群体的基因频率进行了研究. 如果把四种等位基因 A_1，A_2，B，O 区别开，得到表 3.6 所示的相对频率，给出一个群体与另一个群体接近程度的一种判定方法.

表 3.6 基因的相对频率

基因	群体 1(f_{1j})	群体 2(f_{2j})	群体 3(f_{3j})	群体 4(f_{4j})
A_1	0. 2914	0. 1034	0. 2090	0. 2208
A_2	0. 0000	0. 0866	0. 0696	0. 0000
B	0. 0316	0. 1200	0. 0612	0. 2069
O	0. 6770	0. 6900	0. 6602	0. 5723
合计	1. 000	1. 000	1. 000	1. 000

【分析】 相似性度量的实质是要找一个表示基因间“距离”的恰当计算. 向量的两个重要特征为长度和夹角，因此刻画向量的相似程度可以从这两个特性入手.

【模型建立与求解】 为了计算简单，用单位向量表示每一个群体. 令 $x_{ij}=\sqrt{f_{ij}}, i,j=1,2,3,4$，由于 $\sum\limits_{j=1}^{4} f_{ij}=1$，故 $\sum\limits_{j=1}^{4} x_{ij}^2=1$，则向量组

$$\boldsymbol{\alpha}_1=\begin{bmatrix} x_{11}\\ x_{12}\\ x_{13}\\ x_{14}\end{bmatrix},\boldsymbol{\alpha}_2=\begin{bmatrix} x_{21}\\ x_{22}\\ x_{23}\\ x_{24}\end{bmatrix},\boldsymbol{\alpha}_3=\begin{bmatrix} x_{31}\\ x_{32}\\ x_{33}\\ x_{34}\end{bmatrix},\boldsymbol{\alpha}_4=\begin{bmatrix} x_{41}\\ x_{42}\\ x_{43}\\ x_{44}\end{bmatrix}$$

为表示 4 种群体等位基因的单位向量组. 此时，向量间的相似性的度量仅用向量之间的夹角即可.

设向量 $\boldsymbol{\alpha}_1,\boldsymbol{\alpha}_2$ 之间的夹角为 θ，则

$$\cos\theta=\frac{\boldsymbol{\alpha}_1^{\mathrm{T}}\boldsymbol{\alpha}_2}{\|\boldsymbol{\alpha}_1\|\cdot\|\boldsymbol{\alpha}_2\|}=\boldsymbol{\alpha}_1^{\mathrm{T}}\boldsymbol{\alpha}_2$$

其中，$\|\cdot\|$ 表示向量的长度. 由题设知

$$\boldsymbol{\alpha}_1=[0.5398,0.0000,0.1778,0.8228]^{\mathrm{T}},\boldsymbol{\alpha}_2=[0.3216,0.2943,0.3464,0.8307]^{\mathrm{T}}$$

故 $\cos\theta=\boldsymbol{\alpha}_1^{\mathrm{T}}\boldsymbol{\alpha}_2=0.9187$，得 $\theta=23.2^\circ$.

按同样的方式，可得 4 种相似性度量结果如表 3.7 所示.

表 3.7 基因间的“距离”

群体	群体 1	群体 2	群体 3	群体 4
群体 1	0°	23.2°	16.4°	16.8°
群体 2	23.2°	0°	9.8°	20.4°
群体 3	16.4°	9.8°	0°	19.6°
群体 4	16.8°	20.4°	19.6°	0°

由表 3.7 可以看出，群体 2 和群体 3 之间的基因"距离"最小，为 9.8°；而群体 1 和群体 2 之间的基因"距离"最大，为 23.2°.

【结论】 向量之间经常用长度和夹角度量相似性，一般为了计算简便，先对向量进行归一化处理. 除了代数方法之外，还可以用模糊方法进行度量.

3.2.12 孙子定理

孙子定理也叫中国剩余定理，是中国古代求解一次同余方程组的方法，也是数论中的一个重要定理，又叫做"物不知数"问题. 现讨论其向量求解方法.

例 3.12 一个整数除以 3 余 2，除以 5 余 3，除以 7 余 4，求这个整数.

【分析】 对任意的非负整数 x，设其除以 3、5、7 的余数为 $[r_1, r_2, r_3]^{\mathrm{T}}$，其中 r_1, r_2, r_3 均为正整数，即存在映射 σ, 使 $\sigma(x) = [r_1, r_2, r_3]^{\mathrm{T}}$. 令 3 维单位向量组为

$$\boldsymbol{\varepsilon}_1 = [1, 0, 0]^{\mathrm{T}}, \boldsymbol{\varepsilon}_2 = [0, 1, 0]^{\mathrm{T}}, \boldsymbol{\varepsilon}_3 = [0, 0, 1]^{\mathrm{T}}$$

若能分别找到整数 x_1, x_2, x_3，而 $x = y_1x_1 + y_2x_2 + y_3x_3$，使得 x_1, x_2, x_3 在映射 σ 下的象分别为 $\boldsymbol{\varepsilon}_1, \boldsymbol{\varepsilon}_2, \boldsymbol{\varepsilon}_3$，则 x 除以 3、5、7 的余数为 $[y_1, y_2, y_3]^{\mathrm{T}}$. 由于 3、5、7 的最小公倍数为 105，将 x 除以 105 得余数为 $r = x - 105q$，其中，q 表示商且为整数，$0 \leqslant r < 105$，则 r 是满足条件的最小非负整数.

【模型建立与求解】 由分析可知，关键是求非负整数 x_1, x_2, x_3. 由 $\sigma(x_1) = \boldsymbol{\varepsilon}_1 = [1, 0, 0]^{\mathrm{T}}$ 知，x_1 除以 5、7 的余数是 0，故 x_1 是 35 的倍数，即 $x_1 = 35k$，k 为整数，从 1 开始，依次令 k 取 $1,2,3,\cdots$，使 $35k$ 除以 3 余 1，计算得 $k = 2, x_1 = 70$ 符合要求.

同理，由 $\sigma(x_2) = \boldsymbol{\varepsilon}_2 = [0, 1, 0]^{\mathrm{T}}$ 知，x_2 是 3、7 的公倍数，$x_2 = 21k$，当 $k = 1, x_2 = 21$ 时符合要求；由 $\sigma(x_3) = \boldsymbol{\varepsilon}_3 = [0, 0, 1]^{\mathrm{T}}$ 知，x_3 是 3、5 的公倍数，$x_3 = 15k$，当 $k = 1, x_3 = 15$ 时符合要求. 故 $x = 70y_1 + 35y_2 + 15y_3$ 除以 105 所得的余数 r 即为所求. 本例所求数为 $x = 70 \times 2 + 35 \times 3 + 15 \times 4 = 263$ 除以 105 所得的余数 53 即符合要求.

【结论】 孙子定理的本质是求解一次同余方程组，用向量代数的方法求解时用到基向量组以及映射的知识，甚至代数中群、环、域同构的概念，概念看似复杂了，但从计算上更容易理解.

3.2.13 拉格朗日插值公式

插值是函数逼近的重要方法，构造插值多项式时，写出基函数的恰当表达式，

使得待定多项式的系数易于计算，是函数逼近论重要的内容.

例 3.13 设有 n 个节点 $(x_1,y_1),(x_2,y_2),\cdots,(x_n,y_n)$，其中 $x_1,x_2\cdots,x_n$ 互不相同，求使得 $f(x_i)=y_i,i=1,2,\cdots,n$ 成立的次数低于 n 的多项式

$$f(x)=a_{n-1}x^{n-1}+\cdots+a_1x+a_0$$

【分析】 当 $x_1,x_2\cdots,x_n$ 互不相同时，由克拉默法则易知过这 n 个节点存在唯一的 $n-1$ 次多项式. 由向量空间的理论，易知 $\{1,x,x^2,\cdots,x^{n-1}\}$ 是次数不超过 $n-1$ 的多项式构成的向量空间 V 的一个基. 多项式 $f\in V$ 与其在 n 个节点处的取值 $[f(x_1),f(x_2),\cdots,f(x_n)]^{\mathrm{T}}$ 对应的映射 σ，即

$$\sigma(f)=[f(x_1),f(x_2),\cdots,f(x_n)]^{\mathrm{T}}$$

是 V 到 R^n 的线性映射. 已知 $y_1,y_2\cdots,y_n$，要求其在 V 中的原象 f，使得

$$\sigma(f)=[y_1,y_2,\cdots,y_n]^{\mathrm{T}}$$

易知 $[y_1,y_2,\cdots,y_n]^{\mathrm{T}}$ 可以唯一的表示成 n 维单位向量组

$$\boldsymbol{\varepsilon}_1=[1,0,\cdots,0]^{\mathrm{T}},\boldsymbol{\varepsilon}_2=[0,1,\cdots,0]^{\mathrm{T}},\cdots,\boldsymbol{\varepsilon}_n=[0,0,\cdots,1]^{\mathrm{T}}$$

的线性组合，即 $[y_1,y_2,\cdots,y_n]^{\mathrm{T}}=y_1\boldsymbol{\varepsilon}_1+y_2\boldsymbol{\varepsilon}_2+\cdots+y_n\boldsymbol{\varepsilon}_n$. 若对每个 i，能找到一个多项式 $g_i\in V$，使得 $\sigma(g_i)=\boldsymbol{\varepsilon}_i$，则有

$$\begin{aligned}&\sigma(y_1g_1+y_2g_2+\cdots+y_ng_n)\\=&y_1\sigma(g_1)+y_2\sigma(g_2)+\cdots+y_n\sigma(g_n)=[y_1,y_2,\cdots,y_n]^{\mathrm{T}}\end{aligned}$$

则 $f=y_1g_1+y_2g_2+\cdots+y_ng_n$ 即为所求多项式.

【模型建立与求解】 寻找易于计算的 $g_i\in V$，使得 $\sigma(g_i)=\boldsymbol{\varepsilon}_i$，即应有

$$g_i(x_j)=\begin{cases}0, & j\neq i\\1, & j=i\end{cases}$$

也就是说，除了 x_i 以外，其余的 x_j 都是 $g_i(x)=0$ 的根，因此令

$$g_i(x)=b_i(x-x_1)\cdots(x-x_{i-1})(x-x_{i+1})\cdots(x-x_n)=b_i\prod_{1\leqslant j\leqslant n,j\neq i}(x-x_j)$$

由

$$g_i(x_i)=b_i(x_i-x_1)\cdots(x_i-x_{i-1})(x_i-x_{i+1})\cdots(x_i-x_n)=b_i\prod_{1\leqslant j\leqslant n,j\neq i}(x_i-x_j)=1$$

可得待定系数

$$b_i=\frac{1}{(x_i-x_1)\cdots(x_i-x_{i-1})(x_i-x_{i+1})\cdots(x_i-x_n)}=\frac{1}{\prod\limits_{1\leqslant j\leqslant n,j\neq i}(x_i-x_j)}$$

因此

$$g_i(x)=\frac{(x-x_1)\cdots(x-x_{i-1})(x-x_{i+1})\cdots(x-x_n)}{(x_i-x_1)\cdots(x_i-x_{i-1})(x_i-x_{i+1})\cdots(x_i-x_n)}=\prod_{1\leqslant j\leqslant n,j\neq i}\frac{(x-x_j)}{(x_i-x_j)}$$

故所求多项式为

$$f=y_1g_1+y_2g_2+\cdots+y_ng_n$$

$$=\sum_{i=1}^{n}\frac{(x-x_1)\cdots(x-x_{i-1})(x-x_{i+1})\cdots(x-x_n)}{(x_i-x_1)\cdots(x_i-x_{i-1})(x_i-x_{i+1})\cdots(x_i-x_n)}\cdot y_i=\sum_{i=1}^{n}y_i\cdot\prod_{1\leqslant j\leqslant n,j\neq i}\frac{(x-x_j)}{(x_i-x_j)}$$

这种方法求得的插值多项式称为拉格朗日插值多项式.

【结论】 从向量空间、线性映射的角度，将插值问题转化为其在线性映射下的象为简单基的问题，能快速给出插值多项式的系数的解析计算方法，避免了高阶行列式的计算和消元法解方程组带来的误差. 这种方法可以推广到求解满足其他插值条件的多项式.

3.2.14 多项式拟合

多项式拟合是另一种常用的数据处理方法，该方法不要求所求的多项式过给定的观测点，仅要求所求的多项式在这些点处的值与观测值之间的误差尽可能小.

例 3.14 已知 n 个点 $(x_1,y_1),(x_2,y_2),\cdots,(x_n,y_n)$，且 $x_1,x_2,\cdots,x_n$ 互不相同，求 $y=a_0+a_1x+a_2x^2$ 的最小二乘拟合曲线.

【分析】 最小二乘方法利用偏差的平方和最小来求拟合系数，即 $\min\sum\limits_{i=1}^{n}[y(x_i)-y_i]^2$.

【模型建立与求解】 令

$$\boldsymbol{y}=[y_1,y_2\cdots,y_n]^{\mathrm{T}},\boldsymbol{A}=\begin{bmatrix}1 & x_1 & x_1^2\\ 1 & x_2 & x_2^2\\ \vdots & \vdots & \vdots\\ 1 & x_n & x_n^2\end{bmatrix}\boldsymbol{x}=[a_0,a_1,a_2]^{\mathrm{T}}$$

则推导得到矩阵方程

$$\boldsymbol{A}^{\mathrm{T}}\boldsymbol{A}\boldsymbol{x}=\boldsymbol{A}^{\mathrm{T}}\boldsymbol{y}$$

即

$$\boldsymbol{x}=(\boldsymbol{A}^{\mathrm{T}}\boldsymbol{A})^{-1}\boldsymbol{A}^{\mathrm{T}}\boldsymbol{y}$$

当给定五组数据 (1, 1.8)，(2, 2.7)，(3, 3.4)，(4, 3.8)，(5, 3.9) 时，由

$$\boldsymbol{y}=[1.8,2.7,3.4,3.8,3.9]^{\mathrm{T}},\boldsymbol{A}=\begin{bmatrix}1 & 1 & 1\\ 1 & 2 & 4\\ 1 & 3 & 9\\ 1 & 4 & 16\\ 1 & 5 & 25\end{bmatrix}$$

得 $\boldsymbol{x}=[0.58,-1.3443,-0.1357]^{\mathrm{T}}$，故拟合曲线为 $y=0.58-1.3443x-0.1357x^2$.

【结论】 本例给出了多项式最小二乘拟合的向量求解方法，是非常经典的方法. 在实际中，当数据采用其他类型函数拟合时，将求解过程尽量用向量和矩阵表示，便于用计算机求解.

习　题

1. 某公司生产 2 种产品，对每 1 元价值的产品 B，公司需要耗费 0.45 元材料、0.25 元劳动和 0.15 元管理费用；对每 1 元价值的产品 C，公司需要耗费 0.40 元材料、0.30 元劳动和 0.15 元管理费用. 设 $\boldsymbol{b}=[0.45,0.25,0.15]^{\mathrm{T}}$，$\boldsymbol{c}=[0.40,0.30,0.15]^{\mathrm{T}}$，则称向量 $\boldsymbol{b},\boldsymbol{c}$ 为 2 种产品的 “单位元产出成本”，请回答以下问题：

(1) 向量 $100\boldsymbol{b}$ 的经济解释是什么？

(2) 设公司希望生产 x_1 元产品 B 和 x_2 元产品 C，给出描述该公司花费的各部分成本 (材料、劳动、管理费用) 向量.

2. 设 3 种食物每 100g 中蛋白质、碳水化合物和脂肪的含量如表 3.8 所示. 现在的问题是：如果用这 3 种食物作为每天的主要食物，那么它们应各取多少才能全面准确地实现营养要求？

表 3.8　3 种食物每 100g 中蛋白质、碳水化合物和脂肪的含量　(单位：g)

营养	每 100g 食物所含营养			要求的每日营养量
	脱脂牛奶	大豆面粉	乳清	
蛋白质	36	51	13	33
碳水化合物	52	34	74	45
脂肪	0	7	1.1	3

3. 一桶原油，不同的炼油厂可生成石油产品如表 3.9 所示.

(1) 现在需要 9600 加仑 (1 加仑 $\approx$ 3.785L) 燃料油、12800 加仑柴油及 16000 加仑汽油，则每个炼油厂需用多少桶石油？

(2) 假设上述的炼油厂模型中汽油的生产无关紧要 (储油罐里有充分的储存量)，只关心燃料油与柴油的需求，则每个炼油厂所用的石油桶数各是多少？

(3) 假定炼油厂模型中的第二个炼油厂停产，而必须设法由仅有的两个炼油厂满足需求，则这两个炼油厂所用的石油桶数各是多少？

表 3.9　不同炼油厂的石油产品　(单位：加仑)

产品	第一炼油厂	第二炼油厂	第三炼油厂
燃料油	16	8	8
柴油	8	20	8
汽油	4	10	20

4. 求矩阵 $\boldsymbol{P}=\begin{bmatrix}0.6 & 0.3\\0.4 & 0.7\end{bmatrix}$ 的稳态向量 $\boldsymbol{q}$.

5. 假设在某一固定选区国会选举的投票结果用 $\boldsymbol{R}^3$ 中的向量 $\boldsymbol{x}$ 表示为 $\boldsymbol{x}=\begin{bmatrix}\text{A党得票率}\\\text{B党得票率}\\\text{C党得票率}\end{bmatrix}$，假设用这种类型的向量每两年记录一次国会选举的结果，同时每次选举的结果仅依赖前一次选举的结果，于是刻画每两年选举的向量构成的序列是一个马尔可夫链. 设

$$\boldsymbol{p}=\begin{bmatrix}0.70 & 0.10 & 0.30\\0.20 & 0.80 & 0.30\\0.10 & 0.10 & 0.40\end{bmatrix},\ \boldsymbol{x}=\begin{bmatrix}0.55\\0.40\\0.05\end{bmatrix}$$

(1) 试确定下一次可能的结果和再下一次可能的结果；

(2) 从现在开始经过多年若干次的选举之后，投票者可能为 A 党候选人投票的百分比是多少?

6. 吉文斯旋转 (Givens rotation) 是由 $\mathbf{R} \to \mathbf{R}$ 的一种线性变换，在计算机程序里用来在一个向量中产生一个零元素 (通常是矩阵的一列). 下列方程是 $\boldsymbol{R}$ 中的一个吉文斯旋转，试求出 a, b.

$$\begin{bmatrix} a & 0 & -b \\ 0 & 1 & 0 \\ b & 0 & a \end{bmatrix} \begin{bmatrix} 2 \\ 3 \\ 4 \end{bmatrix} = \begin{bmatrix} 2\sqrt{5} \\ 3 \\ 0 \end{bmatrix}$$

7. 某公司生产多种类型的鸡饲料，表 3.10 给出了 A，B，C，D，E，F 共 6 种鸡饲料的配方.

表 3.10　6 种鸡饲料的配方　　　　(单位：g)

成分	A	B	C	D	E	F
玉米	54	46	52	60	58	64
麸皮	12	16	13	12	15	17
麦渣	8	6	4	4	3	5
豆饼	14	16	22	20	24	26
肉骨粉	4	6	3	3	5	5
贝壳粉	6	6	6	4	3	4
盐	0.3	0.25	0. 25	0.35	0.3	0.4

(1) 一个顾客可以只购买其中一部分饲料并用它们配制出其余几种饲料吗? 如果可以，请给出配制方法.

(2) 一个顾客希望按下列成分表配制一种饲料，他能买表中给出的某些饲料自己配制吗?

玉米：51.2，麸皮：14，麦渣：6.2，豆饼：16.2，肉骨粉：4.8，贝壳粉：5.6，盐：0.285

8. 某混凝土生产企业的设备只能生产出 3 种不同型号的混凝土，具体配方比例如表 3.11 所示. 于是每一种基本类型混凝土就可以用一个 5 维的列向量 $[c, w, s, g, f]^{\mathrm{T}}$ 来表示，生产企业希望，客户所订购的其他混凝土都由这 3 种基本类型按一定比例混合而成.

(1) 这 3 种混凝土是否可以用其中的 2 种来配出第 3 种?

(2) 现在有甲、乙两个客户要求混凝土的 5 种成分为 24、52、73、133、12 和 36、75、100、185、20，那么能否用这 3 种型号的混凝土配制出满足甲、乙客户要求的混凝土? 如果客户需要这两种混凝土 600t，则这 3 种类型各需要多少吨?

表 3.11　3 种不同型号的混凝土的配方

用料	型号 A	型号 B	型号 C
水泥 c	22	26	18
水 w	10	10	10
沙 s	32	31	29
石子 g	53	64	50
粉煤灰 f	0	5	8

第 4 章　线性方程组

工程中的许多问题可以用线性方程组描述或化成线性方程组求解，故线性方程组的理论在工程问题的求解中有非常重要的地位.

4.1　线性方程组的基本理论

4.1.1　线性方程组有解的判定

1. 线性方程组的矩阵形式

对于 n 元线性方程组

$$\begin{cases} a_{11}x_1 + a_{12}x_2 + \cdots + a_{1n}x_n = b_1 \\ a_{21}x_1 + a_{22}x_2 + \cdots + a_{2n}x_n = b_2 \\ \qquad \cdots\cdots \\ a_{m1}x_1 + a_{m2}x_2 + \cdots + a_{mn}x_n = b_m \end{cases} \tag{4.1}$$

记 $\boldsymbol{x} = \begin{bmatrix} x_1 \\ x_2 \\ \vdots \\ x_n \end{bmatrix}$，$\boldsymbol{b} = \begin{bmatrix} b_1 \\ b_2 \\ \vdots \\ b_m \end{bmatrix}$，$\boldsymbol{A} = \begin{bmatrix} a_{11} & a_{12} & \cdots & a_{1n} \\ a_{21} & a_{22} & \cdots & a_{2n} \\ \vdots & \vdots & & \vdots \\ a_{m1} & a_{m2} & \cdots & a_{mn} \end{bmatrix}$，则式 (4.1) 的矩阵形式为

$$\boldsymbol{Ax} = \boldsymbol{b} \tag{4.2}$$

称其为非齐次线性方程组；若 $\boldsymbol{b} = \boldsymbol{0}$，即 $b_1 = b_2 = \cdots = b_m = 0$，则方程组为

$$\boldsymbol{Ax} = \boldsymbol{0} \tag{4.3}$$

称其为齐次线性方程组，也称为式 (4.2) 的导出方程组. 称

$$[\boldsymbol{A}, \boldsymbol{b}] = \left[\begin{array}{cccc:c} a_{11} & a_{12} & \cdots & a_{1n} & b_1 \\ a_{21} & a_{22} & \cdots & a_{2n} & b_2 \\ \vdots & \vdots & & \vdots & \vdots \\ a_{m1} & a_{m2} & \cdots & a_{mn} & b_m \end{array}\right]$$

为式 (4.1) 所示线性方程组的增广矩阵，记作 $\overline{\boldsymbol{A}}$，称 $\boldsymbol{A}$ 为系数矩阵.

2. 方程组的解

定义 4.1　使式 (4.2) 和式 (4.3) 成立的 $\boldsymbol{x}$，称为线性方程组的解；$\boldsymbol{x}=\boldsymbol{0}$ 称为式 (4.3) 的零解.

3. 非齐次线性方程组有解的判定

定理 4.1　n 元线性方程组 $\boldsymbol{Ax}=\boldsymbol{b}$ 有解的充分必要条件是系数矩阵的秩等于增广矩阵的秩，即 $\mathrm{R}(\boldsymbol{A})=\mathrm{R}(\overline{\boldsymbol{A}})$. 若

(1) $\mathrm{R}(\boldsymbol{A})=\mathrm{R}(\overline{\boldsymbol{A}})=n$，则方程组有唯一解；

(2) $\mathrm{R}(\boldsymbol{A})=\mathrm{R}(\overline{\boldsymbol{A}})=r<n$，则方程组有无穷多解；

(3) $\mathrm{R}(\boldsymbol{A})\neq\mathrm{R}(\overline{\boldsymbol{A}})$，则方程组无解.

4. 齐次线性方程组的解

定理 4.2　对于 n 元齐次线性方程组 $\boldsymbol{Ax}=\boldsymbol{0}$，若

(1) $\mathrm{R}(\boldsymbol{A})=n$，则方程组仅有零解；

(2) $\mathrm{R}(\boldsymbol{A})<n$，则方程组有非零解.

推论 4.1　设 $\boldsymbol{A}$ 为 n 阶矩阵，若 $|\boldsymbol{A}|\neq 0$，则齐次线性方程组 $\boldsymbol{Ax}=\boldsymbol{0}$ 仅有零解；若 $|\boldsymbol{A}|=0$，则齐次线性方程组 $\boldsymbol{Ax}=\boldsymbol{0}$ 有非零解.

推论 4.2　设 $\boldsymbol{A}$ 为 $m\times n$ 矩阵，若 $m<n$，则齐次线性方程组 $\boldsymbol{Ax}=\boldsymbol{0}$ 一定有非零解.

4.1.2　线性方程组解的结构

1. 齐次线性方程组解的结构

性质 4.1　若 $\boldsymbol{\xi}_1,\boldsymbol{\xi}_2$ 是齐次线性方程组 $\boldsymbol{Ax}=\boldsymbol{0}$ 的解，则 $\boldsymbol{\xi}_1+\boldsymbol{\xi}_2$ 也是 $\boldsymbol{Ax}=\boldsymbol{0}$ 的解.

性质 4.2　若 $\boldsymbol{\xi}$ 是齐次线性方程组 $\boldsymbol{Ax}=\boldsymbol{0}$ 的解，k 为实数，则 $k\boldsymbol{\xi}$ 也是 $\boldsymbol{Ax}=\boldsymbol{0}$ 的解.

2. 基础解系及通解

定义 4.2　设 $\boldsymbol{\xi}_1,\boldsymbol{\xi}_2,\cdots,\boldsymbol{\xi}_t$ 是齐次线性方程组 $\boldsymbol{Ax}=\boldsymbol{0}$ 的解向量，若满足：

(1) 向量组 $\boldsymbol{\xi}_1,\boldsymbol{\xi}_2,\cdots,\boldsymbol{\xi}_t$ 线性无关；

(2) 方程组 $\boldsymbol{Ax}=\mathbf{0}$ 的任一解都可由 $\boldsymbol{\xi}_1,\boldsymbol{\xi}_2,\cdots,\boldsymbol{\xi}_t$ 线性表示.
则称向量组 $\boldsymbol{\xi}_1,\boldsymbol{\xi}_2,\cdots,\boldsymbol{\xi}_t$ 是齐次线性方程组 $\boldsymbol{Ax}=\mathbf{0}$ 的一个基础解系.

定理 4.3 设 $\boldsymbol{A}$ 为 $m\times n$ 矩阵，若 $\mathrm{R}(\boldsymbol{A})=r<n$，则 n 元齐次线性方程组 $\boldsymbol{Ax}=\mathbf{0}$ 一定存在基础解系，且基础解系中含有 $n-r$ 个解向量；此时 $\boldsymbol{Ax}=\mathbf{0}$ 的通解为这 $n-r$ 个解的线性组合.

3. 非齐次线性方程组解的结构

性质 4.3 若 $\boldsymbol{\eta}_1,\boldsymbol{\eta}_2$ 是非齐次线性方程组 $\boldsymbol{Ax}=\boldsymbol{b}$ 的解，则 $\boldsymbol{\eta}_1-\boldsymbol{\eta}_2$ 是其导出方程组 $\boldsymbol{Ax}=\mathbf{0}$ 的解.

性质 4.4 若 $\boldsymbol{\eta}^*$ 是非齐次线性方程组 $\boldsymbol{Ax}=\boldsymbol{b}$ 的解，$\boldsymbol{\xi}$ 是其导出方程组 $\boldsymbol{Ax}=\mathbf{0}$ 的解，则 $\boldsymbol{\eta}^*+\boldsymbol{\xi}$ 是非齐次线性方程组 $\boldsymbol{Ax}=\boldsymbol{b}$ 的解.

定理 4.4 若 $\boldsymbol{\eta}^*$ 是 n 元非齐次线性方程组 $\boldsymbol{Ax}=\boldsymbol{b}$ 的一个特解，系数矩阵 $\boldsymbol{A}$ 的秩为 r，而 $\boldsymbol{\xi}_1,\boldsymbol{\xi}_2,\cdots,\boldsymbol{\xi}_{n-r}$ 是其导出方程组 $\boldsymbol{Ax}=\mathbf{0}$ 的一个基础解系，则非齐次线性方程组 $\boldsymbol{Ax}=\boldsymbol{b}$ 的通解为

$$\boldsymbol{x}=\boldsymbol{\eta}^*+c_1\boldsymbol{\xi}_1+c_2\boldsymbol{\xi}_2+\cdots+c_{n-r}\boldsymbol{\xi}_{n-r}\quad(c_1,c_2,\cdots,c_{n-r}\text{ 为任意常数})$$

4.1.3 线性方程组的求解方法

线性方程组的常见解法有：消元法、克拉默法则、逆矩阵乘积法和初等行变换法等. 下面就各种方法予以简要说明.

1. 消元法

消元法是初等数学中用来求解低阶线性方程组常用的方法，方程组必须为恰定方程组 (方程的个数与未知量的个数相等)，且方程组中未知量的个数较少，当未知量的个数较大时，计算量大幅增加，解题效率降低以至于不能求解. 消元的方法一般有两种，即加减消元法和代入消元法.

2. 克拉默法则

对于 n 个方程 n 个未知量的方程组 $\boldsymbol{Ax}=\boldsymbol{b}$，若系数矩阵 $\boldsymbol{A}$ 的行列式 $|\boldsymbol{A}|\neq 0$，方程组有唯一解 $x_i=|\boldsymbol{A}_i|/|\boldsymbol{A}|, i=1,2,3,\cdots,n$, 其中 $|\boldsymbol{A}_i|$ 是把系数矩阵 $\boldsymbol{A}$ 的第 i 列的元素换成右端常数项 $\boldsymbol{b}=[b_1,b_2,\cdots,b_n]^{\mathrm{T}}$ 得到的矩阵的行列式. 克拉默法则仅适用于求解系数矩阵的行列式不为零的恰定方程组，对于系数矩阵的行列式为零的恰定方程组和欠定方程组 (方程的个数小于未知量的个数)、超定方程组 (方程的

个数大于未知量的个数) 则不适用. 对于未知数多于 4 个的恰定方程组，用克拉默法则笔算求解的运算量也是非常大的，解题效率会非常低.

3. *逆矩阵乘积法*

对于方程个数与未知量个数相等的方程组 $\boldsymbol{Ax}=\boldsymbol{b}$，若系数矩阵 $\boldsymbol{A}$ 可逆，则 $\boldsymbol{x}=\boldsymbol{A}^{-1}\boldsymbol{b}$. 逆矩阵乘积法求解线性方程组的关键是要求出系数矩阵 $\boldsymbol{A}$ 的逆矩阵，求逆矩阵的方法主要有伴随矩阵法和初等变换法两种. 初等变换法比伴随矩阵法在求逆矩阵时的运算量小、效率高，特别是在求高阶矩阵的逆矩阵时初等变换法的效率更高. 但遗憾的是，逆矩阵乘积法仅适用于求解系数矩阵可逆 (即行列式不为零) 的恰定方程组，对于行列式为零的恰定方程组、欠定方程组和超定方程组则是不适用的.

4. *初等行变换法*

初等行变换法的具体做法是：首先对方程组 $\boldsymbol{Ax}=\boldsymbol{b}$ 的增广矩阵 $\overline{\boldsymbol{A}}$ 做初等行变换变为行阶梯形矩阵或行最简形矩阵，得到与增广矩阵 $\overline{\boldsymbol{A}}$ 等价的矩阵，从而得到与原方程组同解且容易求解的方程组. 然后根据系数矩阵的秩和增广矩阵的秩的关系讨论方程组解的情况. 对于 n 元线性方程组 $\boldsymbol{Ax}=\boldsymbol{b}$，当 $\mathrm{R}(\boldsymbol{A})=\mathrm{R}(\overline{\boldsymbol{A}})=n$ 时，方程组 $\boldsymbol{Ax}=\boldsymbol{b}$ 有唯一解；当 $\mathrm{R}(\boldsymbol{A})=\mathrm{R}(\overline{\boldsymbol{A}})=r<n$ 时，方程组 $\boldsymbol{Ax}=\boldsymbol{b}$ 有无穷多解；当 $\mathrm{R}(\boldsymbol{A})\neq\mathrm{R}(\overline{\boldsymbol{A}})$ 时，方程组 $\boldsymbol{Ax}=\boldsymbol{b}$ 无解.

根据系数矩阵的秩和增广矩阵的秩的关系讨论方程组解的情况后，若方程组 $\boldsymbol{Ax}=\boldsymbol{b}$ 有唯一解，则对增广矩阵 $\overline{\boldsymbol{A}}$ 做初等行变换所得的行最简形矩阵的最后一列即为方程组的解；若方程组有无穷多解，则根据线性方程组解的结构求其通解. 具体做法是：先求出齐次线性方程组的基础解系，写出齐次线性方程组的通解，再加上非齐次线性方程组的一个特解，即可得非齐次线性方程组的通解. 而所有求解过程只需解与增广矩阵等价的方程组即可.

用初等行变换法可以求解任何类型的线性方程组，是求解线性方程组的普适方法，与其他方法相比具有更大的优越性.

4.1.4 重要结论

定理 4.5 设 $\boldsymbol{\eta}^*$ 是 n 元非齐次线性方程组 $\boldsymbol{Ax}=\boldsymbol{b}$ 的一个解，$\boldsymbol{\xi}_1,\boldsymbol{\xi}_2,\cdots,\boldsymbol{\xi}_{n-r}$ 是其导出方程组 $\boldsymbol{Ax}=\boldsymbol{0}$ 的一个基础解系，则

(1) $\boldsymbol{\eta}^*,\boldsymbol{\xi}_1,\boldsymbol{\xi}_2,\cdots,\boldsymbol{\xi}_{n-r}$ 线性无关；

(2) $\boldsymbol{\eta}^*,\boldsymbol{\eta}^*+\boldsymbol{\xi}_1,\boldsymbol{\eta}^*+\boldsymbol{\xi}_2,\cdots,\boldsymbol{\eta}^*+\boldsymbol{\xi}_{n-r}$ 线性无关.

定理 4.6 设 n 元非齐次线性方程组 $\boldsymbol{A}\boldsymbol{x}=\boldsymbol{b}$ 的系数矩阵的秩为 r，$\boldsymbol{\eta}_1,\boldsymbol{\eta}_2,\cdots,\boldsymbol{\eta}_{n-r+1}$ 是其 $n-r+1$ 个线性无关的解，则它的任一解可以表示为

$$\boldsymbol{x}=k_1\boldsymbol{\eta}_1+k_2\boldsymbol{\eta}_2+\cdots+k_{n-r+1}\boldsymbol{\eta}_{n-r+1}$$

其中，$k_1,k_2,\cdots,k_{n-r+1}$ 为实数，且 $k_1+k_2+\cdots+k_{n-r+1}=1$.

4.2 应用案例分析

4.2.1 确定插值多项式的系数

已知函数经过 $n+1$ 个确定的点，求解一个过这些点的函数解析表达式，称为插值问题，要求的函数称为被插函数. 有多种求被插函数的方法，当所求函数为 n 次多项式时，可以通过建立恰定线性方程组，对其求解，得到多项式的系数. 将任一点的值代入可求得多项式在该点的值，从而获得对这些数据所描述事物的更多认知.

例 4.1 表 4.1 给出了多项式函数 $p(x)$ 在 6 个点的值，试求 5 次插值多项式 $p(x)=a_0+a_1x+a_2x^2+a_3x^3+a_4x^4+a_5x^5$，并求 $p(-1)$ 的值.

表 4.1 $p(x)$ 在 6 个点的值

x	0	1	2	3	4	5
$p(x)$	−750	0	840	1344	1134	0

【分析】 要求 $p(x)$ 的表达式，需要确定 a_0,a_1,a_2,a_3,a_4,a_5 的值，需要 6 个独立的条件，由题设知 $p(x)$ 过 6 个已知点，将其代入，可得一个恰定方程组，求解可得 $p(x)$.

【模型建立与求解】 所求 5 次多项式函数过表中已知的 6 个点，代入可得 6 元线性方程组

$$\begin{cases}a_0=-750\\a_0+a_1+a_2+a_3+a_4+a_5=0\\a_0+2a_1+4a_2+8a_3+16a_4+32a_5=840\\a_0+3a_1+9a_2+27a_3+81a_4+243a_5=1344\\a_0+4a_1+16a_2+64a_3+256a_4+1024a_5=1134\\a_0+5a_1+25a_2+125a_3+625a_4+3125a_5=0\end{cases}$$

对应的矩阵形式为 $\boldsymbol{Aa}=\boldsymbol{y}$，其中,

$$\boldsymbol{A}=\begin{bmatrix}1&0&0&0&0&0\\1&1&1&1&1&1\\1&2&4&8&16&32\\1&3&9&27&81&243\\1&4&16&64&256&1024\\1&5&25&125&625&3125\end{bmatrix},\ \boldsymbol{a}=\begin{bmatrix}a_0\\a_1\\a_2\\a_3\\a_4\\a_5\end{bmatrix},\ \boldsymbol{y}=\begin{bmatrix}-750\\0\\840\\1344\\1134\\0\end{bmatrix}$$

系数矩阵 $\boldsymbol{A}$ 的行列式是一个 6 阶范德蒙德行列式，且 6 个点的横坐标互不相同，故 $|\boldsymbol{A}|\neq 0$，所以方程组有唯一解. 由 Matlab 中的命令 $a=\mathrm{inv}(A)*b$ 求解得

$$a_0=-750, a_1=575, a_2=230, a_3=-48, a_4=-8, a_5=1$$

故 5 次多项式为

$$p(x)=-750+575x+230x^2-48x^3-8x^4+x^5$$

从而

$$p(-1)=-750-575+230+48-8-1=-1056$$

【结论】 求解插值多项式的系数时，对应的非齐次线性方程组的系数矩阵的行列式是一个范德蒙德行列式，仅当插值节点互不相同时，方程组有唯一解，对应唯一的多项式.

4.2.2 二次样条插值函数的构造

为了得到被插函数较好的近似表达式，避免高次插值多项式的龙格现象以及满足降低误差的要求，通常采用分段低次插值多项式逼近被插函数. 样条是早期飞机、造船工业中绘图员用来画光滑曲线的细木条或细金属丝. 绘图时，绘图员用压铁把样条固定在相邻的若干感兴趣点上，利用样条的弹性，画出过这些点的光滑曲线. 由此得出的函数称为样条函数. 二次样条插值是一种常用的分段低次插值方法，利用样条函数保证了插值的光滑性，又使得计算量不是特别大. 其构造方法是，将 $n+1$ 个插值点 $(x_i,y_i),1\leqslant i\leqslant n+1$ 的 x 坐标由小到大排列，即 $x_1<x_2<\cdots<x_n<x_{n+1}$，在每个小区间 $[x_i,x_{i+1}],i=1,2,\cdots,n$ 上构造二次多

项式

$$f_i(x)=a_ix^2+b_ix+c_i,\quad i=1,2,\cdots,n$$

使得 $f_i(x)$ 过点 (x_i,y_i) 和 (x_{i+1},y_{i+1})，且满足

$$f_i'(x_{i+1})=f_{i+1}'(x_{i+1}),\quad i=1,2,\cdots,n-1$$

即保证了插值多项式在内部节点处的光滑性. 二次样条函数的构造，从线性代数的角度来看，即建立满足条件的线性方程组，求样条函数的系数.

例 4.2 已知 5 个插值节点 (8, 5)，(11, 9)，(15, 10)，(18, 8)，(22, 7).

(1) 求过这些点的二次样条函数；

(2) 求插值函数在 $x=12.7$ 处的值.

【分析】 过 5 个节点的二次样条插值需要构造 4 个二次多项式，由二次样条函数的规定，$a_1=0$，故要确定 11 个系数. 由 f_i 过第 i 个点及第 $i+1$ 个点，得 8 个方程，又由 $f_i'(x_{i+1})=f_{i+1}'(x_{i+1}),i=1,2,3$ 得 3 个方程，从而求解.

【模型建立与求解】 在 [8,11]，[11,15]，[15,18]，[18,22] 这 4 个区间上构造 4 个二次函数 $f_i(x)=a_ix^2+b_ix+c_i,i=1,2,3,4$，$a_1=0$，使每一个函数过各自区间的端点，故有

$$\begin{aligned}
&f_1(8)=8b_1+c_1=5, && f_1(11)=11b_1+c_1=9\\
&f_2(11)=121a_2+11b_2+c_2=9, && f_2(15)=225a_2+15b_2+c_2=10\\
&f_3(15)=225a_3+15b_3+c_3=10, && f_3(18)=324a_3+18b_3+c_3=8\\
&f_4(18)=324a_4+18b_4+c_4=8, && f_4(22)=484a_4+22b_4+c_4=7
\end{aligned}$$

又在第 1,2,3 区间右端点处左右两个函数的导数相等，故有

$$f_1'(11)=b_1=22a_2+b_2=f_2'(11)$$

$$f_2'(15)=30a_2+b_2=30a_3+b_3=f_3'(15)$$

$$f_3'(18)=36a_3+b_3=36a_4+b_4=f_4'(18)$$

记

$$\boldsymbol{x}=[b_1,c_1,a_2,b_2,c_2,a_3,b_3,c_3,a_4,b_4,c_4]^{\mathrm{T}},\quad \boldsymbol{b}=[5,9,9,10,10,8,8,7,0,0,0]^{\mathrm{T}}$$

$$A=\begin{bmatrix} 8 & 1 & 0 & 0 & 0 & 0 & 0 & 0 & 0 & 0 & 0 \\ 11 & 1 & 0 & 0 & 0 & 0 & 0 & 0 & 0 & 0 & 0 \\ 0 & 0 & 121 & 11 & 1 & 0 & 0 & 0 & 0 & 0 & 0 \\ 0 & 0 & 225 & 15 & 1 & 0 & 0 & 0 & 0 & 0 & 0 \\ 0 & 0 & 0 & 0 & 0 & 225 & 15 & 1 & 0 & 0 & 0 \\ 0 & 0 & 0 & 0 & 0 & 324 & 18 & 1 & 0 & 0 & 0 \\ 0 & 0 & 0 & 0 & 0 & 0 & 0 & 0 & 324 & 18 & 1 \\ 0 & 0 & 0 & 0 & 0 & 0 & 0 & 0 & 484 & 22 & 1 \\ 1 & 0 & -22 & -1 & 0 & 0 & 0 & 0 & 0 & 0 & 0 \\ 0 & 0 & 30 & 1 & 0 & -30 & -1 & 0 & 0 & 0 & 0 \\ 0 & 0 & 0 & 0 & 0 & 36 & 1 & 0 & -36 & -1 & 0 \end{bmatrix}$$

由上述 11 个方程构成的方程组为 $\boldsymbol{Ax}=\boldsymbol{b}$，用 Matlab 中的命令 $\boldsymbol{x}=\mathrm{inv}(\boldsymbol{A})*\boldsymbol{b}$，解之得

$$b_1=1.33, c_1=-5.67; \qquad a_2=-0.27, b_2=7.29, c_2=-38.44$$
$$a_3=0.056, b_3=-2.5, c_3=35; \quad a_4=0.063, b_4=-2.75, c_4=37.25$$

故过 5 个点的二次样条函数为

$$f_1(x)=1.33x-5.67, \qquad f_2(x)=-0.27x^2+7.29x-38.44$$
$$f_3(x)=0.056x^2-2.5x+35, \quad f_4(x)=0.063x^2-2.75x+37.25$$

由于 $12.7\in[11,15]$，故有

$$f(12.7)=f_2(12.7)=-0.27\times 12.7^2+7.29\times 12.7-38.44=10.59$$

【结论】 分段多项式插值能提高插值函数的逼近精度，当要求插值函数的光滑性时，在其内部分段点处左右两端的导数相等. 由于多项式函数易于求导，在端点处的函数值是系数的线性函数，故可用方程组理论来解决. 实际中，要求保证样条函数的唯一性，当方程组欠定时，需要补充条件.

4.2.3　(k,n) 门限秘密共享方案

在网络十分普及的今天，为了解决由于网络中重要信息和秘密数据的丢失、毁灭或恶意篡改，而无法恢复原始信息的问题，有研究者提出利用秘密共享机制对数据进行处理，从而达到在保密通信中，不会由于数据的丢失、毁灭或篡改，而无法恢复原始信息的目的. 秘密共享特别适合在分布式网络环境中保护重要数据的安

全，是网络应用服务中保证数据安全的最重要工具之一，在密钥管理、数据安全、银行网络管理及导弹控制与发射等方面有非常广泛的应用. 此外，秘密共享技术与密码学的其他技术也有紧密联系，如与数字签名、身份认证等技术结合可形成有广泛应用价值的密码学算法和安全协议.

在密码学中，把一个秘密分成若干秘密份额，分给 n 个参与者掌管，每一个成员持有一个子密钥也称为影子或秘密碎片，如果满足：① 任何不少于 k 个的合格成员通过所持有的正确碎片都可以重构；② 任何 k 个以下的成员集都无法重构；则称这种方案为 (k,n) 门限秘密共享方案，简称为门限方案，k 称为方案的门限值. 基于插值的门限秘密共享方案，通过构造一个 $k-1$ 次多项式，并将所要共享的秘密作为这个多项式的常数项，k 个或 k 个以上的参与者合作，利用插值公式可以恢复出所共享的秘密，但少于 k 个参与者合作不能得到关于共享秘密的任何信息.

例 4.3 建立基于插值的 (k,n) 门限秘密共享方案.

【分析】 (k,n) 门限秘密共享方案的模型，从线性代数角度看，即确定一个 $k-1$ 次多项式的常数项.

【模型建立与求解】 设 D 是秘密数据，将其分成 n 个子秘钥，构造以 D 为常数项的 $k-1$ 次多项式

$$f(x)=a_{k-1}x^{k-1}+a_{k-2}x^{k-2}+\cdots+a_1x+D$$

任意取定 n 个不同的数 $b_1,b_2,\cdots,b_n$，令其对应的函数值 $f(b_i)$ 与 n 个子秘钥一一对应，形成 n 个点 $(b_i,f(b_i)),i=1,2,\cdots,n$. 任意 k 个人协作，即相当于从中任取 k 组值 $(b_{i_m},f(b_{i_m})),m=1,2,\cdots,k,i_m\in\{1,2,\cdots,n\}$，形成 k 个方程 k 个未知量 $a_{k-1},a_{k-2},\cdots,a_1,D$ 的线性方程组

$$a_{k-1}b_{i_m}^{k-1}+a_{k-2}b_{i_m}^{k-2}+\cdots+a_1b_{i_m}+D=f(b_{i_m})$$

方程组的系数行列式为

$$D_0=\begin{vmatrix} b_{i_1}^{k-1} & b_{i_1}^{k-2} & \cdots & b_{i_1} & 1 \\ b_{i_2}^{k-1} & b_{i_2}^{k-2} & \cdots & b_{i_2} & 1 \\ \vdots & \vdots & & \vdots & \vdots \\ b_{i_k}^{k-1} & b_{i_k}^{k-2} & \cdots & b_{i_k} & 1 \end{vmatrix}=\prod_{1\leqslant s<t\leqslant k}(b_{i_t}-b_{i_s})\neq 0$$

故求得唯一的 $D=\dfrac{D_k}{D_0}$，其中，

$$D_k=\begin{vmatrix} b_{i_1}^{k-1} & b_{i_1}^{k-2} & \cdots & b_{i_1} & f(b_{i_1}) \\ b_{i_2}^{k-1} & b_{i_2}^{k-2} & \cdots & b_{i_2} & f(b_{i_2}) \\ \vdots & \vdots & & \vdots & \vdots \\ b_{i_k}^{k-1} & b_{i_k}^{k-2} & \cdots & b_{i_k} & f(b_{i_k}) \end{vmatrix}$$

这就是基于插值理论的 (k,n) 门限秘密共享方案.

【结论】 除了利用代数方法建立门限秘密共享方案之外，还可以利用几何的方法、矩阵的方法以及基于孙子定理的方法建立模型.

4.2.4 差分方程的表示

在生态学、经济学和工程技术等领域中，需要研究随时间变化的动力系统，这种系统通常在离散时刻测量，得到一个向量序列 $\boldsymbol{x}_0,\boldsymbol{x}_1,\boldsymbol{x}_2,\cdots$，向量 $\boldsymbol{x}_k$ 的各个元素给出该动力系统在第 k 次测量中的状态信息.

如果有矩阵 $\boldsymbol{A}$ 使得 $\boldsymbol{x}_1=\boldsymbol{A}\boldsymbol{x}_0,\boldsymbol{x}_2=\boldsymbol{A}\boldsymbol{x}_1,\cdots$，即

$$\boldsymbol{x}_{k+1}=\boldsymbol{A}\boldsymbol{x}_k,\quad k=0,1,2,\cdots$$

则称上式为线性差分方程 (或递归关系). 通过给出的这种关系，可以由已知的 $\boldsymbol{x}_0$ 计算 $\boldsymbol{x}_1,\boldsymbol{x}_2$ 等, 从而可以确定当 k 无限增大时 $\boldsymbol{x}_k$ 的变化情况.

例 4.4　将下列差分方程写成一个一阶方程组

$$y_{k+3}-2y_{k+2}-5y_{k+1}+6y_k=0$$

使其对所有的 k 都成立.

【分析】 将差分方程用方程组表示，就可以用方程组理论来求解，使求解变得简单. 用方程组表示差分方程时，关键在于恰当的变量引入.

【模型建立与求解】 对每个 k，设 $\boldsymbol{x}_k=[y_k,y_{k+1},y_{k+2}]^{\mathrm{T}}$，由原差分方程解得

$$y_{k+3}=-6y_k+5y_{k+1}+2y_{k+2}$$

即

$$\begin{bmatrix} y_{k+1} \\ y_{k+2} \\ y_{k+3} \end{bmatrix}=\begin{bmatrix} y_{k+1} \\ y_{k+2} \\ -6y_k+5y_{k+1}+2y_{k+2} \end{bmatrix}=\begin{bmatrix} 0 & 1 & 0 \\ 0 & 0 & 1 \\ -6 & 5 & 2 \end{bmatrix}\begin{bmatrix} y_k \\ y_{k+1} \\ y_{k+2} \end{bmatrix}$$

即 $\boldsymbol{x}_{k+1}=\boldsymbol{A}\boldsymbol{x}_k$，对所有的 k 成立，其中，

$$\boldsymbol{A}=\begin{bmatrix}0&1&0\\0&0&1\\-6&5&2\end{bmatrix}$$

【结论】 将差分方程用线性方程组形式表示时，引入自变量的个数为差分变量数减 1.

4.2.5 种群年龄结构的估计

英国生物学家莱斯利 (Leslie) 建立的种群年龄结构估计模型，可用来预测种群年龄结构及种群数量的变化趋势. 从线性代数角度来看，该模型实质上是差分方程组. 模型的建立过程如下：

在某动物群体中，仅考虑雌性动物的年龄和数量. 设雌性动物的最大生存年龄为 L(年或其他单位). 把 $[0,L]$ 等分成 n 个年龄组，即

$$\left[0,\frac{L}{n}\right),\left[\frac{L}{n},\frac{2L}{n}\right),\cdots,\left[\frac{(n-1)L}{n},L\right)$$

每一个年龄组的长度为 L/n. 设第 i 个年龄组的每一雌性动物平均生育的雌性幼体个数即生育率为 a_i，$a_i\geqslant 0\ (i=1,2,\cdots,n)$，假设至少有一个年龄组的雌性动物具有生育能力，即至少有一个 $a_i>0\ (1\leqslant i\leqslant n)$；第 i 个年龄组中可存活到第 i+1 个年龄组的雌性个数与该年龄组总数之比即存活率为 $b_i\ (i=1,2,\cdots,n-1)$，$0<b_i\leqslant 1$. a_i，b_i 均为常数.

设初始时刻第 i 个年龄组雌性动物的数量为 x_i^0，则初始时刻年龄分布向量为 $\boldsymbol{x}^0=[x_1^0,x_2^0,\cdots,x_n^0]^{\mathrm{T}}$，记 $t_1=L/n$,$t_2=2L/n$,$\cdots$, $t_k=kL/n,\cdots$，则 t_k 时刻的年龄分布向量为 $\boldsymbol{x}^k=[x_1^k,x_2^k,\cdots,x_n^k]^{\mathrm{T}}(k=0,1,2,\cdots)$. 在 t_k 时刻，种群中第一年龄组的雌性个数 x_1^k 应等于在 t_{k-1} 和 t_k 之间出生的所有雌性幼体的总和，即

$$x_1^k=a_1x_1^{k-1}+a_2x_2^{k-1}+\cdots+a_nx_n^{k-1}$$

同时，在 t_k 时刻，第 $i+1$ 年龄组 $(i=1,2,\cdots,n-1)$ 中雌性动物的数量应等于在 t_{k-1} 时第 i 个年龄组中雌性动物数量 x_i^{k-1} 乘以存活率 b_i，即

$$x_{i+1}^k=b_ix_i^{k-1}(i=1,2,\cdots,n-1)$$

综上可得 t_k 与 t_{k-1} 时刻各年龄组中雌性动物数量间的关系为

$$\begin{cases} x_1^k = a_1 x_1^{k-1} + a_2 x_2^{k-1} + \cdots + a_n x_n^{k-1} \\ x_2^k = b_1 x_1^{k-1} \\ x_3^k = b_2 x_2^{k-1} \\ \cdots\cdots \\ x_n^k = b_{n-1} x_{n-1}^{k-1} \end{cases}$$

令

$$\boldsymbol{A} = \begin{bmatrix} a_1 & a_2 & a_3 & \cdots & a_{n-1} & a_n \\ b_1 & 0 & 0 & \cdots & 0 & 0 \\ 0 & b_2 & 0 & \cdots & 0 & 0 \\ \vdots & \vdots & \vdots & & \vdots & \vdots \\ 0 & 0 & 0 & \cdots & b_{n-1} & 0 \end{bmatrix}$$

则该模型的矩阵形式为

$$\boldsymbol{x}^k = \boldsymbol{A}\boldsymbol{x}^{k-1} \quad (k = 1, 2, \cdots)$$

矩阵 $\boldsymbol{A}$ 称为莱斯利矩阵. 易知种群年龄结构的演化过程为

$$\boldsymbol{x}^k = \boldsymbol{A}\boldsymbol{x}^{k-1} = \boldsymbol{A}^2\boldsymbol{x}^{k-2} = \cdots = \boldsymbol{A}^k\boldsymbol{x}^0$$

例 4.5　已知一种昆虫每 2 周产卵一次，6 周以后即死亡，孵化后的幼虫 2 周后成熟，平均产卵 100 个，4 周龄的成虫平均产卵 150 个. 假设每个卵发育为 2 周龄成虫的概率为 0.09(成活率)，2 周龄的成虫发育成 4 周龄成虫的概率为 0.2. 假设在开始时，0~2，2~4，4~6 周龄的昆虫数目相同，计算 3 周后该种群中雌性昆虫的数量.

【分析】　利用莱斯利模型解决实际问题时，关键在于确定年龄组的划分方法以及矩阵的元素生育率 a_i 和存活率 b_i.

【模型建立与求解】　设年龄组的划分为 [0,2]，[2,4]，[4,6]，初始时刻各周龄的昆虫数目均为 p，即 $\boldsymbol{x}^0 = p[1,1,1]^{\mathrm{T}}$，易知 $b_1 = 0.09, b_2 = 0.2$，$a_1 = 0$，$a_2 = 100 \times 0.09 = 9$，$a_3 = 150 \times 0.09 = 13.5$，故莱利斯矩阵为

$$\boldsymbol{A} = \begin{bmatrix} 0 & 9 & 13.5 \\ 0.09 & 0 & 0 \\ 0 & 0.2 & 0 \end{bmatrix}$$

第 1 周、第 2 周、第 3 周后雌性昆虫的数量分别为

$$x^1 = Ax^0 = p\begin{bmatrix}22.5000\\0.0900\\0.2000\end{bmatrix},\quad x^2 = Ax^1 = p^2\begin{bmatrix}3.5100\\2.0250\\0.0180\end{bmatrix},\quad x^3 = Ax^2 = p^3\begin{bmatrix}18.4680\\0.3159\\0.4050\end{bmatrix}$$

【结论】 利用方程组理论建立的种群年龄结构模型，可以用逐次计算的方法计算. 事实上，只要有方便的计算 A^k 的方法，就可快速得到感兴趣时刻种群中雌性个体的数量. 利用矩阵的相似对角化计算 A^k 以及研究种群年龄结构的变化趋势的方法是，将矩阵 A 的特征值按模由大到小排列，依次为 $|\lambda_1| > |\lambda_2| \geqslant \cdots \geqslant |\lambda_n|$，若 A 有 n 个线性无关的特征向量 $\alpha_1, \alpha_2, \cdots, \alpha_{n-1}, \alpha_n$，且有严格主特征值，则

$$x^k = [\alpha_1, \alpha_2, \cdots, \alpha_n]\begin{bmatrix}\lambda_1 & & & \\ & \lambda_2 & & \\ & & \ddots & \\ & & & \lambda_n\end{bmatrix}^k [\alpha_1, \alpha_2, \cdots, \alpha_n]^{-1} x^0$$

记 $[\alpha_1, \alpha_2, \cdots, \alpha_n]^{-1} x^0 = [c_1, c_2, \cdots, c_n]^{\mathrm{T}}$，则有

$$\begin{aligned}x^k &= [\alpha_1, \alpha_2, \cdots, \alpha_n]\begin{bmatrix}\lambda_1 & & & \\ & \lambda_2 & & \\ & & \ddots & \\ & & & \lambda_n\end{bmatrix}^k \begin{bmatrix}c_1\\c_2\\\vdots\\c_n\end{bmatrix}\\ &= \sum_{i=1}^{n} c_i\lambda_i^k\alpha_i = \lambda_1^k\left[c_1\alpha_1 + \sum_{i=2}^{n} c_i\alpha_i\left(\frac{\lambda_i}{\lambda_1}\right)^k\right] \quad (k = 1, 2, \cdots)\end{aligned}$$

可知当 k 充分大时，$x^k \approx \lambda_1^k c_1\alpha_1$，这表明各年龄组的个体数目可以近似地看成以 λ_1 为公比按几何级数 "增长". 当 $\lambda_1 > 1$ 时，个体数目增多；当 $\lambda_1 = 1$ 时，个体数目稳定；当 $\lambda_1 < 1$ 时，个体数目减少.

记 $c_1\alpha_1 = [d_1, d_2, \cdots, d_n]^{\mathrm{T}}, f = [f_1, f_2, \cdots, f_n]^{\mathrm{T}}$，其中 $f_i = \dfrac{d_i}{\sum\limits_{j=1}^{n} d_j}$，则随着时间的推移，各年龄组的个体数目在总数中所占的比率由 f 的各分量确定，与初始年龄分布无关.

对本例而言 A 的特征值为 $\lambda_1 = 1.0234$，$\lambda_2 = -0.6680$，$\lambda_3 = -0.3554$，λ_1 对应的一个特征向量为

$$\alpha_1 = [0.9960, 0.0876, 0.0171]^{\mathrm{T}}, \quad c_1\alpha_1 = [11.48, 1.0097, 0.1971]^{\mathrm{T}}$$

第 58 周以后，各周龄组的昆虫比例趋于稳定值 $\boldsymbol{f} = [0.9049, 0.0796, 0.0156]^{\mathrm{T}}$.

4.2.6　贷款付款的计算

目前，利用贷款方式解决经济问题，是众多消费者的选择. 在给定的利率和月供金额条件下，如何合理安排月供次数及偿还付款利息是人们关心的问题.

例 4.6　已知 10000 元的贷款每月有 1%的利息和 450 元的月供. 一个月后在 $k=1$ 时办理第一次付款，即

$$y_1 = 10000 + 0.01 \times 10000 - 450$$

对 $k=0,1,2,3,\cdots$，设 y_k 表示第 k 次付款刚办理后贷款的未付余额，请解决如下问题：

(1) 写出 $\{y_k\}$，$k=0,1,2,3,\cdots$ 满足的差分方程；

(2) 当完成最后的付款时，k 为多少？最后一次的付款是多少？借款者共支付了多少钱？

【分析】　可根据题意先写出差分方程，然后利用差分方程的递推关系做相应的计算.

【模型建立与求解】　(1) 设 $y_0 = 10000$，则 $y_1 = 1.01y_0 - 450$，即 $y_1 - 1.01y_0 = -450$，故 $\{y_k\}$ 满足的差分方程是

$$y_{k+1} - 1.01y_k = -450, \quad k=0,1,2,3,\cdots$$

(2) 由 $y_{k+1} - 1.01y_k = -450, k=0,1,2,3,\cdots$ 可得

$$y_{k+1} = 1.01y_k - 450$$

经计算，当完成最后的付款时 $k=26$，最后一次的付款是 114.8802 元，借款者共支付了 11364.8802 元.

【结论】　本例第 (2) 小题可通过 Matlab 软件的 for 循环来实现.

4.2.7　金融公司支付基金的流动

与贷款付款的计算方法类似，对于大的金融机构而言，为了保证现金的充分支付，需设立一定数额的基金保证各公司间的正常运转. 通过对各公司往来数据的分析，确定各公司的基金数目随时间的演化规律，可以为公司的风险防范提供依据.

例 4.7 为保证现金的充分支付，某金融机构在 A 城和 B 城的 2 家公司分别设立 2600 万元和 2800 万元的基金供平时使用，要求每周末结算时确保 2 家公司的基金总额仍是 5400 万元. 经过对 2 公司现金流动的数据分析，发现每过 1 周，A 城有 10%的支付基金流动到 B 城公司，B 城公司则有 12%的支付基金流动到 A 城公司，依此规律，试建立 2 个公司随时间的演化，支付基金的变化规律，讨论其变化趋势；如果金融专家认为每个公司的支付基金不能少于 2200 万元，是否需要在必要时调动基金？

【分析】 由 A 城与 B 城公司的支付基金流动规律，易得到下 1 周末与当前周末支付基金间的关系；各城支付基金的变化趋势即计算当时间越来越久时，支付基金变化的极限情况；是否需要调动基金，即需要判断支付基金的极限是否大于 2200 万元，若大于，则无需调动基金.

【模型建立与求解】 设 x_k, y_k 分别表示第 k 周末 A 城公司与 B 城公司支付基金的数额，依据现金流动数据，有

$$\begin{cases} x_{k+1} = 0.9x_k + 0.12y_k \\ y_{k+1} = 0.1x_k + 0.88y_k \end{cases}$$

令 $\boldsymbol{z}_k = [x_k, y_k]^{\mathrm{T}}, \boldsymbol{A} = \begin{bmatrix} 0.9 & 0.12 \\ 0.1 & 0.88 \end{bmatrix}, \boldsymbol{z}_0 = [2600, 2800]^{\mathrm{T}}$，则 2 个公司基金的变化规律为

$$\boldsymbol{z}_{k+1} = \boldsymbol{A}\boldsymbol{z}_k = \boldsymbol{A}^2\boldsymbol{z}_{k-1} = \cdots = \boldsymbol{A}^{k+1}\boldsymbol{z}_0$$

由 Matlab 的符号运算计算得

$$\boldsymbol{A}^{k+1}\boldsymbol{z}_0 = \begin{bmatrix} \dfrac{32400}{11} - \left(\dfrac{39}{50}\right)^{k+1} \cdot \dfrac{3800}{11} \\ \dfrac{27000}{11} + \left(\dfrac{39}{50}\right)^{k+1} \cdot \dfrac{3800}{11} \end{bmatrix}$$

故 $\lim\limits_{k\to+\infty} x_k = \dfrac{32400}{11} \approx 2945, \lim\limits_{k\to+\infty} y_k = \dfrac{27000}{11} \approx 2454$，两者均大于 2200，故随着时间的演化，2 个公司的基金支付稳定在 2945 万元与 2454 万元左右，不需调动其他基金.

【结论】 对于支付基金流动建立的演化方程组，在求解具体结果时，往往涉及方阵幂的计算，当时间周期较短时，可直接计算；当时间周期较长时，方阵的幂

通常采用相似对角化的方法求解，可以在熟悉方阵对角化方法后，用这种方法进行求解.

4.2.8 汽车租赁方案

随着经济的发展，汽车租赁业务在各大城市蓬勃发展，使人们的出行更加便利和快捷. 租赁公司如何根据市场调查结果投放汽车数量，如何判断市场平稳运行后的发展态势，是经营者十分关心的问题.

例 4.8 汽车租赁公司在 3 个相邻的城市 A, B, C 运营，在一个城市租赁的汽车可以在任意一个城市归还. 在 A 市租赁的汽车，在 A, B, C 市归还的比例分别为 0.6, 0.3, 0.1；在 B 市租赁的汽车，在 A, B, C 市归还的比例分别为 0.2, 0.7, 0.1；在 C 市租赁的汽车，在 A, B, C 市归还的比例分别为 0.1, 0.3, 0.6.

(1) 若公司开业时将 600 辆汽车平均分配到 3 个城市，试建立运营中汽车数量在 3 个城市间转移的模型；

(2) 讨论时间充分长以后的汽车数量分配的变化趋势.

【分析】 依据分配比例可以计算出随时间的演化，汽车在 3 个城市的分布情况.

【模型建立与求解】 (1) 设 x_1^k, x_2^k, x_3^k 为第 k 个租赁期末公司在 A, B, C 三个城市的汽车数量，$x_i^k > 0(i=1,2,3)$ 且为整数，则据已知条件可建立对应关系为

$$\begin{cases} x_1^{k+1} = 0.6x_1^k + 0.2x_2^k + 0.1x_3^k \\ x_2^{k+1} = 0.3x_1^k + 0.7x_2^k + 0.3x_3^k \\ x_3^{k+1} = 0.1x_1^k + 0.1x_2^k + 0.6x_3^k \end{cases}$$

令 $\boldsymbol{x}^k = [x_1^k, x_2^k, x_3^k]^{\mathrm{T}}$，$\boldsymbol{A} = \begin{bmatrix} 0.6 & 0.2 & 0.1 \\ 0.3 & 0.7 & 0.3 \\ 0.1 & 0.1 & 0.6 \end{bmatrix}$，则有

$$\boldsymbol{x}^{k+1} = \boldsymbol{A}\boldsymbol{x}^k, \quad k= 0,1,2,\cdots$$

(2) 设时间充分长后 3 个城市的汽车数量趋向稳定，设稳定解为 $\boldsymbol{x}$，则有

$$\boldsymbol{x} = \boldsymbol{A}\boldsymbol{x}$$

即 $(\boldsymbol{E}-\boldsymbol{A})\boldsymbol{x} = \boldsymbol{0}$ 且 $x_1 + x_2 + x_3 = 600$，从而解得 x_1 =180, x_2 =300, x_3 =120.

【结论】 对该实际问题，由于变量取正整数值且满足一定的约束，需在齐次线性方程组的无穷多解中选择最接近的解. 表 4.2 和表 4.3 分别给出了不同初始分配时的演化结果.

表 4.2 开始时 600 辆汽车平均分配到 3 个城市随时间的演化 (单位: 辆)

k	0	1	2	3	4	5	6	7	8	9	10
x_1^k	200	180	176	176	178	179	179	180	180	180	180
x_2^k	200	260	284	294	297	299	300	300	300	300	300
x_3^k	200	160	140	130	125	123	121	120	120	120	120

表 4.3 开始时 600 辆汽车全部分配到 A 市随时间的演化 (单位: 辆)

k	0	1	2	3	4	5	6	7	8	9	10
x_1^k	600	360	258	214	195	187	183	181	180	180	180
x_2^k	0	180	252	281	292	297	299	300	300	300	300
x_3^k	0	60	90	105	113	116	118	119	120	120	120

由此看出稳定值与初始分配无关.

4.2.9 钢板稳态温度的计算

在简单的钢板热传导模型下，可利用线性方程组来计算钢板稳态温度.

例 4.9 在钢板热传导的研究中，常常用节点温度来描述钢板温度的分布. 如图 4.1 所示，假设钢板已经达到稳态分布，上、下、左、右四个边界的温度值已知，而 $T_1, T_2, T_3, T_4, T_5, T_6$ 分别表示钢板内部 6 个节点的温度. 若忽略垂直于该截面方向的热交换，则内部某节点的温度值可以近似等于与它相邻 4 个节点温度的算术平均值. 请计算该钢板内部节点的温度.

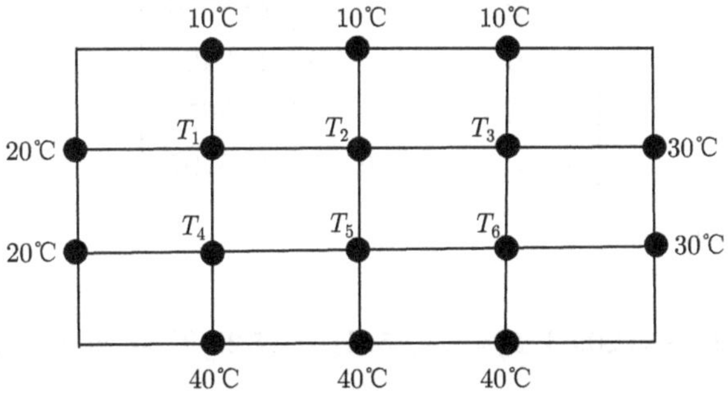

图 4.1 钢板温度的分布

【分析】 钢板已经达到稳态分布，内部节点的温度为与它相邻 4 个节点温度的平均值，故对于节点 1，与它相邻的有上边界、左边界和节点 2、4，故有

$$T_1 = \frac{10 + 20 + T_2 + T_4}{4}$$

依次分析每个要求节点，建立方程组模型进行求解.

【模型建立与求解】 根据已知条件建立的线性方程组为

$$\begin{cases} 4T_1 = 10 + 20 + T_2 + T_4 \\ 4T_2 = 10 + T_1 + T_3 + T_5 \\ 4T_3 = 10 + 30 + T_2 + T_6 \\ 4T_4 = 20 + 40 + T_1 + T_5 \\ 4T_5 = 40 + T_2 + T_4 + T_6 \\ 4T_6 = 30 + 40 + T_3 + T_5 \end{cases}$$

整理得

$$\begin{bmatrix} 4 & -1 & 0 & -1 & 0 & 0 \\ -1 & 4 & -1 & 0 & -1 & 0 \\ 0 & -1 & 4 & 0 & 0 & -1 \\ -1 & 0 & 0 & 4 & -1 & 0 \\ 0 & -1 & 0 & -1 & 4 & -1 \\ 0 & 0 & -1 & 0 & -1 & 4 \end{bmatrix} \begin{bmatrix} T_1 \\ T_2 \\ T_3 \\ T_4 \\ T_5 \\ T_6 \end{bmatrix} = \begin{bmatrix} 30 \\ 10 \\ 40 \\ 60 \\ 40 \\ 70 \end{bmatrix}$$

利用 Matlab 中的命令 rref 对增广矩阵进行操作 $\mathrm{rref}(\bar{\boldsymbol{A}})$，得

$$\left[\begin{array}{cccccc:c} 1 & 0 & 0 & 0 & 0 & 0 & 19.4203 \\ 0 & 1 & 0 & 0 & 0 & 0 & 20.4348 \\ 0 & 0 & 1 & 0 & 0 & 0 & 22.7536 \\ 0 & 0 & 0 & 1 & 0 & 0 & 27.2464 \\ 0 & 0 & 0 & 0 & 1 & 0 & 29.5652 \\ 0 & 0 & 0 & 0 & 0 & 1 & 30.5797 \end{array}\right]$$

因此, 方程组的解为

$$T_1 = 19.42, T_2 = 20.43, T_3 = 22.75, T_4 = 27.25, T_5 = 29.57, T_6 = 30.58$$

【结论】 对于温度的稳态分布问题，所求节点温度仅与其相邻的节点有关，而与其他节点无关.

4.2.10 化学反应方程式的配平

对于化学反应方程式的配平，可以根据化学反应前后物质所含元素个数相等的原理，将每种物质所含元素的个数用列向量表示，列方程组. 通过解对应的方程组的一组不可约正整数解，即可求得各种物质的配平系数.

设化学反应中含有 n 种元素，依次排列成一个 n 维向量；有 i 种反应物，分别与 i 个向量 $\boldsymbol{\alpha}_k(k=1,2,\cdots,i)$ 对应；有 j 种生成物，分别与 j 个向量 $\boldsymbol{\beta}_k(k=1,2,\cdots,j)$ 对应；$\boldsymbol{\alpha}_k,\boldsymbol{\beta}_k$ 中的元素均为非负整数；x_k 与 y_k 分别表示反应物与生成物的系数，则有

$$x_1\boldsymbol{\alpha}_1+x_2\boldsymbol{\alpha}_2+\cdots+x_i\boldsymbol{\alpha}_i=y_1\boldsymbol{\beta}_1+y_2\boldsymbol{\beta}_2+\cdots+y_j\boldsymbol{\beta}_j$$

令

$$\boldsymbol{A}=[\boldsymbol{\alpha}_1,\boldsymbol{\alpha}_2,\cdots,\boldsymbol{\alpha}_i],\boldsymbol{B}=[\boldsymbol{\beta}_1,\boldsymbol{\beta}_2,\cdots,\boldsymbol{\beta}_j]$$
$$\boldsymbol{x}=[x_1,x_2,\cdots,x_i]^{\mathrm{T}},\boldsymbol{y}=[y_1,y_2,\cdots,y_j]^{\mathrm{T}}$$

则有 $\boldsymbol{Ax}=\boldsymbol{By}$，即 $[\boldsymbol{A},\boldsymbol{B}]\begin{bmatrix}\boldsymbol{x}\\-\boldsymbol{y}\end{bmatrix}=\boldsymbol{0}$；记 $\boldsymbol{C}=[\boldsymbol{A},\boldsymbol{B}]$，$\boldsymbol{z}=\begin{bmatrix}\boldsymbol{x}\\-\boldsymbol{y}\end{bmatrix}$，则有

$$\boldsymbol{Cz}=\boldsymbol{0}$$

即各物质的系数是齐次线性方程组的解. 化学反应能发生，说明该方程组有无穷多解，$\boldsymbol{z}=k[z_1,z_2,\cdots z_i,z_{i+1},\cdots,z_{i+j}]^{\mathrm{T}}$. 取合适的 k，得整数解，分量为正表示反应物的系数，为负代表生成物的系数. 一般情况，当取 $\boldsymbol{z}=[\boldsymbol{x},\boldsymbol{y}]^{\mathrm{T}}$ 时，得到方程组 $\boldsymbol{Cz}=\boldsymbol{0}$ 的一个分量全为正且互质的解，就是配平式中各物质的系数.

例 4.10 配平化学反应方程式：

(1) $Pb(N_3)_2+Cr(MnO_4)_2\longrightarrow Cr_2O_3+MnO_2+Pb_3O_4+NO$

(2) $C_6H_4OHCOONa+H_2O_2+NaOH$

$\longrightarrow C_6H_2O_2(ONa)_2\cdot 2H_2O+H_2O+O_2\uparrow+CO_2\uparrow$

【分析】 将每种物质中所含元素 Pb, N, Cr, Mn, O 的个数写成列向量, 并按 5 种元素左右平衡列出 5 个方程，通过方程组的最小正整数解配平该方程式.

【模型建立与求解】 (1) 设

$$x_1Pb(N_3)_2+x_2Cr(MnO_4)_2=\!=\!=x_3Cr_2O_3+x_4MnO_2+x_5Pb_3O_4+x_6NO$$

按每种物质中所含元素 Pb, N, Cr, Mn, O 的个数将其写成列向量为

$$
Pb(N_3)_2 : \begin{bmatrix} 1 \\ 6 \\ 0 \\ 0 \\ 0 \end{bmatrix}, Cr(MnO_4)_2 : \begin{bmatrix} 0 \\ 0 \\ 1 \\ 2 \\ 8 \end{bmatrix}, Cr_2O_3 : \begin{bmatrix} 0 \\ 0 \\ 2 \\ 0 \\ 3 \end{bmatrix}
$$

$$
MnO_2 : \begin{bmatrix} 0 \\ 0 \\ 0 \\ 1 \\ 2 \end{bmatrix}, Pb_3O_4 : \begin{bmatrix} 3 \\ 0 \\ 0 \\ 0 \\ 4 \end{bmatrix}, NO : \begin{bmatrix} 0 \\ 1 \\ 0 \\ 0 \\ 1 \end{bmatrix}
$$

按 5 种元素左右平衡可得方程组

$$
\begin{cases} x_1 - 3x_5 = 0 \\ 6x_1 - x_6 = 0 \\ x_2 - 2x_3 = 0 \\ 2x_2 - x_4 = 0 \\ 8x_2 - 3x_3 - 2x_4 - 4x_5 - x_6 = 0 \end{cases}
$$

即

$$
x_1 \begin{bmatrix} 1 \\ 6 \\ 0 \\ 0 \\ 0 \end{bmatrix} + x_2 \begin{bmatrix} 0 \\ 0 \\ 1 \\ 2 \\ 8 \end{bmatrix} - x_3 \begin{bmatrix} 0 \\ 0 \\ 2 \\ 0 \\ 3 \end{bmatrix} - x_4 \begin{bmatrix} 0 \\ 0 \\ 0 \\ 1 \\ 2 \end{bmatrix} - x_5 \begin{bmatrix} 3 \\ 0 \\ 0 \\ 0 \\ 4 \end{bmatrix} - x_6 \begin{bmatrix} 0 \\ 1 \\ 0 \\ 0 \\ 1 \end{bmatrix} = \begin{bmatrix} 0 \\ 0 \\ 0 \\ 0 \\ 0 \end{bmatrix}
$$

方程组的系数矩阵的秩为 5，故基础解系中仅有一个解，解得

$$
[x_1, x_2, x_3, x_4, x_5, x_6]^{\mathrm{T}} = \left[\frac{1}{6}c, \frac{22}{45}c, \frac{11}{45}c, \frac{44}{45}c, \frac{1}{18}c, c\right]^{\mathrm{T}}
$$

令 $c = 90$，得一组互质的正整数解为

$$
x_1 = 15, x_2 = 44, x_3 = 22, x_4 = 88, x_5 = 5, x_6 = 90
$$

因此配平后的化学方程式为

$$15Pb(N_3)_2 + 44Cr(MnO_4)_2 == 22Cr_2O_3 + 88MnO_2 + 5Pb_3O_4 + 90NO$$

(2) 设 $x_1C_6H_4OHCOONa + x_2H_2O_2 + x_3NaOH$

$$== x_4C_6H_2O_2(ONa)_2 \cdot 2H_2O + x_5H_2O + x_6O_2 \uparrow + x_7CO_2 \uparrow$$

按反应前后物质中所含元素 C, H, O, Na 的个数相等得

$$\begin{cases} \text{C}: & 7x_1 = 6x_4 + x_7 \\ \text{H}: & 5x_1 + 2x_2 + x_3 = 6x_4 + 2x_5 \\ \text{O}: & 3x_1 + 2x_2 + x_3 = 6x_4 + x_5 + 2x_6 + 2x_7 \\ \text{Na}: & x_1 + x_3 = 2x_4 \end{cases}$$

方程组系数矩阵

$$\begin{bmatrix} 7 & 0 & 0 & -6 & 0 & 0 & -1 \\ 5 & 2 & 1 & -6 & -2 & 0 & 0 \\ 3 & 2 & 1 & -6 & -1 & -2 & -2 \\ 1 & 0 & 1 & -2 & 0 & 0 & 0 \end{bmatrix}$$

的秩为 4，故基础解系中含有三个解，通解为

$$\begin{aligned} & [x_1, x_2, x_3, x_4, x_5, x_6, x_7]^{\mathrm{T}} \\ = & c_1[1, 8, 1, 1, 8, 2, 1]^{\mathrm{T}} + c_2[2, 6, 1, 1, 6, 1, 1]^{\mathrm{T}} + c_3[6, 24, 9, 8, 22, 3, 1]^{\mathrm{T}} \end{aligned}$$

令 $c_1 = 1, c_2 = 0, c_3 = 0$，得一组配平结果为

$$\begin{aligned} & C_6H_4OHCOONa + 8H_2O_2 + NaOH \\ & == C_6H_2O_2(ONa)_2 \cdot 2H_2O + 8H_2O + 2O_2 \uparrow + CO_2 \uparrow \end{aligned}$$

令 $c_1 = 0, c_2 = 1, c_3 = 0$ 或 $c_1 = 0, c_2 = 0, c_3 = 1$ 可得

$$\begin{aligned} & 2C_6H_4OHCOONa + 6H_2O_2 + NaOH \\ & == C_6H_2O_2(ONa)_2 \cdot 2H_2O + 6H_2O + O_2 \uparrow + CO_2 \uparrow \end{aligned}$$

和

$$\begin{aligned} & 6C_6H_4OHCOONa + 24H_2O_2 + 9NaOH \\ & == 8C_6H_2O_2(ONa)_2 \cdot 2H_2O + 22H_2O + 3O_2 \uparrow + CO_2 \uparrow \end{aligned}$$

即从数学角度得到三种不同的反应方程式. 实际上，c_1, c_2, c_3 的取值得到的任意一组互质的正整数解，从数学角度解释都可以作为该反应的配平系数，从化学角度则可以解释为反应物量的配比差异引起生成物质量的差异. 对有多种配比系数的反应，可根据实际情况设置相应的配比系数.

【结论】 对于复杂的化学反应方程式的配平问题，建立方程组模型，利用相应的软件求解，会容易很多.

4.2.11　离子方程式的配平

在离子方程式中，离子带有电荷，利用物质守恒原理，不仅反应前后各元素的个数守恒，所带电荷也要守恒. 因此，对较为复杂的离子方程式，利用代数方法求解较为方便.

例 4.11　配平离子方程式:

$$\mathrm{MnO_4^-} + \mathrm{SO_3^{2-}} + \mathrm{H^+} \longrightarrow \mathrm{Mn^{2+}} + \mathrm{SO_4^{2-}} + \mathrm{H_2O}$$

【分析】 对离子方程式，在配平化学反应方程式代数方法的原理上，需在表示每种物质的向量上增添电荷数的分量，列方程组建模求解.

【模型建立与求解】 设

$$x_1\mathrm{MnO_4^-} + x_2\mathrm{SO_3^{2-}} + x_3\mathrm{H^+} \xlongequal{\quad} x_4\mathrm{Mn^{2+}} + x_5\mathrm{SO_4^{2-}} + x_6\mathrm{H_2O}$$

按每种物质中所含元素 Mn, O, S, H 的个数及其电荷数将其写成列向量为

$$\mathrm{MnO_4^-}:\begin{bmatrix}1\\4\\0\\0\\-1\end{bmatrix},\mathrm{SO_3^{2-}}:\begin{bmatrix}0\\3\\1\\0\\-2\end{bmatrix},\mathrm{H^+}:\begin{bmatrix}0\\0\\0\\1\\1\end{bmatrix}$$

$$\mathrm{Mn^{2+}}:\begin{bmatrix}1\\0\\0\\0\\2\end{bmatrix},\mathrm{SO_4^{2-}}:\begin{bmatrix}0\\4\\1\\0\\-2\end{bmatrix},\mathrm{H_2O}:\begin{bmatrix}0\\1\\0\\2\\0\end{bmatrix}$$

按物质守恒得方程组

$$
\begin{bmatrix}
1 & 0 & 0 & 1 & 0 & 0 \\
4 & 3 & 0 & 0 & 4 & 1 \\
0 & 1 & 0 & 0 & 1 & 0 \\
0 & 0 & 1 & 0 & 0 & 2 \\
-1 & -2 & 1 & 2 & -2 & 0
\end{bmatrix}
\begin{bmatrix}
x_1 \\ x_2 \\ x_3 \\ -x_4 \\ -x_5 \\ -x_6
\end{bmatrix}
=
\begin{bmatrix}
0 \\ 0 \\ 0 \\ 0 \\ 0 \\ 0
\end{bmatrix}
$$

解之得 $[x_1, x_2, x_3, -x_4, -x_5, -x_6]^{\mathrm{T}} = k[2, 5, 6, -2, -5, -3]^{\mathrm{T}}$，令 $k = 1$，得配平的离子方程式为

$$
2\mathrm{MnO_4^-} + 5\mathrm{SO_3^{2-}} + 6\mathrm{H^+} = 2\mathrm{Mn^{2+}} + 5\mathrm{SO_4^{2-}} + 3\mathrm{H_2O}
$$

【结论】 化学反应方程式配平的代数方法利用物质守恒原理，可以推广到不仅元素数目守恒，且包含的电子数守恒的离子方程式的配平. 对简单的化学反应方程式，用观察法极易配平，对于复杂的化学反应方程式的配平，代数方法有非常明显的优越性.

4.2.12 质谱图实验分析

质谱分析方法将被分析的样品首先离子化，然后利用离子在电场或磁场中的运动性质，将离子按质荷比分开并按质荷比大小列成谱图形式. 利用质谱图可确定样品的成分、结构和相对分子质量.

在质谱图中，每个质谱峰表示一种质荷比的离子，质谱峰的强度表示该种离子峰的多少. 因此，根据质谱峰出现的位置可以进行定性分析，根据质谱峰的强度可以进行定量分析.

若样品的质谱图中有多个尖峰，第 j 个尖峰的高度 I_j 取决于不同离子的质量，即

$$
I_j = \sum_{i=1}^{N} C_{ij} n_i
$$

其中，C_{ij} 为物质 i 的离子对尖峰 j 所做的贡献；N 为离子总数；n_i 为物质 i 的离子总数.

例 4.12 设某样品产生的质谱图有 6 个尖峰，其高度分别为 $I_1 = 3.4$，$I_2 = 20.5$，$I_3 = 170$，$I_4 = 49$，$I_5 = 39.8$，$I_6 = 96.3$，5 种物质对各尖峰的贡献如表 4.4 所示，求样品中各物质的含量.

【分析】 已知各尖峰的高度值以及贡献系数，建立线性方程组模型，方程组的解即为要求的各物质的质量分数.

表 4.4　各物质的贡献

峰点	CH_4	C_2H_4	C_2H_6	C_3H_6	C_3H_8
1	0.2	0.2	0.3	0.2	0.2
2	28	1	0	0	0.1
3	0	18	12	2.4	16
4	0	0	10	0	1
5	0	0	0	10	2
6	0	0	0	0	18

【模型建立与求解】 设 5 种物质的含量分别为 x_1, x_2, x_3, x_4, x_5，则有

$$\begin{cases} 0.2x_1 + 0.2x_2 + 0.3x_3 + 0.2x_4 + 0.2x_5 = 3.4 \\ 28x_1 + x_2 + 0.1x_5 = 20.5 \\ 18x_2 + 12x_3 + 2.4x_4 + 16x_5 = 170 \\ 10x_3 + x_5 = 49 \\ 10x_4 + 2x_5 = 39.8 \\ 18x_5 = 96.3 \end{cases}$$

解之得 $x_1 = 0.66, x_2 = 1.39, x_3 = 4.37, x_4 = 2.91, x_5 = 5.35$.

【结论】 用线性方程组对质谱实验数据进行分析时，一般情况下建立的非齐次线性方程组应该有唯一解，当出现无解或解不唯一时，表明实验数据的误差较大.

4.2.13　交通流量分析

网络流模型在众多领域中有广泛的应用，如交通、通信及城市规划等方面都有所涉及. 在网络流模型中，一个基本假设是网络中流入总量与流出总量相等，而且约定每个连接点的流入和流出总量也相等. 根据这个假设和约定，研究网络中的流量问题时，会涉及多个未知量多个线性方程构成的方程组的建立与求解问题.

对于一个有多个十字路口的城市交通模型，由于每一条道路都是单行道，故在某一个时段内，考察每一个十字路口的机动车流量，由进入和离开的车辆数相等，可以列出线性方程组. 通过求解方程组，可对各个路段上的交通状况进行分析，从而可根据求解结果对现有的交通进行合理的调配.

例 4.13　如图 4.2 所示，某城市市区的交叉路口由 2 个车道组成，图中给出

了在交通高峰时段，每小时进入和离开路口的车辆数. 计算在 4 个交叉路口间车辆的数量.

【分析】 在每一路口，必有进入的车辆数与离开的车辆数相等. 例如，在路口 A，进入该路口的车辆数为 x_1+450，离开该路口的车辆数为 x_2+610. 因此有

$$x_1+450=x_2+610 \quad (\text{路口 A})$$

依次分析其他路口，可得对应模型.

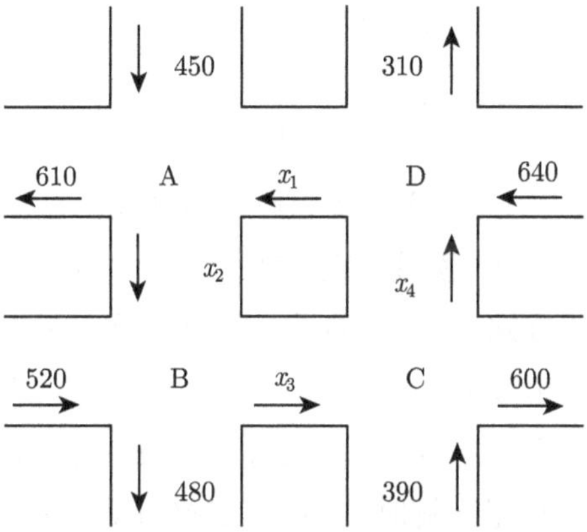

图 4.2 交通流量图

【模型建立与求解】 依据每一路口进入的车辆数与离开的车辆数相等可得

$$x_1+450=x_2+610 \quad (\text{路口 A}) \quad x_2+520=x_3+480 \quad (\text{路口 B})$$
$$x_3+390=x_4+600 \quad (\text{路口 C}) \quad x_4+640=x_1+310 \quad (\text{路口 D})$$

整理得

$$\begin{cases} x_1-x_2 & & & =160 \\ & x_2-x_3 & & =-40 \\ & & x_3-x_4 & =210 \\ -x_1 & & +x_4 & =-330 \end{cases}$$

此方程组的增广矩阵为

$$\left[\begin{array}{cccc:c} 1 & -1 & 0 & 0 & 160 \\ 0 & 1 & -1 & 0 & -40 \\ 0 & 0 & 1 & -1 & 210 \\ -1 & 0 & 0 & 1 & -330 \end{array}\right]$$

相应的行最简形为

$$\left[\begin{array}{cccc:c} 1 & 0 & 0 & -1 & 330 \\ 0 & 1 & 0 & -1 & 170 \\ 0 & 0 & 1 & -1 & 210 \\ 0 & 0 & 0 & 0 & 0 \end{array}\right]$$

方程组的解为

$$\begin{cases} x_1 = x_4 + 330 \\ x_2 = x_4 + 170 \\ x_3 = x_4 + 210 \\ x_4 = x_4 \end{cases}$$

解中存在一个自由变量，因此有无穷多组解. 故交通示意图并没有给出足够的信息来唯一地确定 x_1, x_2, x_3, x_4. 如果知道在某一路口的车辆数，则其他路口的车辆数即可求得. 例如，假设在路口 C 和 D 之间的平均车辆数为 $x_4 = 200$，则相应的 x_1, x_2, x_3 分别为 530，370，410.

【结论】 交通流问题用方程组模型求解时，方程组可能存在无解、有唯一解和无穷多解的情况. 当方程组无解时，说明十字路口某一方向上进入车辆和驶离车辆数不相等，从而该方向上产生拥堵；当有无穷多个解时，几个方向上的车流量信息用一个或较少几个方向上的车流量信息表示，根据实际情况给出自由变量的恰当取值，可以估算出各个方向上的车辆数；当出现负流量时，说明行车方向与给定的驶入和驶离方向相反. 由于研究的是单行道的交通流量问题，故约定流量为正整数，这给取方程组的合理解带来稍许的不便.

4.2.14　行业价格的计算

线性方程组在经济学中也有广泛的应用. 在一个自给自足的经济体内部，各部门的收入和消耗相等，即消耗成本等于销售收入，据此可列出相应的齐次线性方程组，通过解方程组可得到相应的经济数据. 根据各个部门单位消耗对应的列向量，可求出各部门的内部消耗，若还要满足外部最终需求对应的向量，则解相应的非齐次线性方程组即可.

例 4.14　假如一个自给自足的经济体由 3 个部门组成，它们是煤炭业、电力业和钢铁业. 它们的单位消耗和销售价格如表 4.5 所示. 问这三个生产部门的销售价格应该是多少，才能使各部门的收入和消耗相等以维持持续的生产.

表 4.5 部门消耗分配

购买部门	每单位输出的消耗分配比例			销售价格/元
	煤炭业	电力业	钢铁业	
煤炭业	0	0.4	0.6	p_c
电力业	0.6	0.1	0.2	p_e
钢铁业	0.4	0.5	0.2	p_s

【分析】 令 $\boldsymbol{v}_c=[0,0.6,0.4]^{\mathrm{T}},\boldsymbol{v}_e=[0.4,0.1,0.5]^{\mathrm{T}},\boldsymbol{v}_s=[0.6,0.2,0.2]^{\mathrm{T}}$. 由表 4.6 可知，当电力业产出了 100 个单位的产品，有 40 个单位会被煤炭业消耗，10 个单位被自己消耗，而被钢铁业消耗的是 50 个单位，各行业付出的费用为 $p_e\cdot\boldsymbol{v}_e=p_e[0.4,0.1,0.5]^{\mathrm{T}}$，这就是内部消耗的计算方法. 依次计算各个部门，可列平衡方程.

【模型建立与求解】 由消耗成本等于销售收入，可得

$$p_c\boldsymbol{v}_c+p_e\boldsymbol{v}_e+p_s\boldsymbol{v}_s=[\boldsymbol{v}_c,\ \boldsymbol{v}_e\ ,\boldsymbol{v}_{\mathrm{s}}]\begin{bmatrix}p_c\\p_e\\p_s\end{bmatrix}=\begin{bmatrix}p_c\\p_e\\p_s\end{bmatrix}$$

其中，

$$\boldsymbol{V}=[\boldsymbol{v}_c,\ \boldsymbol{v}_e,\ \boldsymbol{v}_{\mathrm{s}}]=\begin{bmatrix}0&0.4&0.6\\0.6&0.1&0.2\\0.4&0.5&0.2\end{bmatrix}$$

于是总的价格平衡方程可写成

$$\boldsymbol{p}-\boldsymbol{V}\boldsymbol{p}=\boldsymbol{0}$$

即 $(\boldsymbol{E}-\boldsymbol{V})\boldsymbol{p}=\boldsymbol{0}$，矩阵

$$\boldsymbol{E}-\boldsymbol{V}=\begin{bmatrix}1&-0.4&-0.6\\-0.6&0.9&-0.2\\-0.4&-0.5&0.8\end{bmatrix}$$

的行最简形为

$$\begin{bmatrix}1.0000&0&-0.9394\\0&1.0000&-0.8485\\0&0&0\end{bmatrix}$$

取钢铁业价格 p_s 为自由未知量，则有

$$\begin{cases} p_c = 0.9394p_s \\ p_e = 0.8485p_s \\ p_s = p_s \end{cases}$$

【结论】 在经济系统中，自给自足的经济体间存在价格依赖关系. 如果钢铁业产品价格总计为 100 万元，则煤炭业的产品价格总计约为 94 万元，电力业的价格总计约为 85 万元.

4.2.15 产销平衡问题

产销平衡是指生产量与需求量相等的问题，即总生产等于总需求的问题.

例 4.15 (1) 设有 n 个部门，每个部门的产出与各部门对它的投入成正比，已知投入系数，给定外部需求，建立求解各部门总产出的模型.

(2) 已知国民经济的 3 个部门农业、制造业和服务业之间的关系如表 4.6 所示，投入系数如表 4.7 所示，如果今年对农业、制造业和服务业的外部需求分别为 (单位：亿元) 50，150，100，这 3 个部门的总产出应分别为多少亿元?

(3) 如果 3 个部门的外部需求分别增加 1 个单位，它们的总产出应分别增加多少单位?

表 4.6　国民经济各个部门间的关系　　(单位：亿元)

投入	分配				
	农业	制造业	服务业	外部需求	总产出
农业	15	20	30	35	100
制造业	30	10	45	115	200
服务业	20	60	—	70	150
初始投入	35	110	75	—	—
总投入	100	200	150	—	—

表 4.7　投入系数表

投入	分配		
	农业	制造业	服务业
农业	0.15	0.10	0.20
制造业	0.30	0.05	0.30
服务业	0.20	0.30	0

【分析】 依据产销平衡原理，投入与外部需求之和等于总产出，可建立产销平衡的数学模型.

【模型建立与求解】 (1) 基本模型：设 x_i 表示第 i 个部门的产出，x_{ij} 表示第 i 个部门对第 j 个部门的投入，d_i 表示第 i 个部门的外部需求，则 n 个部门的投入产出如表 4.8 所示.

表 4.8 投入产出表

投入	分配						
	部门 1		部门 i		部门 n	外部需求	总产出
部门 1	x_{11}	$\cdots$	x_{1i}	$\cdots$	x_{1n}	d_1	x_1
	$\vdots$	$\vdots$	$\vdots$		$\vdots$	$\vdots$	$\vdots$
部门 i	x_{i1}	$\cdots$	x_{ii}	$\cdots$	x_{in}	d_i	x_i
	$\vdots$	$\vdots$	$\vdots$		$\vdots$	$\vdots$	$\vdots$
部门 n	x_{n1}	$\cdots$	x_{ni}	$\cdots$	x_{nn}	d_n	x_n
初始投入	x_{01}	$\cdots$	x_{0i}	$\cdots$	x_{0n}		
总投入	x_1	$\cdots$	x_i	$\cdots$	x_n		

设 a_{ij} 表示第 i 个部门对第 j 个部门的投入系数，据题意，$a_{ij} = x_{ij}/x_j$. 故平衡关系为

$$\sum_{j=1}^{n} a_{ij}x_j + d_i = x_i, \quad i = 1, 2, \cdots, n$$

记投入系数矩阵为 $\boldsymbol{A} = (a_{ij})_{n\times n}$，产出向量 $\boldsymbol{x} = [x_1, \cdots, x_n]^{\mathrm{T}}$，需求向量 $\boldsymbol{d} = [d_1, \cdots, d_n]^{\mathrm{T}}$，则有

$$\boldsymbol{x} = \boldsymbol{A}\boldsymbol{x} + \boldsymbol{d}$$

当方程组有唯一解时，有 $\boldsymbol{x} = (\boldsymbol{E} - \boldsymbol{A})^{-1}\boldsymbol{d}$，其中 $\boldsymbol{E}$ 为单位矩阵.

(2) 农业、制造业和服务业的投入系数矩阵和外部需求分别为

$$\boldsymbol{A} = \begin{bmatrix} 0.15 & 0.1 & 0.2 \\ 0.3 & 0.05 & 0.3 \\ 0.2 & 0.3 & 0 \end{bmatrix}, \quad \boldsymbol{d} = \begin{bmatrix} 50 \\ 150 \\ 100 \end{bmatrix}$$

则总产出为

$$\boldsymbol{x} = (\boldsymbol{E} - \boldsymbol{A})^{-1}\boldsymbol{d} = \begin{bmatrix} 1.3459 & 0.2504 & 0.3443 \\ 0.5634 & 1.2676 & 0.4930 \\ 0.4382 & 0.4304 & 1.2167 \end{bmatrix} \begin{bmatrix} 50 \\ 150 \\ 100 \end{bmatrix}$$

$$= [139.2801, 267.6056, 208.1377]^{\mathrm{T}}$$

即当农业、制造业和服务业的外部需求分别为 50 亿元、150 亿元、100 亿元时，这 3 个部门的总产出分别为 139.2801 亿元、267.6056 亿元、208.1377 亿元.

(3) 由于基本模型为 $\boldsymbol{x} = (\boldsymbol{E} - \boldsymbol{A})^{-1}\boldsymbol{d}$，故有需求增量 $\Delta\boldsymbol{d}$ 与总产出增量 $\Delta\boldsymbol{x}$ 关系为

$$\Delta\boldsymbol{x} = (\boldsymbol{E} - \boldsymbol{A})^{-1}\Delta\boldsymbol{d}$$

当 $\Delta\boldsymbol{d} = [1, 1, 1]^{\mathrm{T}}$，即 3 个部门的外部需求分别增加 1 个单位时，3 部门总产出分别增加 1.9405 个、2.3239 个、2.0853 个单位.

【结论】 经济平衡模型中，投入系数矩阵和外部需求向量的确定是建立模型的关键，一旦确定，则总产出结果可由解析式求得.

4.2.16　生产安排

部门的生产安排既要满足其他部门的需求，又要满足自身的需求，可以仿照产销平衡建立模型.

例 4.16　某地有 3 个重要部门：1 个煤矿、1 个发电厂和 1 条地方铁路管理单位. 开采 1 元钱的煤，煤矿需支付 0.25 元的电费和 0.25 元的运费；发 1 元钱的电，发电厂需购买 0.65 元的煤作为燃料，自己也需支付 0.05 元来驱动辅助设备及支付 0.05 元的运输费；提供 1 元钱的运输费，铁路需购买 0.55 元的煤作为燃料，并支付 0.10 元来驱动它的辅助设备. 某周内，煤矿接到 50000 元煤的订货，发电厂接到发 25000 元电的任务，外界对铁路没有要求. 这 3 个部门在这周内生产总值为多少元时才能满足它们自身的要求和外界的要求？

【分析】 表 4.9 给出了煤矿、发电厂、铁路 3 个部门之间的内部需求关系. 根据产销平衡模型可建立相应的关系式.

表 4.9　部门内部需求　　(单位：元)

名称	煤矿	发电厂	铁路
煤矿	0	0.65	0.55
发电厂	0.25	0.05	0.10
铁路	0.25	0.05	0

【模型建立与求解】　在这 1 周内，设煤矿、发电厂和铁路的生产总值分别为

x_1, x_2, x_3，根据题意可得

$$\begin{cases} x_1 - (0 \cdot x_1 + 0.65x_2 + 0.55x_3) = 50000 \\ x_2 - (0.25x_1 + 0.05x_2 + 0.10x_3) = 25000 \\ x_3 - (0.25x_1 + 0.05x_2 + 0 \cdot x_3) = 0 \end{cases}$$

令

$$\boldsymbol{x} = \begin{bmatrix} x_1 \\ x_2 \\ x_3 \end{bmatrix}, \boldsymbol{A} = \begin{bmatrix} 0 & 0.65 & 0.55 \\ 0.25 & 0.05 & 0.10 \\ 0.25 & 0.05 & 0 \end{bmatrix}, \boldsymbol{b} = \begin{bmatrix} 50000 \\ 25000 \\ 0 \end{bmatrix}$$

则上式可写为 $(\boldsymbol{E}-\boldsymbol{A})\boldsymbol{x}=\boldsymbol{b}$，其解为

$$\begin{aligned} \boldsymbol{x} = (\boldsymbol{E}-\boldsymbol{A})^{-1}\boldsymbol{b} &= \begin{bmatrix} 1.5030 & 1.0775 & 0.9344 \\ 0.4374 & 1.3718 & 0.3777 \\ 0.3976 & 0.3380 & 1.2525 \end{bmatrix} \begin{bmatrix} 50000 \\ 25000 \\ 0 \end{bmatrix} \\ &= [102087, 56163, 28330]^{\mathrm{T}} \end{aligned}$$

【结论】 这 3 个部门在这周内生产总值分别是 102087 元、56163 元和 28330 元时就能满足它们自身的要求和外界的要求.

4.2.17 信息纠错

计算机中传输的信息，由于受到干扰，指令可能有误，一旦某个指令有误，可能引起系统的崩溃. 人们非常关注如何检测信息是否有误并进行修正. 一种简单而有效的方法是设计有效的编码方式预测并修正错误，这就是纠错码产生的动机. 纠错码是为了避免数据传输过程中发生错误而设计的一种不仅能检错而且能纠错的数学方法. 现代纠错码的研究始于香农 (Shannon) 发表于 1948 年的著名论文《通信的数学理论》.

设 A 是一个有限集合，n 是一个正整数，一个长为 n 的码 C 是

$$A^n = \{[a_1, a_2, \cdots, a_n] \,|\, a_i \in A, i = 1, 2, \cdots, n\}$$

的一个子集合. 此时称 A^n 为码空间，A^n 中的元素称为字，C 中的元素称为码字.

当 $A=\{0,1\}$时，称 C 是一个长为 n 的二元码. 若甲想要发消息给乙，则将会发送由定义中所定义的码字构成的串. 码空间 A^n 是在考虑出错的情况下乙可能收到的所有字的集合，码 C 是甲可能发送的所有字的集合. 乙事先不知道甲会发过

来什么信息，但是知道 C. 如果 $A^n = C$，那么乙不能用这个编码方案检错，因为所有可能接收到的字均为码字. 如果 $A^n \neq C$，即收到的字集合包含甲可能发送的字集合，那么当乙收到一个甲不可能发送的字，即不在 C 中的码字时，他会知道有错误发生. 码 A^n 能够检测出错误的数量代表它的检错能力，如果码 A^n 还能够纠正一些发现的错误，那么能够纠正错误的数量代表它的纠错能力. 因此，在纠错码中总是希望码的检错能力和纠错能力都越大越好.

例 4.17　设计用 1, 2, 3, 4, 5, 6, 7 这 7 个数字表示信息的纠错码编码格式，使信息在传输过程中能方便地检测出某一位的错误并进行修正.

【分析】　数字的二进制表示是计算机常用的二进制编码方法，有效的纠错码编码格式是要明确地确定由 7 维元素为 0 或 1 的向量表示的信息的哪一维出现错误并进行修正，因此设计的编码要能有效取到元素的位置.

【模型建立与求解】　将 1, 2, 3, 4, 5, 6, 7 用 3 位二进制数编码，并将其依次作为矩阵的列，形成提取向量元素位置的矩阵，即

$$\boldsymbol{A} = \begin{bmatrix} 0 & 0 & 0 & 1 & 1 & 1 & 1 \\ 0 & 1 & 1 & 0 & 0 & 1 & 1 \\ 1 & 0 & 1 & 0 & 1 & 0 & 1 \end{bmatrix}$$

齐次线性方程组 $\boldsymbol{Ax} = \boldsymbol{0}$ 的解是 7 维向量 (元素为 0 或者 1) 的一个集合，称为码集合，每一个向量称为一个码字. 此问题中码字共有 2^4 个. 对任意码字，分析这种方式如何进行纠错.

对任一码字 $\boldsymbol{\alpha} = [a_1, a_2, \cdots, a_7]^{\mathrm{T}}$，有 $\boldsymbol{A\alpha} = \boldsymbol{0}$. 设 $\boldsymbol{\alpha}$ 在传输过程中第 i 维受到干扰，且发生错误，即第 i 维由 0 变为 1 或由 1 变为 0，这相当于在第 i 维上加上 1. 令 $\boldsymbol{e}_i = [0, \cdots 0, 1, 0, \cdots, 0]^{\mathrm{T}}$ 表示 7 维单位向量组中的第 i 个向量，则接收方收到的信息为

$$\boldsymbol{\beta} = \boldsymbol{\alpha} + \boldsymbol{e}_i$$

则有

$$\boldsymbol{A\beta} = \boldsymbol{A\alpha} + \boldsymbol{Ae}_i = \boldsymbol{0} + \boldsymbol{Ae}_i = \boldsymbol{Ae}_i$$

而 $\boldsymbol{Ae}_i$ 表示 $\boldsymbol{A}$ 的第 i 列. 故当接收到的信息是 $\boldsymbol{A}$ 的第 i 列时，表示接收到的信息有误，且错在第 i 维. 只要 $\boldsymbol{\beta}$ 再加上 $\boldsymbol{e}_i$，就可恢复原始信息 $\boldsymbol{\alpha}$. 当 $\boldsymbol{\alpha}$ 在传输过程中第 i 维受到干扰，但未发生错误，则收到的 $\boldsymbol{\beta}$ 满足 $\boldsymbol{A\beta} = \boldsymbol{0}$. 纠错码原理如图 4.3 所示.

【结论】 本设计是判断信息 1 维出错的纠错码方法. 该方法只适合码字在传输过程中最多有 1 维出错，进行检错并纠错. 若出错位置有两个以上，则只能检错而不能纠错.

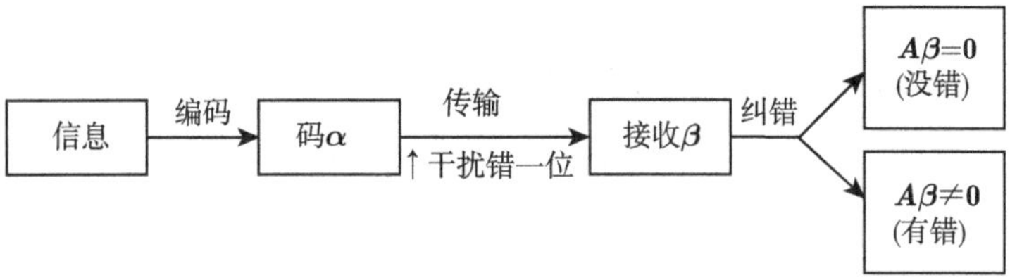

图 4.3 纠错码原理图

4.2.18 平面间关系的判断

任何一个三元一次方程在空间的图形为 1 个平面，若干平面间的位置关系可由它们所组成的线性方程组的解来判定. 以 3 个平面为例进行说明. 对于 3 个平面 $\pi_i: a_{i1}x+a_{i2}y+a_{i3}z=b_i$，$i=1,2,3$，形成方程组

$$\begin{cases} a_{11}x+a_{12}y+a_{13}z=b_1 \\ a_{21}x+a_{22}y+a_{23}z=b_2 \\ a_{31}x+a_{32}y+a_{33}z=b_3 \end{cases}$$

系数矩阵 $\mathbf{A}$ 和增广矩阵 $\overline{\boldsymbol{A}}$ 分别为

$$\boldsymbol{A}=\begin{bmatrix} a_{11} & a_{12} & a_{13} \\ a_{21} & a_{22} & a_{23} \\ a_{31} & a_{32} & a_{33} \end{bmatrix},\quad \overline{\boldsymbol{A}}=\left[\begin{array}{ccc:c} a_{11} & a_{12} & a_{13} & b_1 \\ a_{21} & a_{22} & a_{23} & b_2 \\ a_{31} & a_{32} & a_{33} & b_3 \end{array}\right]$$

(1) 若 $\mathrm{R}(\boldsymbol{A})=\mathrm{R}(\overline{\boldsymbol{A}})$，方程组有解，平面间有公共点.

① 若 $\mathrm{R}(\boldsymbol{A})=\mathrm{R}(\overline{\boldsymbol{A}})=3$，方程组有唯一解，故 3 个平面交于一点；

② 若 $\mathrm{R}(\boldsymbol{A})=\mathrm{R}(\overline{\boldsymbol{A}})=2$，这 3 个平面共线. 当有两个平面未知量的系数及右端项对应成比例时，这两个平面重合，与第 3 个平面交于一条直线；当任意两个平面未知量的系数不对应成比例时，这 3 个平面形成有公共轴的平面束；

③若 $\mathrm{R}(\boldsymbol{A})=\mathrm{R}(\overline{\boldsymbol{A}})=1$，3 个平面未知量的系数及右端项对应成比例，这 3 个平面重合.

(2) 若 $\mathrm{R}(\boldsymbol{A})\neq\mathrm{R}(\overline{\boldsymbol{A}})$，方程组无解.

① 若 $\mathrm{R}(\boldsymbol{A})=2,\mathrm{R}(\overline{\boldsymbol{A}})=3$，若矩阵 $\boldsymbol{A}$ 的 3 个行向量两两线性无关，则这 3 个

平面两两相交，形成一个三棱柱；若矩阵 $\boldsymbol{A}$ 中有两个行向量线性相关，则这两个平面平行，与第 3 个平面各交一条直线；

② 若 $\mathrm{R}(\boldsymbol{A})=1, \mathrm{R}(\overline{\boldsymbol{A}})=2$，则这 3 个平面互相平行但均不重合或两个重合与第 3 个平行.

对于 n 个平面间的关系可以用线性方程组描述为

$$\begin{cases}\pi_1: & a_{11}x+a_{12}y+a_{13}z=b_1\\ \pi_2: & a_{21}x+a_{22}y+a_{23}z=b_2\\ & \cdots\cdots\\ \pi_n: & a_{n1}x+a_{n2}y+a_{n3}z=b_n\end{cases}$$

令 $\boldsymbol{A}=\begin{bmatrix}a_{11}&a_{12}&a_{13}\\a_{21}&a_{22}&a_{23}\\\vdots&\vdots&\vdots\\a_{n1}&a_{n2}&a_{n3}\end{bmatrix}$，$\overline{\boldsymbol{A}}=\left[\begin{array}{ccc:c}a_{11}&a_{12}&a_{13}&b_1\\a_{21}&a_{22}&a_{23}&b_2\\\vdots&\vdots&\vdots&\vdots\\a_{n1}&a_{n2}&a_{n3}&b_n\end{array}\right]$，则

(1) $\mathrm{R}(\boldsymbol{A})=\mathrm{R}(\overline{\boldsymbol{A}})=3$，这 n 个平面仅有一个公共点；

(2) $\mathrm{R}(\boldsymbol{A})=\mathrm{R}(\overline{\boldsymbol{A}})=2$，这 n 个平面交于一条直线.

例 4.18　已知 4 个平面的方程为 $\pi_1: x+y+z=1$，$\pi_2: 2x+2y+2z=2$，$\pi_3: 3x+y-z=0$，$\pi_4: 4x+2y=1$，判断平面间的位置关系.

【分析】　由 4 个平面构成的非齐次线性方程组的解判断.

【模型建立与求解】　4 个平面构成的方程组为

$$\begin{cases}\pi_1: & x+y+z=1\\ \pi_2: & 2x+2y+2z=2\\ \pi_3: & 3x+y-z=0\\ \pi_4: & 4x+2y=1\end{cases}$$

增广矩阵为

$$\overline{\boldsymbol{A}}=\left[\begin{array}{ccc:c}1&1&1&1\\2&2&2&2\\3&1&-1&0\\4&2&0&1\end{array}\right]\to\left[\begin{array}{ccc:c}1&1&1&1\\0&2&4&3\\0&0&0&0\\0&0&0&0\end{array}\right]$$

$\mathrm{R}(\boldsymbol{A})=\mathrm{R}(\overline{\boldsymbol{A}})=2$，故 4 个平面形成过公共轴的平面束.

【结论】　用线性方程组解的理论判定平面间的位置关系，做到数形结合，易于理解和想象.

4.2.19 4 点共圆的判定

平面解析几何形象直观，用线性方程组理论对其研究，可以做到数形结合，易于掌握.

例 4.19 已知平面上的 4 个点 $P_i(x_i, y_i), i = 1, 2, 3, 4$，讨论这 4 个点共圆的条件.

【分析】 平面上圆的方程为 $x^2+y^2+ax+by+c=0$，a, b, c 满足 $\dfrac{a^2}{4}+\dfrac{b^2}{4}-c>0$.4 点共圆问题可以理解为将 4 个点代入圆的方程形成的以 a, b, c 为未知量的方程组有解.

【模型建立与求解】 设圆的方程为

$$x^2+y^2+ax+by+c=0$$

将 $P_i(x_i, y_i)$ 代入得

$$\begin{cases}(x_1^2+y_1^2)+ax_1+by_1+c=0\\(x_2^2+y_2^2)+ax_2+by_2+c=0\\(x_3^2+y_3^2)+ax_3+by_3+c=0\\(x_4^2+y_4^2)+ax_4+by_4+c=0\end{cases}$$

即

$$\begin{cases}ax_1+by_1+c=-(x_1^2+y_1^2)\\ax_2+by_2+c=-(x_2^2+y_2^2)\\ax_3+by_3+c=-(x_3^2+y_3^2)\\ax_4+by_4+c=-(x_4^2+y_4^2)\end{cases}$$

方程组有解等价于

$$\mathrm{R}\left(\begin{bmatrix}x_1 & y_1 & 1\\x_2 & y_2 & 1\\x_3 & y_3 & 1\\x_4 & y_4 & 1\end{bmatrix}\right)=\mathrm{R}\left(\begin{bmatrix}x_1 & y_1 & 1 & -(x_1^2+y_1^2)\\x_2 & y_2 & 1 & -(x_2^2+y_2^2)\\x_3 & y_3 & 1 & -(x_3^2+y_3^2)\\x_4 & y_4 & 1 & -(x_4^2+y_4^2)\end{bmatrix}\right)$$

这是 4 点共圆的必要条件，在该式成立的条件下，若求得的 a, b, c 满足 $\dfrac{a^2}{4}+\dfrac{b^2}{4}-c>0$，则这 4 点共圆.

【结论】 用代数方法研究几何问题，易于从理论角度推出一般的规律. 例如，用该思想研究平面上 n 条直线 $l_i: a_ix+b_iy+c_i=0, i=1,2,\cdots,n$ 间的关系时，易

知，若

$$\mathrm{R}\left(\begin{bmatrix} a_1 & b_1 \\ a_2 & b_2 \\ \vdots & \vdots \\ a_n & b_n \end{bmatrix}\right) = \mathrm{R}\left(\begin{bmatrix} a_1 & b_1 & -c_1 \\ a_2 & b_2 & -c_2 \\ \vdots & \vdots & \vdots \\ a_n & b_n & -c_n \end{bmatrix}\right) = 2$$

则这 n 条直线交于一点.

4.2.20 卫星定位

卫星导航系统是着眼于全球安全和社会经济发展需要，是为全球用户提供全天候、全天时、高精度的定位、导航和授时服务的重要基础设施. 随着卫星导航系统建设和服务能力的发展，相关产品已广泛用于交通运输、海洋渔业、水文监测、气象预报、测绘地理信息系统、森林防火、通信系统、电力调度、救灾减灾、应急搜救等领域，逐步渗透到人类社会生产和人们生活的方方面面，为全球经济和社会发展注入新的活力.

卫星导航系统的基本原理是测量出已知位置的卫星到用户接收机之间的距离，然后综合多颗卫星的数据计算出接收机的具体位置. 而卫星的位置可以根据星载时钟所记录的时间在卫星星历中查出. 在卫星导航系统中，卫星的作用就是不断地发射导航电文. 当用户接收到导航电文时，提取出卫星时间并将其与自己的时钟作对比便可得卫星与用户的距离，再利用导航电文中的卫星星历数据推算出卫星发射电文时所处的位置，从而用户在大地坐标系中的位置、速度等信息便可得知. 然而，因为用户接收机使用的时钟与卫星星载时钟不可能总同步，所以除了用户的三维坐标 x, y, z 外，还要引进卫星与接收机之间的时间差 Δt 作为未知数，然后用 4 个方程将这 4 个未知数解出来. 如果想知道接收机所处的位置，那么至少要能接收到 4 个卫星的信号.

接收器 (x, y, z) 和第 i 个卫星 (x_i, y_i, z_i) 之间的距离为

$$(x-x_i)^2+(y-y_i)^2+(z-z_i)^2=c^2(t-t_i)^2, \quad i=1,2,3,4$$

c 表示光速，整理得

$$2x_ix+2y_iy+2z_iz-2c^2t_it=x^2+y^2+z^2+x_i^2+y_i^2+z_i^2-c^2t^2-c^2t_i^2$$

对 $i=1,2,3,4$，以 $i=4$ 时的方程为基准，$i=1,2,3$ 时的方程与其相减，得方

程组

$$\begin{cases}(x_1-x_4)x+(y_1-y_4)y+(z_1-z_4)z-c^2(t_1-t_4)t=d_1\\(x_2-x_4)x+(y_2-y_4)y+(z_2-z_4)z-c^2(t_2-t_4)t=d_2\\(x_3-x_4)x+(y_3-y_4)y+(z_3-z_4)z-c^2(t_3-t_4)t=d_3\\2x_4x+2y_4y+2z_4z-2c^2t_4t=x^2+y^2+z^2+x_4^2+y_4^2+z_4^2-c^2t^2-c^2t_4^2\end{cases}$$

其中，$d_i=0.5\cdot\left(x_i^2+y_i^2+z_i^2-x_4^2-y_4^2-z_4^2-c^2t_i^2+c^2t_4^2\right)$. 通过求解该方程组得到接收器的位置 (x,y,z).

例 4.20 设接收器接收到 4 个卫星的数据如表 4.10 所示，其中位置由经度、纬度、海拔高度组成，$c=0.469$，求接收器的位置.

【分析】 将已知数据代入模型，由前 3 个线性方程解得位置 x,y,z 与时间 t 的关系，代入第 4 个方程求得时间 t，继而确定该时刻的位置.

【模型建立与求解】 将数据代入得 $d_1=-0.12,d_2=0.04,d_3=-0.17$，故相应的方程组为

$$\begin{cases}-1.18x+2.10y-0.13z-0.15t=-0.12\\-2.3x+1.53y+0.77z+0.04t=0.04\\-0.9x+1.12y+0.57z-0.136t=-0.17\\4.6x+3.06z-0.33t=x^2+y^2+z^2-0.22t^2+7.75\end{cases}$$

表 4.10 卫星的位置和时间

卫星	位置	时刻
1	(1.12,2.10,1.40)	00:00:1.06
2	(0.00,1.53,2.30)	00:00:0.56
3	(1.40,1.12,2.10)	00:00:1.16
4	(2.30,0.00,1.53)	00:00:0.75

由前 3 个方程得

$$\begin{cases}x=-0.2521+0.2095t\\y=-0.2157+0.2001t\\z=-0.2725+0.1763t\end{cases}$$

代入第 4 个方程得 $t=4.28$，故该接收器在 00:00:4.28 时刻的位置为 (0.6446, 0.6407, 0.4821).

【结论】 卫星定位系统虽然不是线性方程组，但其前 3 个方程可用线性方程组理论求解，通过代入法得到该方程组的解，这也是对部分方程是线性方程的方程

组的一种解法.

4.2.21　森林管理

在森林中，计算合理的砍伐树木数量以及种植树苗数量，既做到生态的可持续发展，又做到经济利益的最大化，是进行森林管理时顶层设计需要解决的关键问题. 其线性方程组模型建立方法如下：

把森林中的树木按高度分为 n 类，第一类树木的高度为 $[0,h_1]$，为幼苗，无经济价值，即 $p_1=0$ 元，第 k 类 $(1\leqslant k<n)$ 树木高度为 $[h_{k-1},h_k]$，每棵的经济价值为 p_k 元，第 n 类的高度为 $[h_{n-1},+\infty)$，经济价值为 p_n 元. 设第 t 年森林中 n 类树木的数量为 $\boldsymbol{x}^t=[x_1^t,x_2^t,\cdots,x_n^t]^{\mathrm{T}}$，每年只砍伐一次，且只砍伐部分树木，留下的树木和补种树木的幼苗，经过 1 年的生长期后，与上一次砍伐前的高度状态相同，即与初始状态相同；在 1 年的生长期内树木最多只能生长一个高度，g_k 表示经过 1 年的生长期后从第 k 类长高到第 $k+1$ 类的树木比例. 记生长矩阵

$$\boldsymbol{G}=\begin{bmatrix} 1-g_1 & 0 & 0 & \cdots & 0 & 0 \\ g_1 & 1-g_2 & 0 & \cdots & 0 & 0 \\ 0 & g_2 & 1-g_3 & \cdots & 0 & 0 \\ \vdots & \vdots & \vdots & & \vdots & \vdots \\ 0 & 0 & 0 & \cdots & 1-g_{n-1} & 0 \\ 0 & 0 & 0 & \cdots & g_{n-1} & 1 \end{bmatrix}$$

则有

$$\boldsymbol{x}^{t+1}=\boldsymbol{G}\boldsymbol{x}^t$$

设森林中树木的总数为 S，则 $x_1^t+x_2^t+\cdots+x_n^t=S$. 设第 $1,2,\cdots,n$ 类树木砍伐的数量为 $\boldsymbol{y}=[y_1,y_2,\cdots,y_n]^{\mathrm{T}}$，$y_1=0$，$y_k\geqslant 0$，则由生长期末的树木数量减去砍伐数量加上幼苗数量等于生长期开始的树木数量，得

$$\begin{cases} y_1+y_2+\cdots+y_n=g_1x_1 \\ y_2=g_1x_1-g_2x_2 \\ y_3=g_2x_2-g_3x_3 \\ \qquad\cdots\cdots \\ y_{n-1}=g_{n-2}x_{n-2}-g_{n-1}x_{n-1} \\ y_n=g_{n-1}x_{n-1} \end{cases}$$

$$g_1x_1 \geqslant g_2x_2 \geqslant \cdots \geqslant g_{n-1}x_{n-1} \geqslant 0$$

所收获的树木价值为

$$\begin{aligned} f(y_2, y_3, \cdots, y_n) &= p_2y_2 + p_3y_3 + \cdots + p_ny_n \\ &= p_2g_1x_1 + (p_3 - p_2)g_2x_2 + \cdots + (p_n - p_{n-1})g_{n-1}x_{n-1} \end{aligned}$$

例 4.21 在森林中，若只砍伐第 k 类而不砍伐其余树木，求所获经济价值 f_k.

【分析】 当只能砍伐第 k 类树木时，表明第 k 类以上树木的数量为零，即有 $x_k = x_{k+1} = \cdots = x_n = 0$，而经济效益

$$f_k = f(0, 0, \cdots, y_k, 0, \cdots, 0) = p_ky_k$$

故关键是求第 k 类能砍伐树木的数量 y_k.

【模型建立与求解】 由 $y_1 = y_2 = \cdots = y_{k-1} = y_{k+1} = \cdots = y_n = 0, y_k \neq 0$ 得

$$\begin{cases} y_k = g_1x_1 \\ g_2x_2 = g_1x_1 \\ \qquad \cdots\cdots \\ g_{k-1}x_{k-1} = g_{k-2}x_{k-2} \\ y_k = g_{k-1}x_{k-1} \end{cases}$$

解之得 $x_2 = \dfrac{g_1x_1}{g_2}, x_3 = \dfrac{g_1x_1}{g_3}, \cdots, x_{k-1} = \dfrac{g_1x_1}{g_{k-1}}$. 由 $x_1^t + x_2^t + \cdots + x_n^t = S$，得

$$x_1 = \frac{S}{1 + \dfrac{g_1}{g_2} + \dfrac{g_1}{g_3} + \cdots + \dfrac{g_1}{g_{k-1}}}$$

故

$$f_k = f(0, 0, \cdots, y_k, 0, \cdots, 0) = p_ky_k = p_kg_1x_1 = \frac{p_kS}{\dfrac{1}{g_1} + \dfrac{1}{g_2} + \cdots + \dfrac{1}{g_{k-1}}}$$

【结论】 在简化的森林管理模型中，砍伐数量以及经济效益依赖于参数——生长比例的估计，其易于估计，使模型具有较强的实用性.

4.2.22 CT 图像的代数重建

CT 是 Computed Tomography 的缩写，即计算机断层成像技术，在医学、工业无损检测、农林业、生态环境检测、地球物理等方面得到了广泛的应用. CT 图像

的投影重建有许多方法，如反投影重建算法、滤波重建算法和迭代重建算法等. 这里仅介绍迭代重建算法.

将待检测物体的截面分成许多边长为 δ 的小正方形，每个小正方形称为一个像元. 设一束宽度为 δ 的 X 射线，平行于像元的边穿整个像元. 组成 X 射线的光子以一定的速率被像元内的组织吸收，其速率正比于组织的 X 射线密度 (线性衰减系数). 记第 j 个像元的 X 射线密度为 x_j，则

$$x_j = -\ln I_j$$

其中，I_j 表示穿过第 j 个像元而未被吸收的光子的百分比. 如果第 i 束 X 射线穿过由 k 个像元组成的一行像元，那么第 i 束 X 射线经过这行像元未被吸收的百分比等于第 i 束 X 射线经过待检测物体的截面而未被吸收的百分比. 令

$$b_i = -\ln P_i$$

称为第 i 束 X 射线的密度，其中，P_i 表示第 i 束射线经过待检测截面后未被吸收的光子的百分比. 则有

$$x_1 + x_2 + \cdots + x_k = b_i$$

其中, b_i 可由测量得到，$x_1, x_2, \cdots x_k$ 是未知的.

将待检测的截面分成 $N = n^2$ 个像元，它们的标号由 1 到 N，第 i 束 X 射线穿过 n 个像元组成的一行像元，这些像元的标号为 $j_1, j_2, \cdots, j_n$，则有

$$x_{j_1} + x_{j_2} + \cdots + x_{j_n} = b_i \tag{4.4}$$

令 $a_{ij} = \begin{cases} 1, & j = j_1, j_2, \cdots, j_n \\ 0, & \text{其他} \end{cases}$，则式 (4.4) 可写成线性方程组

$$a_{i1}x_1 + a_{i2}x_2 + \cdots + a_{iN}x_N = b_i, \quad i = 1, 2, \cdots, M \tag{4.5}$$

其中, M 为射线的数目, 称式 (4.5) 为第 i 束 X 射线的方程, 称矩阵 $\boldsymbol{A} = (a_{ij})_{M\times N}$ 为投影矩阵.

式 (4.5) 为一个含有 N 个未知数、M 个方程的线性方程组. 一般地，M 可等于 N，也可以大于或小于 N. 在实际的 CT 设备中，$N = 80 \times 80$, 320×320 等，$M = 28800, 184300$ 等. 式 (4.5) 可能有解，也可能无解；有解时，可能有无穷多组解. 客观上，由实际问题的意义，式 (4.5) 应该有解. 一般地，应该有无穷多组解.

例 4.22　考虑从 2 维图像的 1 维投影重建原先的 2 维图像简单的重建模型. 1 个长方形图像可以用 1 个横竖均匀划分的离散网格来覆盖，每个网格对应 1 个

像素，它是该网格上各点像素的均值. 此时 1 个图像就可以用 1 个矩阵表示，其元素是图像在一点的灰度值 (黑白图像). 对于表 4.11 所示的 3×3 图像，建立图像重构模型.

表 4.11 重建图像需满足的条件

图像的行	3×3 图像各点的灰度值			水平方向上的叠加值
1	x_1	x_2	x_3	1
2	x_4	x_5	x_6	1
3	x_7	x_8	x_9	1.5
竖直方向上的叠加值	1.5	0.5	1.5	

【分析】 每个网格中的数字 x_i 代表其灰度值，范围在 [0,1]. 其中, 0 表示白色，1 表示黑色，0.5 表示灰色. 现在知道沿竖直方向和水平方向的叠加值，建立含有 6 个方程，9 个未知数的线性方程组，确定网格中点的灰度值，重构图像.

【模型建立与求解】 由题目中的数据可得

$$\begin{cases} x_1+x_2+x_3=1 \\ x_4+x_5+x_6=1 \\ x_7+x_8+x_9=1.5 \\ x_1+x_4+x_7=1.5 \\ x_2+x_5+x_8=0.5 \\ x_3+x_6+x_9=1.5 \end{cases}$$

显然该方程组的解不唯一，为了重建图像，必须增加叠加值. 若增加从右上角到左下角的叠加值分别为 1, 0, 1, 0.5, 1，则方程组将增加 5 个方程，即

$$\begin{cases} x_1=1 \\ x_2+x_4=0 \\ x_3+x_5+x_7=1 \\ x_6+x_8=0.5 \\ x_9=1 \end{cases}$$

求得方程组的一个特解为

$$x_1=1, x_2=0, x_3=0, x_4=0, x_5=0.5, x_6=0.5, x_7=0.5, x_8=0, x_9=1$$

【结论】 上述结果表明，对一般问题，仅有 3 个方向上的叠加值可能还不够，可以再增加从左上方到右下方的叠加值. 在实际中, 由于模型是由实际问题经过若

干近似抽象而来的，数据又是测量得到的，不可避免地有误差，因此方程组会出现无解的情形, 故将重建式 (4.5) 写成

$$\boldsymbol{A}\boldsymbol{x}+\boldsymbol{e}=\boldsymbol{b}$$

其中，$\boldsymbol{e}$ 为误差向量. 另外，由于矩阵 $\boldsymbol{A}$ 的元素很多，又有许多元素为零，用消元法求解很费时，在 CT 中常用迭代法求解. 它的思想是：先建立一个判据，即接受的标准，选择一个解的初始值，若它符合判据，则接受为解；若达不到要求，则按一定的方法对原值加以修正，通过不断的迭代，直到求得可接受的解为止.

习　题

1. 表 4.12 给出了函数 $p(x)$ 上 4 个点的值，试求三次插值多项式 $p(x)=a_0+a_1x+a_2x^2+a_3x^3$，并求 $p(1.5)$ 的值.

表 4.12　$p(x)$ 的值

x_i	0	1	2	3
$p(x_i)$	3	0	1	6

2. 将差分方程 $y_{k+4}-6y_{k+3}+8y_{k+2}+6y_{k+1}-9y_k=0$ 写成一个一阶方程组，使之对所有的 k 都成立.

3. 在钢板热传导的研究中，常常用节点温度来描述钢板温度的分布. 假设图 4.4 中钢板

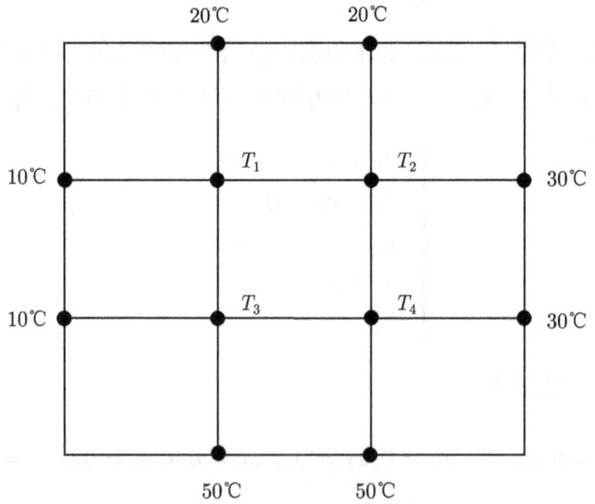

图 4.4　一块钢板的温度分布

已经达到稳态温度分布，上、下、左、右 4 个边界的温度值如图所示，而 T_1, T_2, T_3, T_4 表示钢板内部 1, 2, 3, 4 四个节点的温度. 若忽略垂直于该截面方向的热交换，那么内部某节点的温度值可以近似地等于与它相邻四个节点温度的算术平均值. 请计算该钢板的温度分布.

4. 配平下列方程式：

(1) $NaHCO_3 + H_3C_6H_5O_8 \longrightarrow Na_3C_6O_7 + H_2O + CO_2$；

(2) $MnS + As_2Cr_{10}O_{35} + H_2SO_4 \longrightarrow HMnO_4 + AsH_3 + CrS_3O_{12} + H_2O$；

(3) $Cl_2 + OH^- \longrightarrow Cl^- + ClO^- + H_2O$.

5. (1) 某城市有如图 4.5 所示的交通图，每一条道路都是单行道，图中数字表示某一个时段的机动车流量. 若对每一个十字路口，进入和离开的车辆数相等，请计算每两个相邻十字路口间路段上的交通流量 $x_i (i = 1, 2, 3, 4)$.

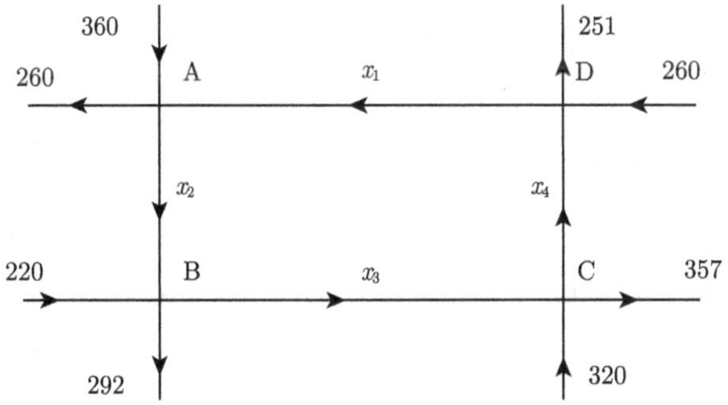

图 4.5　单行道 4 节点交通图

(2) 图 4.6 给出了某城市部分单行道的交通流量 (每小时通过的车辆数). 图中有 6 个路口，已有 9 条街道记录了当天的平均车流量. 另有 7 处的平均车流量未知，试利用每个路口的进出车流量相等关系推算这 7 处的平均车流量.

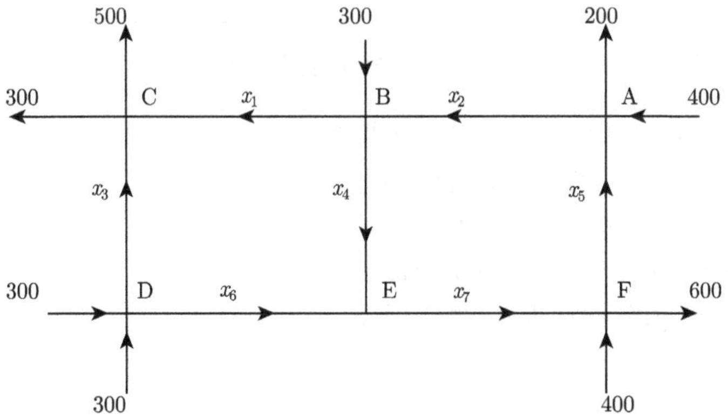

图 4.6　单行道交通图

6. 设某经济体有三个部门：化工、动力和机械制造. 化工部门把它产出的 30%卖给动力部门，50%卖给机械部门，其余留给自己用; 动力部门把它产出的 80%卖给化工部门，10%卖给机械部门，其余留给自己用; 机械部门把它产出的 40%卖给动力部门，40%卖给化工部门，其余留给自己用.

(1) 列出此经济体的交换表;

(2) 求出此经济体的平衡价格.

7. 假定图 4.7 中的平板代表一条金属梁的截面, 并忽略垂直于该截面方向上的热传导. 已知平板内部有 30 个节点, 每个节点的温度近似等于与它相邻的四个节点温度的平均值. 设 4 条边界上的温度分别等于每位同学学号的后四位的 5 倍, 如选择 $T_l = 40, T_u = 10, T_r = 0, T_d = 45$，建立可以确定平板内节点温度的线性方程组.

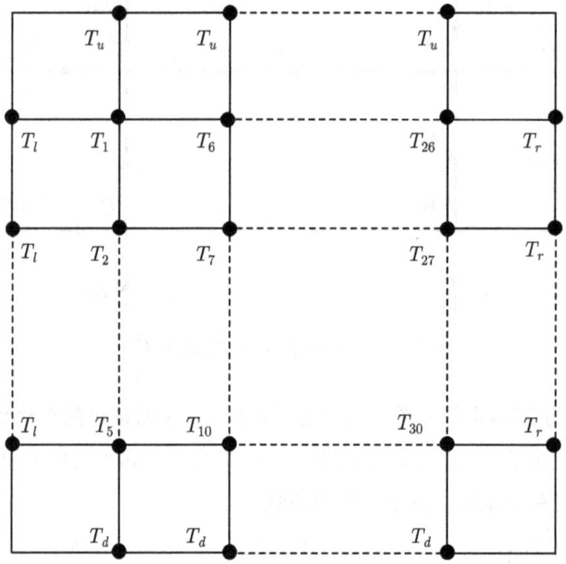

图 4.7　一块平板的温度分布图

8. 现有一个木工、电工、油漆工，相互装修他们的房子，他们有如下协议:

(1) 每人工作 10 天 (包括在自己家的日子);

(2) 每人的日工资一般的市价在 60~80 元;

(3) 日工资数应使每人的总收入和总支出相等.

表 4.13 给出了工作天数，求每人的日工资.

表 4.13　工作天数　　(单位: 天)

家	工人		
	木工	电工	油漆工
木工家	2	1	6
电工家	4	5	1
油漆工家	4	4	3

9. 给定一个 3×3 图像的 2 个方向上的灰度叠加值: 沿左上方到右下方的灰度叠加值依次为 0.8, 1.2, 1.7, 0.2, 0.3; 沿右上方到左下方的灰度叠加值依次为 0.6, 0.2, 1.6, 1.2, 0.6，建立可以确定网格数据的线性方程组.

第 5 章　特征值与特征向量

特征值与特征向量是方阵的两个重要特征. 在方阵的对角化、一阶线性微分方程组的求解和二次型的标准化等问题中发挥着重要作用，工程中的振动问题及稳定性问题也常借助矩阵特征值和特征向量来解决.

5.1　特征值与特征向量的基本理论

5.1.1　特征值与特征向量的定义、计算及性质

1. 特征值与特征向量的定义

定义 5.1　设 $\boldsymbol{A}$ 为 n 阶方阵，若存在数 λ 和 n 维非零向量 $\boldsymbol{x}$，使得 $\boldsymbol{A}\boldsymbol{x}=\lambda\boldsymbol{x}$，则称 λ 为矩阵 $\boldsymbol{A}$ 的特征值，称 n 维非零向量 $\boldsymbol{x}$ 为矩阵 $\boldsymbol{A}$ 的对应于 λ 的特征向量.

2. 特征值与特征向量的计算

(1) 对于 n 阶方阵 $\boldsymbol{A}$，解特征方程 $f(\lambda)=|\lambda\boldsymbol{E}-\boldsymbol{A}|=0$ 得 $\boldsymbol{A}$ 的 n 个特征值 $\lambda_i\,(i=1,2,\cdots,n)$；

(2) 对于每一个特征值 λ_i，解齐次线性方程组 $(\lambda_i\boldsymbol{E}-\boldsymbol{A})\,\boldsymbol{x}=\boldsymbol{0}$，得其基础解系 $\boldsymbol{\xi}_1,\boldsymbol{\xi}_2,\cdots,\boldsymbol{\xi}_{r_i}$，则 $\boldsymbol{A}$ 对应于 λ_i 的全部特征向量为 $k_1\boldsymbol{\xi}_1+k_2\boldsymbol{\xi}_2+\cdots+k_{r_i}\boldsymbol{\xi}_{r_i}$，其中，$k_1,k_2,\cdots,k_{r_i}$ 是不全为零的任意常数，$r_i=n-\mathrm{R}(\lambda_i\boldsymbol{E}-\boldsymbol{A})$.

3. 特征值与特征向量的性质

定理 5.1　设 $\lambda_1,\lambda_2,\cdots,\lambda_n$ 是矩阵 $\boldsymbol{A}=(a_{ij})_{n\times n}$ 的 n 个特征值，则

(1) $\displaystyle\sum_{i=1}^{n}\lambda_i=\sum_{i=1}^{n}a_{ii}=\mathrm{tr}(\boldsymbol{A})$；

(2) $\displaystyle\prod_{i=1}^{n}\lambda_i=|\boldsymbol{A}|$.

推论 5.1　方阵 $\boldsymbol{A}$ 可逆，当且仅当它的任意特征值不为 0.

定理 5.2　设 λ 是 $\boldsymbol{A}=(a_{ij})_{n\times n}$ 的特征值，$\boldsymbol{x}$ 是对应的特征向量，则

(1) $k\lambda$ 为 $k\boldsymbol{A}$ 的特征值，对应的特征向量为 $\boldsymbol{x}(k$ 为常数);

(2) λ^k 为 $\boldsymbol{A}^k$ 的特征值，对应的特征向量为 $\boldsymbol{x}$；

(3) 若 $\boldsymbol{A}$ 可逆，则 $\dfrac{1}{\lambda}$ 是 $\boldsymbol{A}^{-1}$ 的特征值，对应的特征向量为 $\boldsymbol{x}$；

(4) $\phi(\lambda)$ 为 $\phi(\boldsymbol{A})$ 的特征值，对应的特征向量为 $\boldsymbol{x}$，其中，

$$\phi(\lambda)=a_0+a_1\lambda+\cdots+a_s\lambda^s;\quad \phi(\boldsymbol{A})=a_0\boldsymbol{E}+a_1\boldsymbol{A}+\cdots+a_s\boldsymbol{A}^s.$$

定理 5.3 设 n 阶方阵 $\boldsymbol{A}$ 的互不相同的特征值为 $\lambda_1,\lambda_2,\cdots,\lambda_m$，对应的特征向量分别为 $\boldsymbol{\xi}_1,\boldsymbol{\xi}_2,\cdots,\boldsymbol{\xi}_m$，则 $\boldsymbol{\xi}_1,\boldsymbol{\xi}_2,\cdots,\boldsymbol{\xi}_m$ 线性无关，即对应于不同特征值的特征向量线性无关.

5.1.2 向量的内积

1. 内积的定义及其性质

定义 5.2 设 $\boldsymbol{\alpha}=[a_1,a_2,\cdots,a_n]^{\mathrm{T}},\boldsymbol{\beta}=[b_1,b_2,\cdots,b_n]^{\mathrm{T}}\in\mathrm{R}^n$，则 $\boldsymbol{\alpha}$ 与 $\boldsymbol{\beta}$ 的内积为 $\langle\boldsymbol{\alpha},\boldsymbol{\beta}\rangle=\sum\limits_{i=1}^{n}a_ib_i=\boldsymbol{\alpha}^{\mathrm{T}}\boldsymbol{\beta}$.

内积满足下列性质：

(1) 对于任意向量 $\boldsymbol{\alpha}$，$\langle\boldsymbol{\alpha},\boldsymbol{\alpha}\rangle\geqslant 0$，当且仅当 $\boldsymbol{\alpha}=\boldsymbol{0}$ 时，$\langle\boldsymbol{\alpha},\boldsymbol{\alpha}\rangle=\boldsymbol{0}$；

(2) $\langle\boldsymbol{\alpha},\boldsymbol{\beta}\rangle=\langle\boldsymbol{\beta},\boldsymbol{\alpha}\rangle$；

(3) $\langle k_1\boldsymbol{\alpha}_1+k_2\boldsymbol{\alpha}_2,\boldsymbol{\beta}\rangle=k_1\langle\boldsymbol{\alpha}_1,\boldsymbol{\beta}\rangle+k_2\langle\boldsymbol{\alpha}_2,\boldsymbol{\beta}\rangle$，$(k_1,k_2\in\mathbf{R})$.

2. 向量的模及其性质

定义 5.3 $\|\boldsymbol{\alpha}\|=\sqrt{\langle\boldsymbol{\alpha},\boldsymbol{\alpha}\rangle}$ 称为向量 $\boldsymbol{\alpha}$ 的模，记为 $\|\boldsymbol{\alpha}\|$.

向量的模满足下列性质：

(1) $\|\boldsymbol{\alpha}\|\geqslant 0$，当且仅当 $\boldsymbol{\alpha}=\boldsymbol{0}$ 时等号成立；

(2) $\|k\boldsymbol{\alpha}\|=|k|\,\|\boldsymbol{\alpha}\|,(k\in\mathbf{R})$；

(3) $|\langle\boldsymbol{\alpha},\boldsymbol{\beta}\rangle|\leqslant\|\boldsymbol{\alpha}\|\,\|\boldsymbol{\beta}\|$，即 $\left|\sum\limits_{i=1}^{n}a_ib_i\right|\leqslant\sqrt{\sum\limits_{i=1}^{n}a_i^2}\sqrt{\sum\limits_{i=1}^{n}b_i^2}$；

(4) $\|\boldsymbol{\alpha}+\boldsymbol{\beta}\|\leqslant\|\boldsymbol{\alpha}\|+\|\boldsymbol{\beta}\|$.

若 $\|\boldsymbol{\alpha}\|=1$，则 $\boldsymbol{\alpha}$ 称为单位向量.

5.1.3 正交向量组及正交矩阵

1. 正交向量组的定义

定义 5.4 若 $\langle\boldsymbol{\alpha},\boldsymbol{\beta}\rangle=0$，则称 $\boldsymbol{\alpha}$ 与 $\boldsymbol{\beta}$ 正交；若 $\boldsymbol{\alpha}_1,\boldsymbol{\alpha}_2,\cdots,\boldsymbol{\alpha}_m$ 是两两正交的非零向量组，则称向量组 $\boldsymbol{\alpha}_1,\boldsymbol{\alpha}_2,\cdots,\boldsymbol{\alpha}_m$ 为一正交向量组. 由单位向量组成的正

交向量组称为标准正交向量组.

2. 正交向量组的性质

定理 5.4 若向量组 $\boldsymbol{\alpha}_1,\boldsymbol{\alpha}_2,\cdots,\boldsymbol{\alpha}_m$ 是正交向量组，则 $\boldsymbol{\alpha}_1,\boldsymbol{\alpha}_2,\cdots,\boldsymbol{\alpha}_m$ 线性无关.

定理 5.5 若向量组 $\boldsymbol{\alpha}_1,\boldsymbol{\alpha}_2,\cdots,\boldsymbol{\alpha}_m$ 线性无关 $(m\geqslant 2)$，则 $\boldsymbol{\alpha}_1,\boldsymbol{\alpha}_2,\cdots,\boldsymbol{\alpha}_m$ 与某个正交向量组 $\boldsymbol{\beta}_1,\boldsymbol{\beta}_2,\cdots,\boldsymbol{\beta}_m$ 等价.

3. 施密特正交化方法

设向量组 $\boldsymbol{\alpha}_1,\boldsymbol{\alpha}_2,\cdots,\boldsymbol{\alpha}_m$ 线性无关，令

$$\begin{aligned}
&\boldsymbol{\beta}_1=\boldsymbol{\alpha}_1;\\
&\boldsymbol{\beta}_2=\boldsymbol{\alpha}_2-\frac{\langle\boldsymbol{\beta}_1,\boldsymbol{\alpha}_2\rangle}{\langle\boldsymbol{\beta}_1,\boldsymbol{\beta}_1\rangle}\boldsymbol{\beta}_1;\\
&\cdots\cdots\\
&\boldsymbol{\beta}_m=\boldsymbol{\alpha}_m-\frac{\langle\boldsymbol{\beta}_1,\boldsymbol{\alpha}_m\rangle}{\langle\boldsymbol{\beta}_1,\boldsymbol{\beta}_1\rangle}\boldsymbol{\beta}_1-\cdots-\frac{\langle\boldsymbol{\beta}_{m-1},\boldsymbol{\alpha}_m\rangle}{\langle\boldsymbol{\beta}_{m-1},\boldsymbol{\beta}_{m-1}\rangle}\boldsymbol{\beta}_{m-1}
\end{aligned}$$

则 $\boldsymbol{\beta}_1,\boldsymbol{\beta}_2,\cdots,\boldsymbol{\beta}_m$ 是正交向量组.

再令 $\boldsymbol{\eta}_i=\dfrac{\boldsymbol{\beta}_i}{\|\boldsymbol{\beta}_i\|}$，$(i=1,2,\cdots,m)$，则 $\boldsymbol{\eta}_1,\cdots,\boldsymbol{\eta}_m$ 是标准正交向量组.

将上述 m 个线性无关的向量组 $\boldsymbol{\alpha}_1,\boldsymbol{\alpha}_2,\cdots,\boldsymbol{\alpha}_m$ 化为与 $\boldsymbol{\alpha}_1,\boldsymbol{\alpha}_2,\cdots,\boldsymbol{\alpha}_m$ 等价的标准正交向量组 $\boldsymbol{\eta}_1,\cdots,\boldsymbol{\eta}_m$ 的过程称为施密特 (Schmidt) 正交化方法.

4. 正交矩阵的定义

定义 5.5 设 $\boldsymbol{A}$ 是方阵，若 $\boldsymbol{A}^{\mathrm{T}}\boldsymbol{A}=\boldsymbol{A}\boldsymbol{A}^{\mathrm{T}}=\boldsymbol{E}$，则称 $\boldsymbol{A}$ 为正交矩阵.

5. 正交矩阵的性质

定理 5.6 若 $\boldsymbol{A},\boldsymbol{B}$ 都是 n 阶正交矩阵，则

(1) $\boldsymbol{A}$ 的列 (行) 向量组是标准正交向量组；

(2) $\boldsymbol{A}^{\mathrm{T}}=\boldsymbol{A}^{-1}$；

(3) $\boldsymbol{A}^{\mathrm{T}}$ 也是正交矩阵；

(4) $|\boldsymbol{A}|=\pm 1$；

(5) $\boldsymbol{A}\boldsymbol{B}$ 也是正交矩阵.

5.1.4 相似矩阵

1. 相似矩阵的定义

定义 5.6 对于 n 阶方阵 $\boldsymbol{A}$ 与 $\boldsymbol{B}$，若存在可逆阵 $\boldsymbol{P}$，使 $\boldsymbol{P}^{-1}\boldsymbol{AP}=\boldsymbol{B}$，则称 $\boldsymbol{A}$ 相似于 $\boldsymbol{B}$，记作 $\boldsymbol{A}\sim\boldsymbol{B}$，$\boldsymbol{P}$ 称为相似变换矩阵.

2. 相似矩阵的性质

(1) 相似矩阵有相同的特征多项式，从而有相同的特征值；

(2) 相似矩阵同时可逆，或者同时不可逆；

(3) 相似矩阵的逆矩阵也相似；

(4) 相似矩阵具有相同的行列式；

(5) 相似矩阵具相同的迹.

5.1.5 矩阵的对角化

1. 矩阵对角化的定义

定义 5.7 若 n 阶方阵 $\boldsymbol{A}$ 与一对角矩阵 $\boldsymbol{\Lambda}$ 相似，则称矩阵 $\boldsymbol{A}$ 可对角化.

2. 矩阵可对角化的条件

(1) n 阶方阵 $\boldsymbol{A}$ 可对角化的充要条件是 $\boldsymbol{A}$ 有 n 个线性无关的特征向量；

(2) 若 n 阶方阵 $\boldsymbol{A}$ 有 n 个互不相等的特征值，则一定可对角化.

3. 矩阵对角化的方法

对一般 n 阶方阵 $\boldsymbol{A}$，其对角化的步骤如下：

(1) 求全部特征值 $\lambda_i\,(i=1,2,\cdots,n)$；

(2) 对每一个 λ_i，若 $n-\mathrm{R}\,(\lambda_i\boldsymbol{E}-\boldsymbol{A})<\lambda_i$ 的重数，则 $\boldsymbol{A}$ 不能对角化；若 $n-\mathrm{R}\,(\lambda_i\boldsymbol{E}-\boldsymbol{A})=\lambda_i$ 的重数，则 $\boldsymbol{A}$ 可对角化，进一步求齐次线性方程组 $(\lambda_i\boldsymbol{E}-\boldsymbol{A})\,\boldsymbol{x}=\boldsymbol{0}$ 的基础解系，得特征值 λ_i 线性无关的特征向量；

(3) 以每一特征值对应的线性无关的特征向量为列，构造矩阵 $\boldsymbol{P}=[\boldsymbol{x}_1,\boldsymbol{x}_2,\cdots,\boldsymbol{x}_n]$，则

$$\boldsymbol{P}^{-1}\boldsymbol{AP}=\boldsymbol{\Lambda}=\begin{bmatrix}\lambda_1 & & & \\ & \lambda_2 & & \\ & & \ddots & \\ & & & \lambda_n\end{bmatrix}$$

4. 实对称矩阵及其对角化

(1) 若实矩阵 $\boldsymbol{A}$ 满足 $\boldsymbol{A}^{\mathrm{T}}=\boldsymbol{A}$，则称 $\boldsymbol{A}$ 为实对称阵. 实对称矩阵满足下列性质：

① 实对称阵的特征值必为实数；

② 实对称阵对应于不同特征值的特征向量正交；

③ 实对称矩阵一定可以对角化；

④ 若 λ 是实对称矩阵 $\boldsymbol{A}$ 的一个 k 重特征值，则该特征值一定有 k 个线性无关的特征向量.

(2) n 阶实对称阵 $\boldsymbol{A}$ 的对角化，一种方法就是按照 3 中 (1)~(3) 的步骤，得到可逆相似变换矩阵 $\boldsymbol{P}$；另一种方法是在对 3 中 (2) 的基础上，对每一特征值对应的线性无关的特征向量正交化、标准化，然后形成正交相似矩阵 $\boldsymbol{Q}$，使

$$\boldsymbol{Q}^{\mathrm{T}}\boldsymbol{A}\boldsymbol{Q}=\boldsymbol{\Lambda}=\begin{bmatrix}\lambda_1 & & & \\ & \lambda_2 & & \\ & & \ddots & \\ & & & \lambda_n\end{bmatrix}$$

即实对称矩阵一定正交相似于对角矩阵.

5.2 应用案例分析

5.2.1 数列通项的求解

求数列的通项是数列问题研究中重要一环，下面给出一种用特征值和特征向量求解数列通项的递推方法.

例 5.1 设数列 $\{x_n\}$ 满足条件：$x_n=2x_{n-1}+x_{n-2}-2x_{n-3}$，其中，$n>5$，且 $x_1=1$，$x_2=-2, x_3=3$. 试求数列的通项 x_n.

【分析】 构造线性方程组

$$\begin{cases}x_n=2x_{n-1}+x_{n-2}-2x_{n-3}\\ x_{n-1}=x_{n-1}\\ x_{n-2}=x_{n-2}\end{cases}$$

写成矩阵形式

$$\begin{bmatrix} x_n \\ x_{n-1} \\ x_{n-2} \end{bmatrix} = \boldsymbol{A} \begin{bmatrix} x_{n-1} \\ x_{n-2} \\ x_{n-3} \end{bmatrix}$$

其中，

$$\boldsymbol{A} = \begin{bmatrix} 2 & 1 & -2 \\ 1 & 0 & 0 \\ 0 & 1 & 0 \end{bmatrix}$$

则

$$\begin{bmatrix} x_n \\ x_{n-1} \\ x_{n-2} \end{bmatrix} = \boldsymbol{A} \begin{bmatrix} x_{n-1} \\ x_{n-2} \\ x_{n-3} \end{bmatrix} = \boldsymbol{A}^2 \begin{bmatrix} x_{n-2} \\ x_{n-3} \\ x_{n-4} \end{bmatrix} = \cdots = \boldsymbol{A}^{n-3} \begin{bmatrix} x_3 \\ x_2 \\ x_1 \end{bmatrix}$$

通过求出 $\boldsymbol{A}^{n-3}$，从而得到数列的通项 x_n.

【模型建立与求解】 对于 $\boldsymbol{A}^{n-3}$，当 $\boldsymbol{A}$ 可对角化时，易于求解, 故先求 $\boldsymbol{A}$ 的特征值与特征向量. 由

$$|\lambda \boldsymbol{E} - \boldsymbol{A}| = \begin{vmatrix} \lambda-2 & -1 & 2 \\ -1 & \lambda & 0 \\ 0 & -1 & \lambda \end{vmatrix} = 0$$

得 $\boldsymbol{A}$ 的特征值为 $\lambda_1 = 1, \lambda_2 = -1, \lambda_3 = 2$. 依次将三个特征值代入 $(\lambda \boldsymbol{E} - \boldsymbol{A})\boldsymbol{x} = \boldsymbol{0}$，解得对应线性无关的特征向量分别为

$$\boldsymbol{p}_1 = [1,1,1]^{\mathrm{T}}, \quad \boldsymbol{p}_2 = [1,-1,1]^{\mathrm{T}}, \quad \boldsymbol{p}_3 = [4,2,1]^{\mathrm{T}}$$

$\boldsymbol{A}$ 有三个线性无关的特征向量，故 $\boldsymbol{A}$ 可对角化.

令

$$\boldsymbol{P} = [\boldsymbol{p}_1, \boldsymbol{p}_2, \boldsymbol{p}_3] = \begin{bmatrix} 1 & 1 & 4 \\ 1 & -1 & 2 \\ 1 & 1 & 1 \end{bmatrix}$$

则

$$\boldsymbol{A} = \boldsymbol{P} \begin{bmatrix} 1 & & \\ & -1 & \\ & & 2 \end{bmatrix} \boldsymbol{P}^{-1}$$

从而

$$\boldsymbol{A}^{n-3}=\boldsymbol{P}\begin{bmatrix}1 & & \\ & (-1)^{n-3} & \\ & & 2^{n-3}\end{bmatrix}\boldsymbol{P}^{-1}$$

$$=\begin{bmatrix}-\frac{1}{2}+\frac{(-1)^{n-3}}{6}+\frac{4}{3}\cdot 2^{n-3} & \frac{1}{2}-\frac{(-1)^{n-3}}{2} & 1+\frac{(-1)^{n-3}}{3}-\frac{4}{3}\cdot 2^{n-3}\\ -\frac{1}{2}+\frac{(-1)^{n-2}}{6}+\frac{2}{3}\cdot 2^{n-3} & \frac{1}{2}-\frac{(-1)^{n-2}}{2} & 1+\frac{(-1)^{n-2}}{3}-\frac{2}{3}\cdot 2^{n-3}\\ -\frac{1}{2}+\frac{(-1)^{n-3}}{6}+\frac{1}{3}\cdot 2^{n-3} & \frac{1}{2}-\frac{(-1)^{n-3}}{2} & 1+\frac{(-1)^{n-3}}{3}-\frac{1}{3}\cdot 2^{n-3}\end{bmatrix}$$

则

$$\begin{bmatrix}x_n\\ x_{n-1}\\ x_{n-2}\end{bmatrix}=\boldsymbol{A}^{n-3}\begin{bmatrix}x_3\\ x_2\\ x_1\end{bmatrix}=\boldsymbol{P}\begin{bmatrix}1 & & \\ & (-1)^{n-3} & \\ & & 2^{n-3}\end{bmatrix}\boldsymbol{P}^{-1}\begin{bmatrix}x_3\\ x_2\\ x_1\end{bmatrix}$$

$$=\begin{bmatrix}\left(-\frac{1}{2}+\frac{(-1)^{n-3}}{6}+\frac{2^{n-1}}{3}\right)x_3+\left(\frac{1}{2}-\frac{(-1)^{n-3}}{2}\right)x_2+\left(1+\frac{(-1)^{n-3}}{3}-\frac{2^{n-1}}{3}\right)x_1\\ \left(-\frac{1}{2}+\frac{(-1)^{n-2}}{6}+\frac{2^{n-2}}{3}\right)x_3+\left(\frac{1}{2}-\frac{(-1)^{n-2}}{2}\right)x_2+\left(1+\frac{(-1)^{n-2}}{3}-\frac{2^{n-2}}{3}\right)x_1\\ \left(-\frac{1}{2}+\frac{(-1)^{n-3}}{6}+\frac{2^{n-3}}{3}\right)x_3+\left(\frac{1}{2}-\frac{(-1)^{n-3}}{2}\right)x_2+\left(1+\frac{(-1)^{n-3}}{3}-\frac{2^{n-3}}{3}\right)x_1\end{bmatrix}$$

将 $x_1=1,x_2=-2,x_3=3$ 代入上式，得

$$\begin{bmatrix}x_n\\ x_{n-1}\\ x_{n-2}\end{bmatrix}=\begin{bmatrix}-\frac{3}{2}+\frac{11}{6}(-1)^{n-3}+\frac{2^n}{3}\\ -\frac{3}{2}+\frac{11}{6}(-1)^{n-2}+\frac{2^{n-1}}{3}\\ -\frac{3}{2}+\frac{11}{6}(-1)^{n-3}+\frac{2^{n-2}}{3}\end{bmatrix}$$

【结论】 数列的通项为 $x_n=-\frac{3}{2}+\frac{11}{6}(-1)^{n-3}+\frac{2^n}{3}$.

5.2.2 种群增长问题

利用矩阵的特征值与特征向量理论，可以方便地求解种群增长模型，进而更好地理解种群的演化特征，从而有效地对种群进行动态调节，促进种群的良性发展.

例 5.2 意大利数学家斐波那契 (Fibonacci) 提出了如下的兔子繁殖的问题：设有 1 对兔子，出生两个月后生下 1 对小兔，以后每个月生下 1 对；新生的小兔

也是这样繁殖后代. 假定每生下 1 对小兔必是雌雄异性，且均无死亡. 那么，从 1 对新生兔开始，此后每个月有多少对兔?

【分析】 令 F_n 代表第 n 个月的兔子对数，则有

$$F_0=1,\ F_1=1,\ F_2=2,\ F_3=3,\ F_4=5,\ F_5=8,\ \cdots$$

注意到此数列满足递推关系

$$F_n=F_{n-1}+F_{n-2},(n=2,3,\cdots)$$

【模型建立与求解】 根据递推关系可得

$$\begin{bmatrix} F_n \\ F_{n-1} \end{bmatrix}=\begin{bmatrix} 1 & 1 \\ 1 & 0 \end{bmatrix}\begin{bmatrix} F_{n-1} \\ F_{n-2} \end{bmatrix}$$

记

$$\boldsymbol{x}_n=\begin{bmatrix} F_n \\ F_{n-1} \end{bmatrix},\quad \boldsymbol{A}=\begin{bmatrix} 1 & 1 \\ 1 & 0 \end{bmatrix}$$

则 $\boldsymbol{x}_n=\boldsymbol{A}x_{n-1}=\boldsymbol{A}^2x_{n-2}=\cdots=\boldsymbol{A}^{n-1}x_1$.

由 $|\boldsymbol{A}-\lambda\boldsymbol{E}|=\lambda^2-\lambda-1=0$，得 $\boldsymbol{A}$ 的特征值为

$$\lambda_1=\frac{1+\sqrt{5}}{2},\lambda_2=\frac{1-\sqrt{5}}{2}$$

对应的特征向量为

$$\boldsymbol{p}_1=\left[\frac{1+\sqrt{5}}{2},1\right]^{\mathrm{T}},\boldsymbol{p}_2=\left[\frac{1-\sqrt{5}}{2},1\right]^{\mathrm{T}}$$

令

$$\boldsymbol{P}=[\boldsymbol{p}_1,\boldsymbol{p}_2]=\begin{bmatrix} \dfrac{1+\sqrt{5}}{2} & \dfrac{1-\sqrt{5}}{2} \\ 1 & 1 \end{bmatrix}$$

则

$$\boldsymbol{P}^{-1}\boldsymbol{A}\boldsymbol{P}=\boldsymbol{\Lambda}=\begin{bmatrix} \dfrac{1+\sqrt{5}}{2} & \\ & \dfrac{1-\sqrt{5}}{2} \end{bmatrix}$$

即 $\boldsymbol{A}=\boldsymbol{P}\boldsymbol{\Lambda}\boldsymbol{P}^{-1}$，于是 $\boldsymbol{A}^{n-1}=\boldsymbol{P}\boldsymbol{\Lambda}^{n-1}\boldsymbol{P}^{-1}$，则

$$\boldsymbol{x}_n=\boldsymbol{A}^{n-1}\boldsymbol{x}_1=\boldsymbol{P}\boldsymbol{\Lambda}^{n-1}\boldsymbol{P}^{-1}\boldsymbol{x}_1$$

$$
=\frac{1}{\sqrt{5}}\begin{bmatrix}\frac{1+\sqrt{5}}{2} & \frac{1-\sqrt{5}}{2}\\ 1 & 1\end{bmatrix}\begin{bmatrix}\left(\frac{1+\sqrt{5}}{2}\right)^{n-1} & \\ & \left(\frac{1-\sqrt{5}}{2}\right)^{n-1}\end{bmatrix}
$$

$$
\times\begin{bmatrix}1 & -\frac{1-\sqrt{5}}{2}\\ -1 & \frac{1+\sqrt{5}}{2}\end{bmatrix}\begin{bmatrix}1\\ 1\end{bmatrix}
$$

$$
=\frac{1}{\sqrt{5}}\begin{bmatrix}\left(\frac{1+\sqrt{5}}{2}\right)^{n+1}-\left(\frac{1-\sqrt{5}}{2}\right)^{n+1}\\ \left(\frac{1+\sqrt{5}}{2}\right)^{n}-\left(\frac{1-\sqrt{5}}{2}\right)^{n}\end{bmatrix}
$$

故第 n 个月兔子的数量 F_n 为

$$
F_n=\frac{1}{\sqrt{5}}\left[\left(\frac{1+\sqrt{5}}{2}\right)^{n+1}-\left(\frac{1-\sqrt{5}}{2}\right)^{n+1}\right]
$$

【结论】 F_n 为一类指数增长模型，当 $n\to\infty$ 时，$F_n\to\infty$. 因此，若不对兔子的数量进行有效的控制，兔子将会泛滥成灾.

5.2.3　常染色体遗传问题

基因遗传规律的研究也与矩阵的特征值与特征向量有密切的关系.

例 5.3　常染色体遗传的规律是：后代是从每个父代的基因对中各继承一个基因，形成自己的基因型. 如果考虑的遗传特征是由两个基因 A、a 控制的，则有三种基因对：AA、Aa 和 aa. 植物研究所计划采用 AA 型的植物与每一种基因型植物相结合的方案培育植物后代. 经过 n 年后，这种植物的任意一代的三种基因型如何分布？

【分析】 父代结合形成后代的基因型概率，如表 5.1 所示.

设 a_n, b_n, c_n 分别表示第 n 代植物中基因型为 AA、Aa、aa 的植物出现的概率，即 $\boldsymbol{x}_n=[a_n,b_n,c_n]^{\mathrm{T}}$ 表示第 n 代植物的基因型分布，$\boldsymbol{x}_0=[a_0,b_0,c_0]^{\mathrm{T}}$ $(a_0+b_0+c_0=1)$ 表示植物基因型初始分布. 对一个 AA 型的父代根据表中基因型的概率，其下一代基因型的概率为

$$\begin{bmatrix} a_1 \\ b_1 \\ c_1 \end{bmatrix} = \begin{bmatrix} 1 & \frac{1}{2} & 0 \\ 0 & \frac{1}{2} & 1 \\ 0 & 0 & 0 \end{bmatrix} \begin{bmatrix} a_0 \\ b_0 \\ c_0 \end{bmatrix}$$

表 5.1 双亲结合形成后代的基因型概率

后代基因型	父体–母体基因型					
	AA-AA	AA-Aa	AA-aa	Aa-Aa	Aa-aa	aa-aa
AA	1	$\frac{1}{2}$	0	$\frac{1}{4}$	0	0
Aa	0	$\frac{1}{2}$	1	$\frac{1}{2}$	$\frac{1}{2}$	0
aa	0	0	0	$\frac{1}{4}$	$\frac{1}{2}$	1

【模型建立与求解】 令

$$\boldsymbol{B} = \begin{bmatrix} 1 & \frac{1}{2} & 0 \\ 0 & \frac{1}{2} & 1 \\ 0 & 0 & 0 \end{bmatrix}$$

则第 n 代基因型的分布为

$$\boldsymbol{x}_n = \boldsymbol{B}\boldsymbol{x}_{n-1} = \boldsymbol{B}^2\boldsymbol{x}_{n-2} = \cdots = \boldsymbol{B}^n\boldsymbol{x}_0$$

易知，$\boldsymbol{B}$ 的特征值为 $\lambda_1 = 1$, $\lambda_2 = 1/2$, $\lambda_3 = 0$，故 $\boldsymbol{B}$ 可对角化. 对应的特征向量为 $\boldsymbol{p}_1 = [1,0,0]^{\mathrm{T}}$，$\boldsymbol{p}_2 = [0,-1,0]^{\mathrm{T}}$，$\boldsymbol{p}_3 = [1,-2,1]^{\mathrm{T}}$. 记

$$\boldsymbol{P} = [\boldsymbol{p}_1, \boldsymbol{p}_2, \boldsymbol{p}_3] = \begin{bmatrix} 1 & 0 & 1 \\ 0 & -1 & -2 \\ 0 & 0 & 1 \end{bmatrix}$$

$$\boldsymbol{P}^{-1} = \begin{bmatrix} 1 & 0 & -1 \\ 0 & -1 & -2 \\ 0 & 0 & 1 \end{bmatrix}, \quad \boldsymbol{\Lambda} = \begin{bmatrix} 1 & & \\ & \frac{1}{2} & \\ & & 0 \end{bmatrix}$$

故 $\boldsymbol{B} = \boldsymbol{P}\boldsymbol{\Lambda}\boldsymbol{P}^{-1}$，从而

$$\boldsymbol{B}^n=\boldsymbol{P}\boldsymbol{\Lambda}^n\boldsymbol{P}^{-1}=\begin{bmatrix}1 & 0 & -1\\ 0 & \dfrac{1}{2^n} & \dfrac{1}{2^{n-1}}\\ 0 & 0 & 0\end{bmatrix}$$

则

$$\boldsymbol{x}_n=\boldsymbol{B}^n\boldsymbol{x}_0=\begin{bmatrix}a_0-c_0\\ \dfrac{1}{2^n}b_0+\dfrac{1}{2^{n-1}}c_0\\ 0\end{bmatrix}$$

【结论】 由计算结果可以看出，当 $n\to\infty$ 时，$a_n=a_0-c_0$，$b_n\to 0$，$c_n=0$. 因为采用 AA 型的植物与每一种基因型植物相结合的方案培育出的植物后代基因型为 aa 型的概率为 0，所以 $c_0=0$，故 $a_n=a_0$，说明培育出来的植物以概率 a_0 呈现 AA 型，以 $\left(\dfrac{1}{2^n}\right)b_0$ 的概率呈现 Aa 型，不可能呈 aa 型. 故经过足够的代数演化可得纯合体 AA 基因型.

5.2.4　经济增长问题

例 5.4　设 R 和 S 两家公司经营同类产品，它们相互竞争. 每年 R 公司保有 $\dfrac{1}{4}$ 的顾客，而 $\dfrac{3}{4}$ 转移向 S 公司；每年 S 公司保有 $\dfrac{2}{3}$ 的顾客，而 $\dfrac{1}{3}$ 转移向 R 公司. 当产品开始制造时，R 公司占有 $\dfrac{3}{5}$ 的市场份额，S 公司占有 $\dfrac{2}{5}$ 的市场份额. 2 年后，两家公司所占的市场份额怎样变化？5 年以后会怎样？10 年以后如何？是否有一组初始市场份额分配数据使以后每年的市场份额稳定不变？

【分析】 设 $x_1^{(k)},x_2^{(k)}$ 为第 k 年 R 公司和 S 公司所占的市场份额. 根据题意，刚开始制造时 R 公司与 S 公司占有的市场份额、第 1 年 R 公司与 S 公司占有的市场份额、……、第 $k+1$ 年 R 公司与 S 公司占有的市场份额分别为

$$\begin{cases}x_1^{(0)}=\dfrac{3}{5}\\ x_2^{(0)}=\dfrac{2}{5}\end{cases},\quad \begin{cases}x_1^{(1)}=\dfrac{1}{4}x_1^{(0)}+\dfrac{1}{3}x_2^{(0)}\\ x_2^{(1)}=\dfrac{3}{4}x_1^{(0)}+\dfrac{2}{3}x_2^{(0)}\end{cases},\cdots\cdots,\quad \begin{cases}x_1^{(k+1)}=\dfrac{1}{4}x_1^{(k)}+\dfrac{1}{3}x_2^{(k)}\\ x_2^{(k+1)}=\dfrac{3}{4}x_1^{(k)}+\dfrac{2}{3}x_2^{(k)}\end{cases}$$

【模型建立与求解】 将第 $k+1$ 年 R 公司与 S 公司所占的市场份额用矩阵形式表示为

$$\begin{bmatrix}x_1^{(k+1)}\\ x_2^{(k+1)}\end{bmatrix}=\begin{bmatrix}\dfrac{1}{4} & \dfrac{1}{3}\\ \dfrac{3}{4} & \dfrac{2}{3}\end{bmatrix}\begin{bmatrix}x_1^{(k)}\\ x_2^{(k)}\end{bmatrix}$$

记

$$\boldsymbol{A}=\begin{bmatrix}\dfrac{1}{4} & \dfrac{1}{3}\\ \dfrac{3}{4} & \dfrac{2}{3}\end{bmatrix},\quad \boldsymbol{x}^{(k)}=[x_1^{(k)},x_2^{(k)}]^{\mathrm{T}}$$

则

$$\boldsymbol{x}^{(k+1)}=\boldsymbol{A}\boldsymbol{x}^{(k)}=\cdots=\boldsymbol{A}^{k+1}\boldsymbol{x}^{(0)},\quad k=0,1,2,\cdots$$

其中

$$\boldsymbol{x}^{(0)}=\left[\frac{3}{5},\frac{2}{5}\right]^{\mathrm{T}}$$

易得 $\boldsymbol{A}$ 的特征值为 $\lambda_1=-1/12,\lambda_2=1$；对应的特征向量为 $\boldsymbol{p}_1=[1,-1]^{\mathrm{T}}$，$\boldsymbol{p}_2=[4,9]^{\mathrm{T}}$. 记

$$\boldsymbol{P}=[\boldsymbol{p}_1,\boldsymbol{p}_2]=\begin{bmatrix}1 & 4\\ -1 & 9\end{bmatrix},\quad \boldsymbol{\Lambda}=\begin{bmatrix}-\dfrac{1}{12} & \\ & 1\end{bmatrix}$$

则

$$\boldsymbol{x}^{(k)}=\boldsymbol{P}\boldsymbol{\Lambda}^k\boldsymbol{P}^{-1}\boldsymbol{x}^{(0)}=\begin{bmatrix}\dfrac{19}{5}\cdot\left(-\dfrac{1}{12}\right)^k+\dfrac{4}{13}\\ -\dfrac{19}{5}\cdot\left(-\dfrac{1}{12}\right)^k+\dfrac{9}{13}\end{bmatrix}$$

当 $k=5$ 时，$\boldsymbol{x}^{(5)}\approx\begin{bmatrix}0.3077\\0.6932\end{bmatrix}$，当 $k=10$ 时，$\boldsymbol{x}^{(10)}\approx\begin{bmatrix}0.3077\\0.6932\end{bmatrix}$，故 5 年后、10 年后两公司所占市场份额均约为 0.3077 和 0.6932. 当 $k\longrightarrow\infty$ 时，

$$\boldsymbol{x}^{(k)}=\begin{bmatrix}\dfrac{19}{5}\cdot\left(-\dfrac{1}{12}\right)^k+\dfrac{4}{13}\\ -\dfrac{19}{5}\cdot\left(-\dfrac{1}{12}\right)^k+\dfrac{9}{13}\end{bmatrix}\to\begin{bmatrix}\dfrac{4}{13}\\ \dfrac{9}{13}\end{bmatrix}$$

【结论】 根据计算结果可见，经过足够的时间，两公司所占市场份额趋于稳定.

5.2.5 环境污染问题

例 5.5 设 x_0 为某地区目前的污染损耗 (由土地、河流及空气污染指数测得)，y_0 是该地区的工业产值，以 4 年为一个发展周期，1 个周期后的污染损耗和

工业产值分别为 x_1 和 y_1. 已知

$$x_1 = \frac{8}{3}x_0 - \frac{1}{3}y_0, y_1 = -\frac{2}{3}x_0 + \frac{7}{3}y_0$$

若 $x_0 = 1$, $y_0 = 2$，求 k 个发展周期后污染损耗和工业产值的情况.

【分析】 令 $\boldsymbol{\alpha}_0 = \begin{bmatrix} x_0 \\ y_0 \end{bmatrix}$，$\boldsymbol{\alpha}_1 = \begin{bmatrix} x_1 \\ y_1 \end{bmatrix}$，$\boldsymbol{A} = \begin{bmatrix} 8/3 & -1/3 \\ -2/3 & 7/3 \end{bmatrix}$，则 1 个周期后有

$$\begin{bmatrix} x_1 \\ y_1 \end{bmatrix} = \begin{bmatrix} 8/3 & -1/3 \\ -2/3 & 7/3 \end{bmatrix} \begin{bmatrix} x_0 \\ y_0 \end{bmatrix}$$

即 $\boldsymbol{\alpha}_1 = \boldsymbol{A}\boldsymbol{\alpha}_0$.

【模型建立与求解】 依题意，第 k 个周期后的污染损耗和工业产值为

$$\begin{bmatrix} x_k \\ y_k \end{bmatrix} = \frac{1}{3}\begin{bmatrix} 8 & -1 \\ -2 & 7 \end{bmatrix} \begin{bmatrix} x_{k-1} \\ y_{k-1} \end{bmatrix}$$

从而

$$\boldsymbol{\alpha}_k = \boldsymbol{A}\boldsymbol{\alpha}_{k-1} = \boldsymbol{A}^2\boldsymbol{\alpha}_{k-2} = \cdots = \boldsymbol{A}^k\boldsymbol{\alpha}_0$$

易知 $\boldsymbol{A}$ 的特征值分别为 $\lambda_1 = 2, \lambda_2 = 3$，对应的特征向量分别为 $\boldsymbol{p}_1 = [1,2]^{\mathrm{T}}$，$\boldsymbol{p}_2 = [1,-1]^{\mathrm{T}}$. 记

$$\boldsymbol{P} = [\boldsymbol{p}_1, \boldsymbol{p}_2] = \begin{bmatrix} 1 & 1 \\ 2 & -1 \end{bmatrix}, \boldsymbol{\Lambda} = \begin{bmatrix} 2 & \\ & 3 \end{bmatrix}$$

注意到当前 $\boldsymbol{\alpha}_0$ 恰好等于 $\boldsymbol{p}_1$，于是

$$\begin{aligned} \boldsymbol{\alpha}_k &= \boldsymbol{A}^k\boldsymbol{\alpha}_0 = \boldsymbol{A}^k\boldsymbol{p}_1 = \boldsymbol{P}\boldsymbol{\Lambda}^k\boldsymbol{P}^{-1}\boldsymbol{p}_1 \\ &= \begin{bmatrix} 1 & 1 \\ 2 & -1 \end{bmatrix} \begin{bmatrix} 2^k & \\ & 3^k \end{bmatrix} \begin{bmatrix} 1/3 & 1/3 \\ 2/3 & -1/3 \end{bmatrix} \begin{bmatrix} 1 \\ 2 \end{bmatrix} = \begin{bmatrix} 2^k \\ 2^{k+1} \end{bmatrix} \end{aligned}$$

故 $x_k = 2^k$, $y_k = 2^{k+1}$.

【结论】 经过 k 个发展周期后，工业产值已经达到一个相当高的水平 2^{k+1}，但污染损耗 2^k 是工业产值的一半，也很高，说明资源浪费严重.

5.2.6 人口迁移问题

例 5.6 有甲、乙两个地区，甲地每年有 30%的人迁入乙地，乙地每年有 20%的人迁入甲地，设甲地有人口 60 万人，乙地有人口 40 万人，且两地区总人口保持

不变，则 5 年后甲地和乙地人口分别是多少? 经过很长时间后，两地人口的分布是否会趋于一个“稳定状态”?

【分析】 设第 n 年甲地人口为 x_n 人，乙地人口为 y_n 人，则有

$$\begin{cases} x_{n+1} = 0.7x_n + 0.2y_n \\ y_{n+1} = 0.3x_n + 0.8y_n \end{cases}$$

记

$$\boldsymbol{A} = \begin{bmatrix} 0.7 & 0.2 \\ 0.3 & 0.8 \end{bmatrix}, \quad \boldsymbol{x}_n = \begin{bmatrix} x_n \\ y_n \end{bmatrix}$$

则可建立两地人口迁移模型为

$$\boldsymbol{x}_{n+1} = \boldsymbol{A}\boldsymbol{x}_n,\ n = 0,1,2,\cdots，\text{其中 } \boldsymbol{x}_0 = [60,40]^{\mathrm{T}}$$

那么 $n+1$ 年后两地人口为 $\boldsymbol{x}_{n+1} = \boldsymbol{A}\boldsymbol{x}_n = \boldsymbol{A}^2\boldsymbol{x}_{n-1} = \cdots = \boldsymbol{A}^{n+1}\boldsymbol{x}_0$.

【模型建立与求解】 通过方阵 $\boldsymbol{A}$ 对角化，求解 $\boldsymbol{A}^n$. 经计算可得 $\boldsymbol{A}$ 的特征值为 $\lambda_1 = 1$，$\lambda_2 = \dfrac{1}{2}$，对应的特征向量分别为 $\boldsymbol{p}_1 = [2,3]^{\mathrm{T}}, \boldsymbol{p}_2 = [1,-1]^{\mathrm{T}}$. 记

$$\boldsymbol{P} = [\boldsymbol{p}_1, \boldsymbol{p}_2] = \begin{bmatrix} 2 & 1 \\ 3 & -1 \end{bmatrix}, \quad \boldsymbol{\Lambda} = \begin{bmatrix} 1 & \\ & 1/2 \end{bmatrix}$$

则 5 年后两地人口为

$$\boldsymbol{x}_5 = \boldsymbol{A}^5\boldsymbol{x}_0 = \boldsymbol{P}\boldsymbol{\Lambda}^5\boldsymbol{P}^{-1}\boldsymbol{x}_0 = \begin{bmatrix} 40.625 \\ 59.375 \end{bmatrix}$$

即 5 年后甲地有 40. 625 万人，乙地有 59. 375 万人.

n 年后两地人口为

$$\begin{aligned} \boldsymbol{x}_n &= \boldsymbol{A}^n\boldsymbol{x}_0 = \boldsymbol{P}\boldsymbol{\Lambda}^n\boldsymbol{P}^{-1}\boldsymbol{x}_0 \\ &= 100\begin{bmatrix} \dfrac{2}{5} \\ \dfrac{3}{5} \end{bmatrix} + 200\left(\dfrac{1}{2}\right)^n \begin{bmatrix} \dfrac{1}{5} \\ -\dfrac{1}{5} \end{bmatrix} = \begin{bmatrix} 40\cdot\left(1+\dfrac{1}{2^n}\right) \\ 60 - 40\cdot\dfrac{1}{2^n} \end{bmatrix} \end{aligned}$$

【结论】 显然，$\lim\limits_{n\to\infty} \boldsymbol{x}_n = \begin{bmatrix} 40 \\ 60 \end{bmatrix}$. 因此，经过很长时间后，两地人口的分布会趋于稳定，且甲地有 40 万人，乙地有 60 万人.

5.2.7 电路中电压的计算

电路中电压计算的数学模型为一阶常系数齐次线性微分方程组

$$\begin{cases} \dfrac{\mathrm{d}y_1}{\mathrm{d}t} = a_{11}y_1 + a_{12}y_2 + \cdots + a_{1n}y_n \\ \dfrac{\mathrm{d}y_2}{\mathrm{d}t} = a_{21}y_1 + a_{22}y_2 + \cdots + a_{2n}y_n \\ \qquad\qquad \cdots\cdots \\ \dfrac{\mathrm{d}y_n}{\mathrm{d}t} = a_{n1}y_1 + a_{n2}y_2 + \cdots + a_{nn}y_n \end{cases} \tag{5.1}$$

其中，$y_1,\ y_2,\ \cdots,\ y_n$ 是 t 的可导函数；$a_{ij}, i, j = 1, 2, \cdots n$ 是常数.

设 $\boldsymbol{y} = [y_1,\ y_2,\ \cdots,\ y_n]^{\mathrm{T}}$，$\boldsymbol{A} = (a_{ij})_{n\times n}$，$\dfrac{\mathrm{d}\boldsymbol{y}}{\mathrm{d}t} = \left[\dfrac{\mathrm{d}y_1}{\mathrm{d}t},\ \dfrac{\mathrm{d}y_2}{\mathrm{d}t},\ \cdots,\ \dfrac{\mathrm{d}y_n}{\mathrm{d}t}\right]^{\mathrm{T}}$，则式 (5.1) 的矩阵形式为

$$\frac{\mathrm{d}\boldsymbol{y}}{\mathrm{d}t} = \boldsymbol{A}\boldsymbol{y} \tag{5.2}$$

设方阵 $\boldsymbol{A}$ 可对角化，其特征值为 $\lambda_1, \lambda_2, \cdots, \lambda_n$，对应的线性无关的特征向量为 $\boldsymbol{p}_1, \boldsymbol{p}_2, \cdots \boldsymbol{p}_n$.

令 $\boldsymbol{P} = [\boldsymbol{p}_1,\ \boldsymbol{p}_2,\ \cdots,\ \boldsymbol{p}_n]$，则有

$$\boldsymbol{P}^{-1}\boldsymbol{A}\boldsymbol{P} = \boldsymbol{\Lambda} = \begin{bmatrix} \lambda_1 & & & \\ & \lambda_2 & & \\ & & \ddots & \\ & & & \lambda_n \end{bmatrix}$$

令 $\boldsymbol{y} = \boldsymbol{P}\boldsymbol{x}$，式 (5.2) 变为

$$\boldsymbol{P}\frac{\mathrm{d}\boldsymbol{x}}{\mathrm{d}t} = \boldsymbol{A}\boldsymbol{P}\boldsymbol{x} = \boldsymbol{P}\boldsymbol{\Lambda}\boldsymbol{x}$$

因为 $\boldsymbol{P}$ 可逆，所以 $\dfrac{\mathrm{d}\boldsymbol{x}}{\mathrm{d}t} = \boldsymbol{\Lambda}\boldsymbol{x}$. 即

$$\begin{bmatrix} \dfrac{\mathrm{d}x_1}{\mathrm{d}t} \\ \dfrac{\mathrm{d}x_2}{\mathrm{d}t} \\ \vdots \\ \dfrac{\mathrm{d}x_n}{\mathrm{d}t} \end{bmatrix} = \begin{bmatrix} \lambda_1 & & & \\ & \lambda_2 & & \\ & & \ddots & \\ & & & \lambda_n \end{bmatrix} \begin{bmatrix} x_1 \\ x_2 \\ \vdots \\ x_n \end{bmatrix}$$

则

$$\frac{\mathrm{d}x_i}{\mathrm{d}t} = \lambda_i x_i, \quad i = 1, 2, \cdots n \tag{5.3}$$

式 (5.3) 的解为 $x_i = c_i\mathrm{e}^{\lambda_i t}\,(i=1,2,\cdots,n)$，于是式 (5.1) 的解为

$$
\begin{aligned}
\boldsymbol{y}=\boldsymbol{P}\boldsymbol{x}&=[\boldsymbol{p}_1,\ \boldsymbol{p}_2,\ \cdots,\boldsymbol{p}_n]\begin{bmatrix} c_1\mathrm{e}^{\lambda_1 t}\\ c_2\mathrm{e}^{\lambda_2 t}\\ \vdots\\ c_n\mathrm{e}^{\lambda_n t}\end{bmatrix}\\
&=c_1\boldsymbol{p}_1\mathrm{e}^{\lambda_1 t}+c_2\boldsymbol{p}_2\mathrm{e}^{\lambda_2 t}+\cdots+c_n\boldsymbol{p}_n\mathrm{e}^{\lambda_n t}\\
&=[\boldsymbol{p}_1,\ \boldsymbol{p}_2,\ \cdots,\boldsymbol{p}_n]\begin{bmatrix} \mathrm{e}^{\lambda_1 t} & & & \\ & \mathrm{e}^{\lambda_2 t} & & \\ & & \ddots & \\ & & & \mathrm{e}^{\lambda_n t}\end{bmatrix}\begin{bmatrix} c_1\\ c_2\\ \vdots\\ c_n\end{bmatrix}
\end{aligned}
\tag{5.4}
$$

式 (5.1) 的 n 个线性无关的特解为

$$\boldsymbol{p}_1\mathrm{e}^{\lambda_1 t},\boldsymbol{p}_2\mathrm{e}^{\lambda_2 t},\cdots,\boldsymbol{p}_n\mathrm{e}^{\lambda_n t}$$

故式 (5.1) 的通解为 $\boldsymbol{y}=c_1\boldsymbol{p}_1\mathrm{e}^{\lambda_1 t}+c_2\boldsymbol{p}_2\mathrm{e}^{\lambda_2 t}+\cdots+c_n\boldsymbol{p}_n\mathrm{e}^{\lambda_n t}(c_1,c_2,\cdots c_n$ 为任意常数).

例 5.7 如图 5.1 所示的电路中，电容器 C_1 和 C_2 两端的电压 $y_1(t)$ 和 $y_2(t)$ 满足微分方程组

$$
\begin{cases}
\dfrac{\mathrm{d}y_1}{\mathrm{d}t}=-\dfrac{\dfrac{1}{R_1}+\dfrac{1}{R_2}}{C_1}y_1+\dfrac{1}{R_2C_1}y_2\\
\dfrac{\mathrm{d}y_2}{\mathrm{d}t}=\dfrac{1}{R_2C_2}y_1-\dfrac{1}{R_2C_2}y_2
\end{cases}
$$

设电容器 C_1 和 C_2 分别为 1F 和 0.5F，电阻 R_1 和 R_2 分别为 1Ω 和 2Ω，初始电压为 $y_1(0)=5\mathrm{V}$，$y_2(0)=4\mathrm{V}$. 求电压 $y_1(t)$ 和 $y_2(t)$.

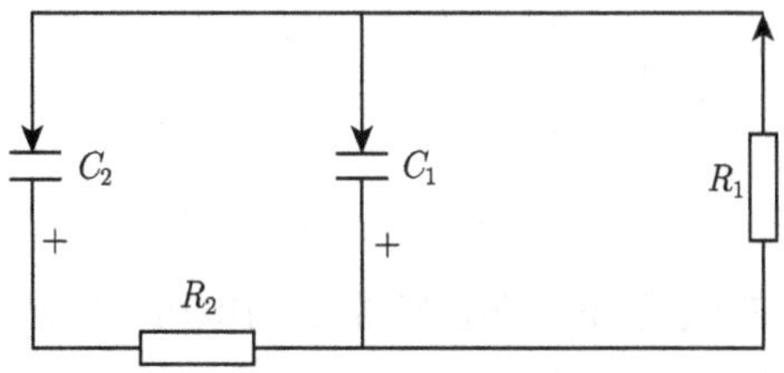

图 5.1 电路图

【分析】 由题意，方程组写成矩阵形式为

$$\begin{bmatrix} \dfrac{\mathrm{d}y_1}{\mathrm{d}t} \\ \dfrac{\mathrm{d}y_2}{\mathrm{d}t} \end{bmatrix} = \begin{bmatrix} -\dfrac{\dfrac{1}{R_1}+\dfrac{1}{R_2}}{C_1} & \dfrac{1}{R_2C_1} \\ \dfrac{1}{R_2C_2} & -\dfrac{1}{R_2C_2} \end{bmatrix} \begin{bmatrix} y_1 \\ y_2 \end{bmatrix}$$

将 $C_1=1$，$C_2=0.5$，$R_1=1$ 和 $R_2=2$ 代入得

$$\begin{bmatrix} \dfrac{\mathrm{d}y_1}{\mathrm{d}t} \\ \dfrac{\mathrm{d}y_2}{\mathrm{d}t} \end{bmatrix} = \begin{bmatrix} -1.5 & 0.5 \\ 1 & -1 \end{bmatrix} \begin{bmatrix} y_1 \\ y_2 \end{bmatrix}$$

【模型建立与求解】 令 $\boldsymbol{A}=\begin{bmatrix} -1.5 & 0.5 \\ 1 & -1 \end{bmatrix}$，则 $\boldsymbol{A}$ 的特征值为 $\lambda_1=-0.5, \lambda_2=-2$，对应的特征向量分别为 $\boldsymbol{p}_1=[1,2]^{\mathrm{T}}, \boldsymbol{p}_1=[-1,1]^{\mathrm{T}}$. 因此方程组的通解为

$$\begin{bmatrix} y_1(t) \\ y_2(t) \end{bmatrix} = c_1\boldsymbol{p}_1\mathrm{e}^{-0.5t}+c_2\boldsymbol{p}_2\mathrm{e}^{-2t} = c_1\begin{bmatrix} 1 \\ 2 \end{bmatrix}\mathrm{e}^{-0.5t}+c_2\begin{bmatrix} -1 \\ 1 \end{bmatrix}\mathrm{e}^{-2t}$$

将初值 $y_1(0)=5$，$y_2(0)=4$ 代入，解之得 $c_1=3$, $c_2=-2$. 故

$$\begin{bmatrix} y_1(t) \\ y_2(t) \end{bmatrix} = 3\begin{bmatrix} 1 \\ 2 \end{bmatrix}\mathrm{e}^{-0.5t}-2\begin{bmatrix} -1 \\ 1 \end{bmatrix}\mathrm{e}^{-2t} = \begin{bmatrix} 3\mathrm{e}^{-0.5t}+2\mathrm{e}^{-2t} \\ 6\mathrm{e}^{-0.5t}-2\mathrm{e}^{-2t} \end{bmatrix}$$

【结论】 当 $t\to\infty$ 时，$y_1(t)$ 和 $y_2(t)$ 均趋向于零，即两个电容器的电压均随着时间的演化而衰减为零.

5.2.8　复特征值的应用

例 5.8　如图 5.2 所示的电路可以描述为

$$\begin{bmatrix} i_L' \\ v_C' \end{bmatrix} = \begin{bmatrix} -\dfrac{R_2}{L} & -\dfrac{1}{L} \\ \dfrac{1}{C} & -\dfrac{1}{R_1C} \end{bmatrix} \begin{bmatrix} i_L \\ v_C \end{bmatrix}$$

其中，i_L 是通过电感 L 的电流，v_C 是电容器 C 的电压，设 R_1 为 5Ω，R_2 为 0.8Ω，C 为 0.1F，L 为 0.4H，若通过电感的初始电流为 3A，C 的初始电压为 3V，计算 i_L 和 v_C 的公式.

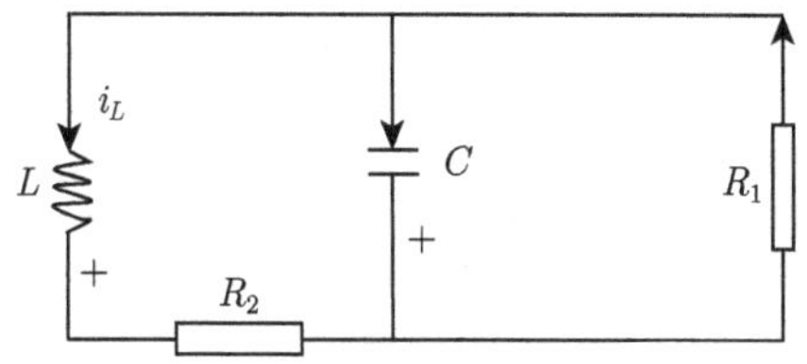

图 5.2 电路图

【分析】 为了书写方便，将所求 i_L 和 v_C 两个变量分别用 $y_1(t)$ 和 $y_2(t)$ 表示，则所给方程可表示为

$$\begin{bmatrix} y_1'(t) \\ y_2'(t) \end{bmatrix} = \begin{bmatrix} -\dfrac{R_2}{L} & -\dfrac{1}{L} \\ \dfrac{1}{C} & -\dfrac{1}{R_1C} \end{bmatrix} \begin{bmatrix} y_1(t) \\ y_2(t) \end{bmatrix} = \boldsymbol{A} \begin{bmatrix} y_1(t) \\ y_2(t) \end{bmatrix}$$

代入数据可求出复特征值与复特征向量.

【模型建立与求解】 由题意得

$$\boldsymbol{A} = \begin{bmatrix} -2 & -2.5 \\ 10 & -2 \end{bmatrix}, \quad \begin{bmatrix} y_1(0) \\ y_2(0) \end{bmatrix} = \begin{bmatrix} 3 \\ 3 \end{bmatrix}$$

矩阵 $\boldsymbol{A}$ 的复特征值为 $\lambda_1 = -2 + 5\mathrm{i}$，对应的特征向量为 $\boldsymbol{p}_1 = [\mathrm{i}, 2]^{\mathrm{T}}$，则特解为

$$\boldsymbol{p}_1 \mathrm{e}^{\lambda_1 t} = \begin{bmatrix} \mathrm{i} \\ 2 \end{bmatrix} \mathrm{e}^{(-2+5\mathrm{i})t} = \begin{bmatrix} -\sin 5t \\ 2\cos 5t \end{bmatrix} \mathrm{e}^{-2t} + \mathrm{i} \begin{bmatrix} \cos 5t \\ 2\sin 5t \end{bmatrix} \mathrm{e}^{-2t}$$

该复数解的实部和虚部均为方程的解，且线性无关，故方程的通解为

$$\begin{bmatrix} y_1(t) \\ y_2(t) \end{bmatrix} = c_1 \begin{bmatrix} -\sin 5t \\ 2\cos 5t \end{bmatrix} \mathrm{e}^{-2t} + c_2 \begin{bmatrix} \cos 5t \\ 2\sin 5t \end{bmatrix} \mathrm{e}^{-2t}$$

由初值条件 $\begin{bmatrix} y_1(0) \\ y_2(0) \end{bmatrix} = \begin{bmatrix} 3 \\ 3 \end{bmatrix}$ 得，$c_1 = 1.5$，$c_2 = 3$，于是该问题的解为

$$\begin{bmatrix} i_L(t) \\ v_C(t) \end{bmatrix} = \begin{bmatrix} y_1(t) \\ y_2(t) \end{bmatrix} = \begin{bmatrix} -1.5\sin 5t + 3\cos 5t \\ 3\cos 5t + 6\sin 5t \end{bmatrix} \mathrm{e}^{-2t}.$$

【结论】 可以看出，随着 t 的增大，两个电压均趋向于 0.

习　题

1. 求一阶齐次常系数线性微分方程组 $\begin{cases} \dfrac{\mathrm{d}y_1}{\mathrm{d}t} = -\dfrac{5}{6}y_1 - \dfrac{1}{2}y_2 \\ \dfrac{\mathrm{d}y_2}{\mathrm{d}t} = -\dfrac{1}{4}y_1 - \dfrac{1}{4}y_2 \end{cases}$ 的通解.

2. 在冷杉森林中，斑点猫头鹰主要以鼯鼠为食. 设这两个种群的捕食者–食饵矩阵为

$$A = \begin{bmatrix} 0.4 & 0.3 \\ -p & 1.2 \end{bmatrix}$$

(1) 证明：若捕食参数 p 为 0.325，则两个种群的数量都是增长的.

(2) 预测长期增长率及猫头鹰与鼯鼠的最终比率.

3. 求常微分方程组 $\begin{cases} \dfrac{\mathrm{d}y_1}{\mathrm{d}t} = 7y_1 - y_2 \\ \dfrac{\mathrm{d}y_2}{\mathrm{d}t} = 3y_1 + 3y_2 \end{cases}$ 的通解.

4. 某城市有 15 万具有本科以上学历的人，其中，有 2 万人是教师. 据调查，平均每年有 10%的人从教师职业转为其他职业，又有 1%的人从其他职业转为教师职业，预测 10 年以后这 15 万人中有多少人在从事教师职业.

第 6 章　二　次　型

在解析几何中，为了讨论平面上的二次曲线

$$ax^2+2bxy+cy^2+2dx+2ey+f=0$$

的分类，需要用坐标变换将方程化为标准方程. 其中的关键问题是消去二次齐次式 $ax^2+2bxy+cy^2$ 中的交叉项，将其化成关于 x 和 y 的平方和. 对于二次曲面的分类，也需要把一个三元二次齐次式中的交叉项消去，将其化成关于自变量 x，y，z 平方和的形式.

在数学、物理学、工程、经济等许多领域都会涉及将多个变量的二次齐次式化成平方和的问题.

6.1　二次型的基本理论

6.1.1　二次型及其矩阵

1. 二次型的定义

定义 6.1　含有 n 个变量 $x_1,x_2,\cdots,x_n$ 的二次齐次函数

$$\begin{aligned} f\left(x_1,x_2,\cdots,x_n\right)=a_{11}x_1^2+2a_{12}x_1x_2+2a_{13}x_1x_3+\cdots+2a_{1n}x_1x_n \\ +a_{22}x_2^2+2a_{23}x_2x_3+\cdots+2a_{2n}x_2x_n \\ +\cdots+a_{nn}x_n^2 \end{aligned} \tag{6.1}$$

称为 n 元二次型，简称为二次型. 当系数 a_{ij} 为实数时，称 $f(x_1,x_2,\cdots,x_n)$ 为实二次型；当系数 a_{ij} 为复数时，称 $f(x_1,x_2,\cdots,x_n)$ 为复二次型.

2. 二次型的矩阵表示

在式 (6.1) 中，令 $a_{ij}=a_{ji}$，$\boldsymbol{x}=[x_1,x_2,\cdots,x_n]^{\mathrm{T}}$，$\boldsymbol{A}=(a_{ij})_{n\times n}$，则式 (6.1) 的矩阵表示为

$$f\left(x_1, x_2, \cdots, x_n\right)=\left[x_1, x_2, \cdots, x_n\right]\begin{bmatrix} a_{11} & a_{12} & \cdots & a_{1n} \\ a_{21} & a_{22} & \cdots & a_{2n} \\ \vdots & \vdots & & \vdots \\ a_{n1} & a_{n2} & \cdots & a_{nn} \end{bmatrix}\begin{bmatrix} x_1 \\ x_2 \\ \vdots \\ x_n \end{bmatrix}=\boldsymbol{x}^{\mathrm{T}} \boldsymbol{A} \boldsymbol{x} \tag{6.2}$$

式 (6.2) 中实对称矩阵 $\boldsymbol{A}$ 称为二次型 $f(x_1, x_2, \cdots, x_n)$ 的矩阵，矩阵 $\boldsymbol{A}$ 的秩称为二次型 $f(x_1, x_2, \cdots, x_n)$ 的秩.

6.1.2　合同矩阵

1. 合同矩阵的定义

定义 6.2　设 n 阶方阵 $\boldsymbol{A}, \boldsymbol{B}$，若存在可逆阵 $\boldsymbol{P}$ 使得

$$\boldsymbol{P}^{\mathrm{T}} \boldsymbol{A} \boldsymbol{P}=\boldsymbol{B} \tag{6.3}$$

则称矩阵 $\boldsymbol{A}$ 与 $\boldsymbol{B}$ 是合同的.

2. 合同矩阵的性质

(1) $\boldsymbol{A}$ 合同于 $\boldsymbol{A}$;

(2) $\boldsymbol{A}$ 合同于 $\boldsymbol{B}$，则 $\boldsymbol{B}$ 合同于 $\boldsymbol{A}$;

(3) $\boldsymbol{A}$ 合同于 $\boldsymbol{B}$, $\boldsymbol{B}$ 合同于 $\boldsymbol{C}$，则 $\boldsymbol{A}$ 合同于 $\boldsymbol{C}$;

(4) $\boldsymbol{A}$ 合同于 $\boldsymbol{B}$，则 $\mathrm{R}(\boldsymbol{A})=\mathrm{R}(\boldsymbol{B})$;

(5) 任何一个实对称矩阵都合同于一个对角矩阵.

6.1.3　二次型的标准形

定义 6.3　设 $\boldsymbol{P}$ 为 n 阶可逆矩阵，$\boldsymbol{x}=[x_1, x_2, \cdots, x_n]^{\mathrm{T}}$，$\boldsymbol{y}=[y_1, y_2, \cdots, y_n]^{\mathrm{T}}$，称 $\boldsymbol{x}=\boldsymbol{P}\boldsymbol{y}$ 为 $\boldsymbol{y}$ 到 $\boldsymbol{x}$ 的可逆线性变换. 若 $\boldsymbol{P}$ 为 n 阶正交矩阵，称 $\boldsymbol{x}=\boldsymbol{P}\boldsymbol{y}$ 为正交变换.

定义 6.4　若二次型 $f(x_1, x_2, \cdots, x_n)$ 经过可逆线性变换 $\boldsymbol{x}=\boldsymbol{P}\boldsymbol{y}$ 可化为只有平方项的形式，即

$$f=k_1 y_1^2+k_2 y_2^2+\cdots+k_n y_n^2 \tag{6.4}$$

称式 (6.4) 为二次型 $f(x_1, x_2, \cdots, x_n)$ 的标准形.

6.1.4 化二次型为标准形的方法

1. 正交变换法

任一 n 元实二次型 $f=\boldsymbol{x}^{\mathrm{T}}\boldsymbol{A}\boldsymbol{x}$ 可通过正交变换 $\boldsymbol{x}=\boldsymbol{Q}\boldsymbol{y}$ 化成标准二次型，具体步骤如下：

(1) 求二次型对应矩阵 $\boldsymbol{A}$ 的所有特征值 $\lambda_1,\lambda_2,\cdots\lambda_n$；

(2) 求对应于 n 个特征值的线性无关的特征向量 $\boldsymbol{\xi}_1,\boldsymbol{\xi}_2,\cdots,\boldsymbol{\xi}_n$；

(3) 将 $\boldsymbol{\xi}_1,\boldsymbol{\xi}_2,\cdots,\boldsymbol{\xi}_n$ 正交化、单位化，得 $\boldsymbol{\eta}_1,\boldsymbol{\eta}_2,\cdots,\boldsymbol{\eta}_n$. 记 $\boldsymbol{Q}=[\boldsymbol{\eta}_1,\boldsymbol{\eta}_2,\cdots,\boldsymbol{\eta}_n]$；

(4) 由正交变换 $\boldsymbol{x}=\boldsymbol{Q}\boldsymbol{y}$，得 f 的标准形为

$$f=\lambda_1y_1^2+\lambda_2y_2^2+\cdots+\lambda_ny_n^2$$

2. 配方法

对于变量相对较少的二次型，用配方法可求得其标准形及所用的可逆线性变换，具体方法如下：

(1) 若二次型中含有变量 x_i 的平方项，将所有含 x_i 的项放在一起，按 x_i 配方；依照该策略，依次将其他变量配方，直到都配成平方项为止. 令各平方项对应的底部为 y_i，求取所用的线性变换.

(2) 若二次型中无平方项，但 $a_{ij}\neq 0\,(i\neq j)$，先作可逆的线性变换

$$\begin{cases} x_i=y_i+y_j \\ x_j=y_i-y_j \\ x_k=y_k,(k\neq i,j) \end{cases}$$

将其化成含有平方项的二次型，再用配方法求解.

6.1.5 惯性指数与惯性定理

1. 惯性指数

二次型 $\boldsymbol{f}=\boldsymbol{x}^{\mathrm{T}}\boldsymbol{A}\boldsymbol{x}$ 的标准形中的正平方项的个数称为二次型的正惯性指数，负平方项的个数称为负惯性指数.

2. 惯性定理

任一实二次型 $f=\boldsymbol{x}^{\mathrm{T}}\boldsymbol{A}\boldsymbol{x}$，经过可逆线性变换，可化为标准形

$$f=k_1y_1^2+k_2y_2^2+\cdots+k_py_p^2-k_{p+1}y_{p+1}^2-k_{p+2}y_{p+2}^2-\cdots-k_ry_r^2$$

其中，r 为 f 的秩；$k_i > 0\,(i=1,2,\cdots,r)$；$p$ 是 f 的正惯性指数，$r-p$ 是 f 的负惯性指数.

6.1.6　正定二次型

1. 二次型的正定性

定义 6.5　称实二次型 $f=\boldsymbol{x}^{\mathrm{T}}\boldsymbol{A}\boldsymbol{x}$ 是

(1) 正定的，如果对任意的 $\boldsymbol{x}\neq\boldsymbol{0}$，有 $f>0$；半正定的，如果对任意的 $\boldsymbol{x}\neq\boldsymbol{0}$，有 $f\geqslant 0$；

(2) 负定的，如果对任意的 $\boldsymbol{x}\neq\boldsymbol{0}$，有 $f<0$；半负定的，如果对任意的 $\boldsymbol{x}\neq\boldsymbol{0}$，有 $f\leqslant 0$；

(3) 不定的，如果对任意的 $\boldsymbol{x}\neq\boldsymbol{0}$，$f$ 的符号不定.

2. 正定二次型的性质

定理 6.1　可逆线性变换不改变二次型的正定性.

3. 正定二次型的判定

定理 6.2　n 元实二次型 $f=\boldsymbol{x}^{\mathrm{T}}\boldsymbol{A}\boldsymbol{x}$ 为正定二次型或实对称矩阵 $\boldsymbol{A}$ 正定的充要条件是下列条件之一成立：

(1) f 的标准形中的 n 个系数全大于零；

(2) $\boldsymbol{A}$ 的特征值全大于零；

(3) f 的正惯性性指数 $p=n$；

(4) $\boldsymbol{A}$ 的各阶顺序主子式全大于零，即

$$\Delta_1=a_{11}>0,\quad \Delta_2=\begin{vmatrix} a_{11} & a_{12}\\ a_{21} & a_{22}\end{vmatrix}>0,\quad \cdots,\Delta_n=|\boldsymbol{A}|>0.$$

6.2　应用案例分析

6.2.1　不等式的证明

在不等式的证明中，恰当运用二次型理论，将有助于问题的解决.

例 6.1　已知 $x,y,z\in\mathbf{R}$，且 $x^2+y^2+z^2=1$，求证：

$$-\frac{3}{2}\leqslant 3xy+\frac{\sqrt{2}}{2}yz+\frac{\sqrt{2}}{2}zx\leqslant\frac{3+\sqrt{13}}{4}$$

【分析】 设 n 元实二次型 $f(x_1,x_2,\cdots,x_n)=\boldsymbol{x}^{\mathrm T}\boldsymbol{A}\boldsymbol{x}$，$\boldsymbol{A}$ 的 n 个特征值 $\lambda_1\leqslant\lambda_2\leqslant\cdots\leqslant\lambda_n$(重根按重数计算). 由于 $\boldsymbol{A}$ 是对称矩阵，必存在正交矩阵 $\boldsymbol{Q}$，使 $\boldsymbol{QAQ}=\operatorname{diag}(\lambda_1,\lambda_2,\cdots,\lambda_n)$，作正交变换 $\boldsymbol{x}=\boldsymbol{Qy}$，则

$$\begin{aligned}f(x_1,x_2,\cdots,x_n)&=\boldsymbol{x}^{\mathrm T}\boldsymbol{A}\boldsymbol{x}=\boldsymbol{y}^{\mathrm T}(\boldsymbol{Q}^{\mathrm T}\boldsymbol{AQ})\boldsymbol{y}\\&=\lambda_1y_1^2+\lambda_2y_2^2+\cdots+\lambda_ny_n^2\end{aligned}$$

又 $\lambda_1\leqslant\lambda_2\leqslant\cdots\leqslant\lambda_n$，故

$$\lambda_1\boldsymbol{y}^{\mathrm T}\boldsymbol{y}=\lambda_1\sum_{i=1}^n y_i^2\leqslant\lambda_1y_1^2+\lambda_2y_2^2+\cdots+\lambda_ny_n^2\leqslant\lambda_n\sum_{i=1}^n y_i^2=\lambda_n\boldsymbol{y}^{\mathrm T}\boldsymbol{y}$$

即 $\lambda_1\boldsymbol{y}^{\mathrm T}\boldsymbol{y}\leqslant\boldsymbol{x}^{\mathrm T}\boldsymbol{A}\boldsymbol{x}\leqslant\lambda_n\boldsymbol{y}^{\mathrm T}\boldsymbol{y}$. 又因为 $\boldsymbol{Q}$ 为正交矩阵，所以 $\boldsymbol{x}^{\mathrm T}\boldsymbol{x}=(\boldsymbol{Qy})^{\mathrm T}(\boldsymbol{Qy})=\boldsymbol{y}^{\mathrm T}\boldsymbol{y}$，从而有

$$\lambda_1\boldsymbol{x}^{\mathrm T}\boldsymbol{x}\leqslant\boldsymbol{x}^{\mathrm T}\boldsymbol{A}\boldsymbol{x}\leqslant\lambda_n\boldsymbol{x}^{\mathrm T}\boldsymbol{x}$$

【模型建立与求解】 二次型 $f(x,y,z)=3xy+\dfrac{\sqrt2}{2}yz+\dfrac{\sqrt2}{2}zx$ 对应的矩阵为

$$\boldsymbol{A}=\begin{bmatrix}0&\dfrac32&\dfrac{\sqrt2}{4}\\\dfrac32&0&\dfrac{\sqrt2}{4}\\\dfrac{\sqrt2}{4}&\dfrac{\sqrt2}{4}&0\end{bmatrix}$$

则由

$$|\lambda\boldsymbol{E}-\boldsymbol{A}|=\begin{vmatrix}\lambda&-3/2&-\sqrt2/4\\-3/2&\lambda&-\sqrt2/4\\-\sqrt2/4&-\sqrt2/4&\lambda\end{vmatrix}=\lambda^3-\frac52\lambda-\frac38=0$$

可得特征值 $\lambda=-\dfrac32$ 或 $\lambda=\dfrac{3\pm\sqrt{13}}{4}$，比较得 $\lambda_{\min}=-\dfrac32$，$\lambda_{\max}=\dfrac{3+\sqrt{13}}{4}$.

【结论】 根据 $\lambda_1\boldsymbol{x}^{\mathrm T}\boldsymbol{x}\leqslant\boldsymbol{x}^{\mathrm T}A\boldsymbol{x}\leqslant\lambda_n\boldsymbol{x}^{\mathrm T}\boldsymbol{x}$ 可得

$$-\frac32\leqslant3xy+\frac{\sqrt2}{2}yz+\frac{\sqrt2}{2}zx\leqslant\frac{3+\sqrt{13}}{4}$$

6.2.2 约束优化问题

例 6.2 某县政府计划用一笔资金修 $x$km 公路，并且修整 $y\text{km}^2$ 的公园，政府部门必须确定在两个项目上如何分配资金，如果可行，两个项目可以同时开始. x 和 y 必须满足限制条件：$16x^2+25y^2 \leqslant 400$. 如图 6.1 所示，每个可行集的点 (x,y) 表示一个可能的该年度县政府项目工作计划. 求在限制曲线 $16x^2+25y^2 \leqslant 400$ 中的点，使资金利用率达到最大.

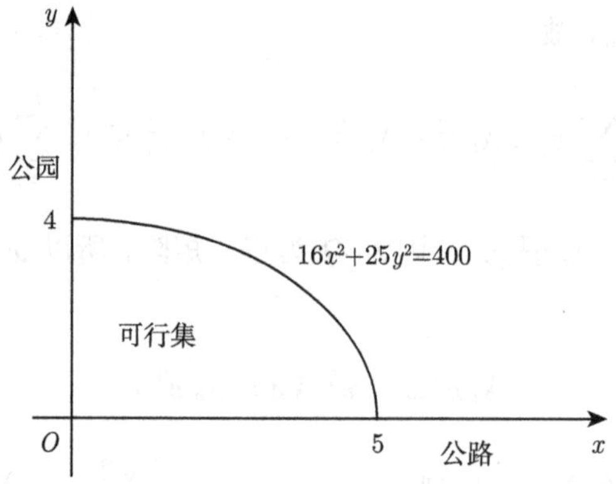

图 6.1 县政府项目计划可行集示意图

【分析】 为了制订项目工作计划，县政府需要考虑居民的意见，为度量居民分配各类工作计划 (x,y) 的值或效用，经济学家常利用效用函数

$$q(x,y)=xy$$

来度量 (x,y) 的效用. 其中，使 $q(x,y)$ 为常数的 (x,y) 点的集合，称为无差别曲线，从图 6.2 中可以看到 3 条这样的曲线. 沿着无差别曲线的点对应的项目工作计划，表示居民作为一个群体有相同的价值观. 现制订一个工作计划，使得效用函数 $q(x,y)$ 最大.

【模型建立与求解】 令 $u=\dfrac{x}{5}, v=\dfrac{y}{4}$，则约束条件为 $u^2+v^2=1$，故效用函数

$$q(x,y)=q(5u,4v)=20uv$$

令 $\boldsymbol{x}=[u,v]^{\mathrm{T}}$，则原问题变为在约束条件 $\boldsymbol{x}^{\mathrm{T}}\boldsymbol{x}=1$ 下，求效用函数 $q=20uv$ 的最大值.

二次型 $q=20uv$ 的矩阵为 $\boldsymbol{A}=\begin{bmatrix} 0 & 10 \\ 10 & 0 \end{bmatrix}$，其特征值 $\lambda=\pm 10$，对应 $\lambda=10$

的单位特征向量为 $\left[\frac{1}{\sqrt{2}},\frac{1}{\sqrt{2}}\right]^{\mathrm{T}}$，对应 $\lambda=-10$ 的单位特征向量为 $\left[\frac{1}{\sqrt{2}},-\frac{1}{\sqrt{2}}\right]^{\mathrm{T}}$.

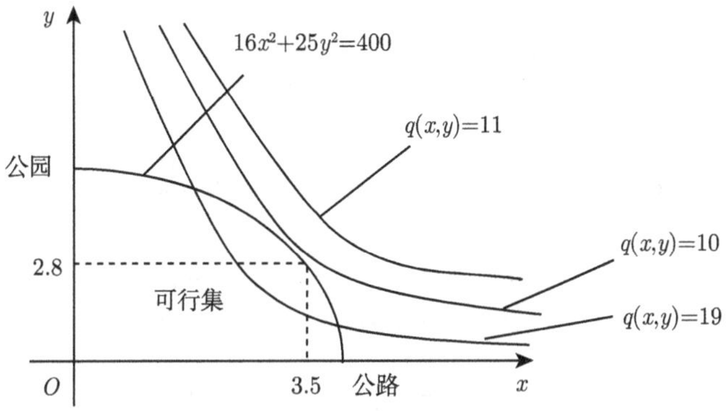

图 6.2 项目实施计划曲线

由于 $\lambda_{\min}\boldsymbol{x}^{\mathrm{T}}\boldsymbol{x}\leqslant\boldsymbol{x}^{\mathrm{T}}\boldsymbol{A}\boldsymbol{x}\leqslant\lambda_{\max}\boldsymbol{x}^{\mathrm{T}}\boldsymbol{x}$，故 $q=20uv$ 的最大值在 $u=v=\frac{1}{\sqrt{2}}$ 处取得，且为 10.

【结论】 最优的工作计划是修建 $x=5u=\frac{5}{\sqrt{2}}\approx 3.5(\mathrm{km})$ 的公路，修整 $y=4v=\frac{4}{\sqrt{2}}\approx 2.8(\mathrm{km}^2)$ 的公园. 最优工作计划是限制曲线和无差异曲线 $q(x,y)=10$ 的切点，即最佳的项目实施计划是点 $(3.5,2.8)$，如图 6.2 所示.

6.2.3 多元二次函数的极值

设 n 元二次实函数 $F(x_1,x_2,\cdots x_n)$ 在驻点 P_0 的某邻域内任意阶可导，判断 P_0 是否为 $F(x_1,x_2,\cdots,x_n)$ 的极值点.

将函数 $F(x_1,x_2,\cdots x_n)$ 在 $P_0\left(x_1^0,x_2^0,\cdots,x_n^0\right)$ 泰勒展开

$$
\begin{aligned}
F(x_1+\Delta x_1,x_2+\Delta x_2,\cdots,x_n+\Delta x_n)&=F\left(x_1,x_2,\cdots,x_n\right)\big|_{P_0}\\
&+\left(\frac{\partial F}{\partial x_1}\Delta x_2+\cdots+\frac{\partial F}{\partial x_n}\Delta x_n\right)\bigg|_{P_0}+\frac{1}{2!}\left(\sum_{i,j=1}^{n}\frac{\partial^2 F}{\partial x_i\partial x_j}\Delta x_i\Delta x_j\right)\bigg|_{P_0}+R
\end{aligned}
$$

进一步写为

$$
F(x_1^0+\Delta x_1,x_2^0+\Delta x_2,\cdots,x_n^0+\Delta x_n)=F(x_1^0,x_2^0,\cdots,x_n^0)+\boldsymbol{x}^{\mathrm{T}}\boldsymbol{F}^{(1)}+\frac{1}{2!}\boldsymbol{x}^{\mathrm{T}}\boldsymbol{A}\boldsymbol{x}+R
$$

故

$$
F(x_1^0+\Delta x_1,x_2^0+\Delta x_2,\cdots,x_n^0+\Delta x_n)-F(x_1^0,x_2^0,\cdots,x_n^0)=\boldsymbol{x}^{\mathrm{T}}\boldsymbol{F}^{(1)}+\frac{1}{2!}\boldsymbol{x}^{\mathrm{T}}\boldsymbol{A}\boldsymbol{x}+R
$$

其中，$\boldsymbol{x}=[\Delta x_1,\Delta x_2,\cdots,\Delta x_n]^{\mathrm{T}}$；$\boldsymbol{F}^{(1)}=\left.\left[\dfrac{\partial F}{\partial x_1},\dfrac{\partial F}{\partial x_2},\cdots,\dfrac{\partial F}{\partial x_n}\right]^{\mathrm{T}}\right|_{P_0}$；$R$ 为泰勒展式的余项，

$$\boldsymbol{A}=\left.\begin{bmatrix}\dfrac{\partial^2 F}{\partial x_1\partial x_1} & \dfrac{\partial^2 F}{\partial x_1\partial x_2} & \cdots & \dfrac{\partial^2 F}{\partial x_1\partial x_n}\\ \dfrac{\partial^2 F}{\partial x_2\partial x_1} & \dfrac{\partial^2 F}{\partial x_2\partial x_2} & \cdots & \dfrac{\partial^2 F}{\partial x_2\partial x_n}\\ \vdots & \vdots & & \vdots\\ \dfrac{\partial^2 F}{\partial x_n\partial x_1} & \dfrac{\partial^2 F}{\partial x_n\partial x_2} & \cdots & \dfrac{\partial^2 F}{\partial x_n\partial x_n}\end{bmatrix}\right|_{P_0}$$

由于 P_0 为驻点，故 $\boldsymbol{F}^{(1)}=\left.\left[\dfrac{\partial F}{\partial x_1},\dfrac{\partial F}{\partial x_2},\cdots,\dfrac{\partial F}{\partial x_n}\right]^{\mathrm{T}}\right|_{P_0}$ 为零向量，从而有

$$F(P_0+\Delta P_0)-F(P_0)=\frac{1}{2!}\boldsymbol{x}^{\mathrm{T}}\boldsymbol{A}\boldsymbol{x}+R \tag{6.5}$$

于是，当 $\Delta x_i(i=1,2,\cdots,n)$ 足够小时，式 (6.5) 等号右端的正负号完全由二次型 $f=\boldsymbol{x}^{\mathrm{T}}\boldsymbol{A}\boldsymbol{x}$ 决定，从而有结论：

设 n 元二次实函数 $F(x_1,x_2,\cdots,x_n)$ 在驻点 $P_0(x_1^0,x_2^0,\cdots,x_n^0)$ 的某邻域内意阶连续可导，则

(1) 若 $f=\boldsymbol{x}^{\mathrm{T}}\boldsymbol{A}\boldsymbol{x}$ 正定，则 P_0 为极小值点；

(2) 若 $f=\boldsymbol{x}^{\mathrm{T}}\boldsymbol{A}\boldsymbol{x}$ 负定，则 P_0 为极大值点；

(3) 若 $f=\boldsymbol{x}^{\mathrm{T}}\boldsymbol{A}\boldsymbol{x}$ 不定，则 P_0 不是极大值点或极小值点；

(4) 若无法判定 $f=\boldsymbol{x}^{\mathrm{T}}\boldsymbol{A}\boldsymbol{x}$ 的有定性，则 F 在 P_0 点是否取极值需要进一步判定.

例 6.3　求函数 $f(x,y)=x^3-y^3+3x^2+3y^2-9x$ 的极值.

【分析】　令 $\begin{cases} f_x=3x^2+6x-9=0\\ f_y=-3y^2+6y=0\end{cases}$，则 $\begin{cases} x=1,x=-3\\ y=0,y=2\end{cases}$，解得驻点 $(1,0),(1,2),(-3,0),(-3,2)$. 由二次型的正定性可判定驻点是否为极值点.

【模型建立与求解】

$$\boldsymbol{A}=\begin{bmatrix} f_{xx} & f_{xy}\\ f_{yx} & f_{yy}\end{bmatrix}=\begin{bmatrix} 6x+6 & 0\\ 0 & -6y+6\end{bmatrix}$$

对点 (1,0)，有 $\boldsymbol{A}=\begin{bmatrix}12 & 0\\ 0 & 6\end{bmatrix}$，特征值为 12 和 6，故 $\boldsymbol{A}$ 正定，因此 (1,0) 是极小值点，极小值为 −5；对点 (1,2)，有 $\boldsymbol{A}=\begin{bmatrix}12 & 0\\ 0 & -6\end{bmatrix}$，特征值为 12 和 −6，故 $\boldsymbol{A}$ 不定，因此 (1,2) 不是极值点. 同理，可判定点 (−3,0)，不是极值点；点 (−3,2) 是极大值点，极大值为 31.

【结论】 二次型正定性应用于多元二次函数极值的判断简单直观.

6.2.4 垄断商的最大利润

例 6.4 给定 3 个有一定需求关系的市场，它们由一个垄断者供货，3 个对应的需求函数分别为

$$\begin{cases}d_1=14-2a_1-a_2-a_3\\ d_2=24-2a_1-4a_2-2a_3\\ d_3=36-2a_1-4a_2-6a_3\end{cases}$$

成本函数为

$$C=3+2(a_1+a_2+a_3)$$

当 3 个市场的供应量分别为多少时，可使垄断商的总利润最大？

【分析】 设 3 个市场的供应量分别为 a_1,a_2,a_3，要求垄断商总的最大利润，先要求出利润函数，然后求最大值点.

【模型建立与求解】 三个市场的总利润为

$$\begin{aligned}P&=d_1a_1+d_2a_2+d_3a_3-C\\ &=-2a_1^2-3a_1a_2-4a_2^2-3a_1a_3-6a_3^2-6a_2a_3+12a_1+22a_2+34a_3-3\end{aligned}$$

则

$$\begin{cases}\dfrac{\partial P}{\partial a_1}=-4a_1-3a_2-3a_3+12=0\\ \dfrac{\partial P}{\partial a_2}=-3a_1-8a_2-6a_3+22=0\\ \dfrac{\partial P}{\partial a_3}=-3a_1-6a_2-12a_3+34=0\end{cases}$$

解得

$$\begin{bmatrix} a_1 \\ a_2 \\ a_3 \end{bmatrix} = \begin{bmatrix} \dfrac{5}{7} \\ \dfrac{11}{14} \\ \dfrac{95}{42} \end{bmatrix}$$

又

$$\boldsymbol{A} = \left.\begin{bmatrix} P_{a_1a_1} & P_{a_1a_2} & P_{a_1a_3} \\ P_{a_2a_1} & P_{a_2a_2} & P_{a_2a_3} \\ P_{a_3a_1} & P_{a_3a_2} & P_{a_3a_3} \end{bmatrix}\right|_{\left(\frac{5}{7},\frac{11}{14},\frac{95}{42}\right)} = \begin{bmatrix} -4 & -3 & -3 \\ -3 & -8 & -6 \\ -3 & -6 & -12 \end{bmatrix}$$

是负定的，故 $\left(\dfrac{5}{7},\dfrac{11}{14},\dfrac{95}{42}\right)$ 为极大值点，而 $\left(\dfrac{5}{7},\dfrac{11}{14},\dfrac{95}{42}\right)$ 是该问题中唯一的驻点，则该点为最大值点. 因此，3 个供应量分别为 $a_1=\dfrac{5}{7}, a_2=\dfrac{11}{14}, a_3=\dfrac{95}{42}$ 时，垄断商的利润最大.

【结论】 应用二次型正定性可以简单直观的判断多元二次函数的极值，继而可以求解二次函数的最值.

6.2.5　n 重广义积分的计算

积分上下限皆为无穷的 n 重广义积分，在工程技术，特别是在概率论与数理统计中有着重要应用. 二次型理论为 n 重广义积分的计算提供了一种方法.

例 6.5　计算二重广义积分 $\displaystyle\int_{-\infty}^{+\infty}\int_{-\infty}^{+\infty} \mathrm{e}^{-(2x^2+8xy+10y^2+4x-4y+1)}\mathrm{d}x\mathrm{d}y$.

【分析】 考虑如下形式的 n 重广义积分

$$\int_{-\infty}^{+\infty}\cdots\int_{-\infty}^{+\infty} \mathrm{e}^{-f(x_1,x_2,\cdots,x_n)}\mathrm{d}x_1\mathrm{d}x_2\cdots\mathrm{d}x_n \tag{6.6}$$

其中，$f(x_1,x_2,\cdots,x_n)$ 是二次函数，可以通过坐标变换，将二次函数化为二次齐次式，为简单起见，设 $f(x_1,x_2,\cdots,x_n)$ 为 n 元二次多项式，即 $f=\boldsymbol{x}^{\mathrm{T}}\boldsymbol{A}\boldsymbol{x}$. 式 (6.6) 可写为

$$\int_{-\infty}^{+\infty}\cdots\int_{-\infty}^{+\infty} \mathrm{e}^{-\boldsymbol{x}^{\mathrm{T}}\boldsymbol{A}\boldsymbol{x}}\mathrm{d}x_1\mathrm{d}x_2\cdots\mathrm{d}x_n \tag{6.7}$$

由于 $\boldsymbol{A}$ 为实对称矩阵，故存在正交变换 $\boldsymbol{x}=\boldsymbol{Q}\boldsymbol{y}$，使式 (6.7) 化简为

$$\int_{-\infty}^{+\infty}\cdots\int_{-\infty}^{+\infty}\mathrm{e}^{-\boldsymbol{x}^{\mathrm{T}}\boldsymbol{A}\boldsymbol{x}}\mathrm{d}x_1\mathrm{d}x_2\cdots\mathrm{d}x_n=\int_{-\infty}^{+\infty}\cdots\int_{-\infty}^{+\infty}\mathrm{e}^{-\lambda_1y_1^2-\cdots-\lambda_ny_n^2}\mathrm{d}y_1\mathrm{d}y_2\cdots\mathrm{d}y_n$$
$$=\int_{-\infty}^{+\infty}\mathrm{e}^{-\lambda_1y_1^2}\mathrm{d}y_1\cdots\int_{-\infty}^{+\infty}\mathrm{e}^{-\lambda_ny_n^2}\mathrm{d}y_n$$
$$=\begin{cases}\sqrt{\dfrac{\pi}{\lambda_1}}\sqrt{\dfrac{\pi}{\lambda_2}}\cdots\sqrt{\dfrac{\pi}{\lambda_n}}, & \lambda_i>0(i=1,2,\cdots,n)\\ \text{发散}, & \text{否则}\end{cases}$$

其中，$\boldsymbol{x}=[x_1,x_2,\cdots,x_n]^{\mathrm{T}},\boldsymbol{y}=[y_1,y_2,\cdots,y_n]^{\mathrm{T}}$；$\boldsymbol{Q}$ 为正交矩阵；$\lambda_i(i=1,2,\cdots,n)$ 是矩阵 $\boldsymbol{A}$ 的特征值. 从而

$$\int_{-\infty}^{+\infty}\cdots\int_{-\infty}^{+\infty}\mathrm{e}^{-\boldsymbol{x}^{\mathrm{T}}\boldsymbol{A}\boldsymbol{x}}\mathrm{d}x_1\mathrm{d}x_2\cdots\mathrm{d}x_n=\begin{cases}\dfrac{\pi^{n/2}}{|\boldsymbol{A}|^{1/2}}, & \boldsymbol{A}\ \text{正定}\\ \text{发散}, & \boldsymbol{A}\ \text{非正定}\end{cases}$$

故可用 $\boldsymbol{A}$ 是否正定来判定 n 重广义积分的敛散性.

【模型建立与求解】 先分析被积函数的指数部分，即

$$-(2x^2+8xy+10y^2+4x-4y+1)=-2\left[(x+2y+1)^2+y^2-6y-\frac{1}{2}\right]$$
$$=-2\left[(x+2y+1)^2+(y-3)^2-\frac{19}{2}\right]$$

故

$$\mathrm{e}^{-(2x^2+8xy+10y^2+4x-4y+1)}=\mathrm{e}^{-2\left[(x+2y+1)^2+(y-3)^2-\frac{19}{2}\right]}$$
$$=\mathrm{e}^{-\left[2(x+2y+1)^2+2(y-3)^2\right]}\cdot\mathrm{e}^{19}$$

作变量替换 $\begin{cases}m=x+2y+1\\ n=y-3\end{cases}$，则雅可比行列式 $\boldsymbol{J}=\dfrac{\partial(m,n)}{\partial(x,y)}=\begin{vmatrix}1 & 2\\ 0 & 1\end{vmatrix}=1$，故

$$\int_{-\infty}^{+\infty}\int_{-\infty}^{+\infty}\mathrm{e}^{-(2x^2+8xy+10y^2+4x-4y+1)}\mathrm{d}x\mathrm{d}y=\int_{-\infty}^{+\infty}\int_{-\infty}^{+\infty}\mathrm{e}^{-(2m^2+2n^2)}\cdot\mathrm{e}^{19}\begin{vmatrix}1 & 2\\ 0 & 1\end{vmatrix}\mathrm{d}m\mathrm{d}n$$
$$=\mathrm{e}^{19}\int_{-\infty}^{+\infty}\int_{-\infty}^{+\infty}\mathrm{e}^{-(2m^2+2n^2)}\mathrm{d}m\mathrm{d}n$$

$\boldsymbol{A} = \begin{bmatrix} 2 & 0 \\ 0 & 2 \end{bmatrix}$ 正定，且 $|\boldsymbol{A}| = 4$，故

$$\int_{-\infty}^{+\infty}\int_{-\infty}^{+\infty} \mathrm{e}^{-(2x^2+8xy+10y^2+4x-4y+1)}\mathrm{d}x\mathrm{d}y = \mathrm{e}^{19}\int_{-\infty}^{+\infty}\int_{-\infty}^{+\infty} \mathrm{e}^{-(2m^2+2n^2)}\mathrm{d}m\mathrm{d}n = \pi\frac{\mathrm{e}^{19}}{2}.$$

【结论】　利用二次型的正定性可以求 n 重广义积分，给求解这类问题提供了一种方便快捷的方法.

6.2.6　二次曲面 (线) 类型的判定

二次曲面 (线) 可以通过二次型的标准形系数的正负判定曲面 (线) 类型. 以二元二次型为例，其方程为 $f(x,y) = a_1x^2 + a_2y^2$.

(1) 若 $a_1 > 0$, $a_2 > 0$, 则 $a_1x^2 + a_2y^2 = b\ (b > 0)$ 可化为

$$\frac{x^2}{\left(\sqrt{b/a_1}\right)^2} + \frac{y^2}{\left(\sqrt{b/a_2}\right)^2} = 1$$

表示椭圆.

(2) 当 $a_1 > 0$, $a_2 = 0$ 时，

若 $b = 0$，则 $a_1x^2 + a_2y^2 = b$ 可化为 $x = 0$，表示 y 轴；

若 $b > 0$，则 $a_1x^2 + a_2y^2 = b$ 可化为 $x = \pm\sqrt{b/a_1}$，表示两条平行直线；

同理可得 $a_1 = 0$, $a_2 > 0$ 时的结论.

(3) 当 $a_1 > 0$, $a_2 < 0$ 时，

若 $b > 0$，则 $a_1x^2 + a_2y^2 = b$ 可化为 $\dfrac{x^2}{\left(\sqrt{b/a_1}\right)^2} - \dfrac{y^2}{\left(\sqrt{-b/a_2}\right)^2} = 1$，表示双曲线；

若 $b = 0$，则 $a_1x^2 + a_2y^2 = b$ 可化为 $y = \pm\sqrt{-a_1/a_2}x$，表示两条相交直线；

若 $b < 0$，则 $a_1x^2 + a_2y^2 = b$ 可化为 $\dfrac{y^2}{\left(\sqrt{b/a_2}\right)^2} - \dfrac{x^2}{\left(\sqrt{-b/a_1}\right)^2} = 1$，表示双曲线；

同理可得 $a_1 < 0$, $a_2 > 0$ 时的结论.

(4) 当 $a_1 = 0$, $a_2 < 0$ 时

若 $b < 0$，则 $a_1x^2 + a_2y^2 = b$ 可化为 $x = \pm\sqrt{b/a_2}$，表示两条平行直线；

若 $b = 0$，则 $a_1x^2 + a_2y^2 = b$ 可化为 $y = 0$，表示 x 轴；

同理可得 $a_1 < 0,\ a_2 = 0$ 时的结论.

(5) 当 $a_1 < 0,\ a_2 < 0$ 时，$a_1x^2 + a_2y^2 = b\ (b < 0)$ 表示椭圆.

可以看出，根据二次型的标准形的系数的符号，可对二次曲线进行分类. 上述方法可推广到二次曲面的情形.

例 6.6 将二次曲面 $z = xy$ 的方程化为标准方程, 并判断曲面类型.

【分析】 二次曲面的一般形式为

$$a_{11}x^2 + a_{22}y^2 + a_{33}z^2 + 2a_{12}xy + 2a_{13}xz + 2a_{23}yz + b_1x + b_2y + b_3z + c = 0 \quad (6.8)$$

其中，$a_{ij}, b_i,\ c(i, j = 1, 2, 3)$ 都是实数.

记 $\boldsymbol{x} = [x, y, z]^{\mathrm{T}}$ ，$\boldsymbol{B} = [b_1, b_2, b_3]^{\mathrm{T}}, \boldsymbol{A} = \begin{bmatrix} a_{11} & a_{12} & a_{13} \\ a_{21} & a_{22} & a_{23} \\ a_{31} & a_{32} & a_{33} \end{bmatrix}$，$a_{ij} = a_{ji}$，式 (6.8) 可写为

$$\boldsymbol{x}^{\mathrm{T}}\boldsymbol{A}\boldsymbol{x} + \boldsymbol{B}^{\mathrm{T}}\boldsymbol{x} + c = 0 \quad (6.9)$$

先利用正交变换 $\boldsymbol{x} = \boldsymbol{Q}\boldsymbol{y}$ 将式 (6.9) 左边的二次型的部分 $\boldsymbol{x}^{\mathrm{T}}\boldsymbol{A}\boldsymbol{x}$ 化成标准形:

$$\boldsymbol{x}^{\mathrm{T}}\boldsymbol{A}\boldsymbol{x} = \lambda_1x_1^2 + \lambda_2y_1^2 + \lambda_3z_1^2$$

其中，$\boldsymbol{Q}$ 为正交矩阵，$\boldsymbol{y} = [x_1, y_1, z_1]^{\mathrm{T}}$，相应地, 有

$$\boldsymbol{B}^{\mathrm{T}}\boldsymbol{x} = \boldsymbol{B}^{\mathrm{T}}\boldsymbol{Q}\boldsymbol{y} = \left(\boldsymbol{B}^{\mathrm{T}}\boldsymbol{Q}\right)\boldsymbol{y} = k_1x_1 + k_2y_1 + k_3z_1$$

式 (6.9) 可化为

$$\lambda_1x_1^2 + \lambda_2y_1^2 + \lambda_3z_1^2 + k_1x_1 + k_2y_1 + k_3z_1 + c = 0 \quad (6.10)$$

然后，作平移变换

$$\bar{\boldsymbol{Y}} = \boldsymbol{Y} + \boldsymbol{Y}_0$$

其中，平移变换 $\bar{\boldsymbol{Y}} = (\bar{x}, \bar{y}, \bar{z})$ 可用配方法给出.

当 $\lambda_1, \lambda_2, \lambda_3 \neq 0$ 时，用配方法将式 (6.10) 可化为标准方程

$$\lambda_1\bar{x}_1^2 + \lambda_2\bar{y}_1^2 + \lambda_3\bar{z}_1^2 = d \quad (6.11)$$

当 $\lambda_1, \lambda_2, \lambda_3$ 中有一个为零时，不妨设 $\lambda_3 = 0$，式 (6.10) 可化为

$$\lambda_1\bar{x}^2 + \lambda_2\bar{y}^2 = k\bar{z}, (k_3 \neq 0)$$

$$\lambda_1\bar{x}^2+\lambda_2\bar{y}^2=0,(k_3=0) \tag{6.12}$$

当 $\lambda_1,\lambda_2,\lambda_3$ 中有两个为零时，不妨设 $\lambda_2=\lambda_3=0$，式 (6.10) 可化为

(1) $\lambda_1\bar{x}^2+p\bar{y}+q\bar{z}=0\,(p,q\neq 0)$，进一步设 $x'=\bar{x}$，$y'=\dfrac{p\bar{y}+q\bar{z}}{\sqrt{p^2+q^2}}$，$z'=\dfrac{q\bar{y}-p\bar{z}}{\sqrt{p^2+q^2}}$，可得

$$\lambda_1x'^2+\sqrt{p^2+q^2}y'=0 \tag{6.13}$$

(2)
$$\lambda_1\bar{x}^2+p\bar{y}=0,(p\neq 0,q=0) \tag{6.14}$$

(3)
$$\lambda_1\bar{x}^2+q\bar{z}=0,\ (p=0,q\neq 0) \tag{6.15}$$

(4)
$$\lambda_1\bar{x}^2+d=0\ ,(p=0,q=0) \tag{6.16}$$

通过式 (6.11) ~ 式 (6.16) 中系数之间的关系，结合解析几何中空间曲面知识可以判断曲面的形状.

【模型建立与求解】　设

$$\boldsymbol{B}=\begin{bmatrix}0\\0\\-1\end{bmatrix},\quad \boldsymbol{x}=\begin{bmatrix}x\\y\\z\end{bmatrix},\quad \boldsymbol{A}=\begin{bmatrix}0&1/2&0\\1/2&0&0\\0&0&0\end{bmatrix}$$

则该曲面方程有矩阵形式

$$\boldsymbol{x}^{\mathrm{T}}\boldsymbol{A}\,\boldsymbol{x}+\boldsymbol{B}^{\mathrm{T}}\boldsymbol{x}=0$$

解得 $\boldsymbol{A}$ 的特征值为

$$\lambda_1=-1/2,\lambda_2=1/2,\lambda_3=0$$

对应正交的特征向量为

$$\boldsymbol{p}_1=\begin{bmatrix}1/\sqrt{2}\\-1/\sqrt{2}\\0\end{bmatrix},\boldsymbol{p}_2=\begin{bmatrix}1/\sqrt{2}\\1/\sqrt{2}\\0\end{bmatrix},\boldsymbol{p}_3=\begin{bmatrix}0\\0\\1\end{bmatrix}$$

取 $\boldsymbol{Q}=[\boldsymbol{p}_1,\boldsymbol{p}_2,\boldsymbol{p}_3]$，则 $\boldsymbol{Q}$ 为正交矩阵. 作正交变换 $\boldsymbol{x}=\boldsymbol{Q}\boldsymbol{y},\boldsymbol{y}=[x_1,y_1,z_1]^{\mathrm{T}}$，则原方程可化为 $z_1=-\dfrac{1}{2}x_1^2+\dfrac{1}{2}y_1^2$，故为双曲抛物面 (马鞍面)，如图 6.3 所示.

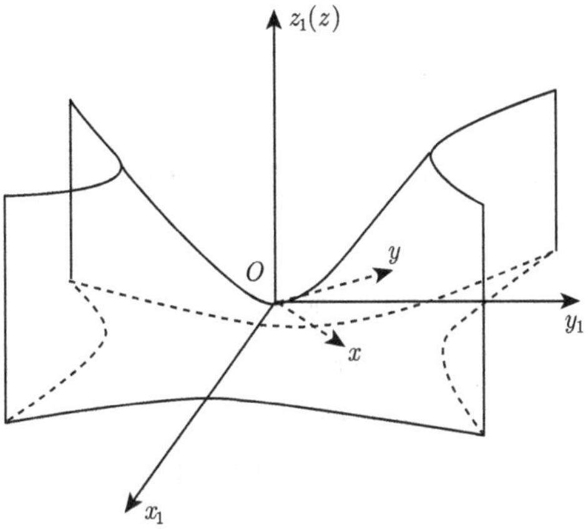

图 6.3　马鞍面 $z = xy$

【结论】 正交变换不会改变向量的大小，因此空间几何体由向量表示后，作正交变换不会改变空间几何体的形状, 故用正交变换可判别曲线 (面) 的类型.

习　题

1. 求函数 $f(x_1, x_2, x_3) = 2x_1x_2 - 2x_1x_3 + 2x_2x_3$ 在 $x_1^2 + x_2^2 + x_3^2 = 1$ 条件下的最小值.

2. 计算积分 $\int_{-\infty}^{+\infty}\int_{-\infty}^{+\infty} \mathrm{e}^{-(2x^2+2xy+2y^2)}\mathrm{d}x\mathrm{d}y$.

3. 计算积分 $\int_{-\infty}^{+\infty}\int_{-\infty}^{+\infty}\int_{-\infty}^{+\infty} \mathrm{e}^{-(2x^2+2xy+2y^2+2xz+2yz+2z^2)}\mathrm{d}x\mathrm{d}y\mathrm{d}z$.

4. 判断二次曲线 $4x_1^2 + x_2^2 - 4x_1x_2 + 2x_1 - x_2 - 2 = 0$ 的形状.

5. 判断曲面 $2x_1^2 + 2x_2^2 + 3x_3^2 + 4x_1x_2 + 2x_1x_3 + 2x_2x_3 - 4x_1 + 6x_2 - 2x_3 + 3 = 0$ 的形状.

6. 求 xOy 面上的椭圆 $ax^2 + 2bxy + cy^2 = 1$ 的面积, 其中 $a > 0, ac - b^2 > 0$.

第 7 章　综合案例分析

线性代数在电子工程、软件工程、数理金融、地质勘探、机器人控制、种群动力学中均有广泛的应用. 随着大规模科学计算、人工智能的迅速发展，线性代数理论成为从事科学研究和工程设计的科技人员必备的数学工具. 本章以常微分方程的两点边值问题的数值解为例说明线性代数的应用.

考虑两点边值问题

$$\begin{cases} -u''(x) = f(x),\ a < x < b \\ u(a) = \alpha,\ u(b) = \beta \end{cases} \tag{7.1}$$

其中，右端项 $f(x)$ 以及边值 α 和 β 给定. 该问题在大多数情况下很难获得精确解，只能借助数值方法求其数值解. 求解该问题的数值方法有很多，下面介绍两种方法: 有限差分法和神经网络算法.

7.1　有限差分法

7.1.1　有限差分格式的构造

设 $u(x)$ 为定义在区间 $[a,b]$ 上的函数. 将区间 $[a,b]$ 进行如下剖分

$$a = x_0 < x_1 < \cdots < x_{j-1} < x_j < x_{j+1} < \cdots < x_{N-1} < x_N = b$$

方便地，取等距剖分网格，即

$$x_j = a + jh,\ j = 0,1,2,\cdots,N;\ x_{j+1} - x_j = h,\ h = (b-a)/N$$

1. *泰勒公式展开法*

回顾函数 $u(x)$ 二阶导数的定义为

$$u''(x) = \lim_{\Delta x \to 0} \frac{u(x-\Delta x) - 2u(x) + u(x+\Delta x)}{(\Delta x)^2}$$

当 Δx 充分小时，取 Δx 为网格步长 h，用二阶差商代替二阶导数 $u''(x)$，即

$$u''(x) \approx \frac{u(x-h) - 2u(x) + u(x+h)}{h^2}$$

利用泰勒展开公式

$$u(x-h) = u(x) - hu'(x) + \frac{1}{2}h^2u''(x) - \frac{1}{3!}h^3u^{(3)}(x) + \frac{1}{4!}h^4u^{(4)}(x) + \cdots \tag{7.2}$$

$$u(x+h) = u(x) + hu'(x) + \frac{1}{2}h^2u''(x) + \frac{1}{3!}h^3u^{(3)}(x) + \frac{1}{4!}h^4u^{(4)}(x) + \cdots \tag{7.3}$$

得

$$u''(x) = \frac{u(x-h) - 2u(x) + u(x+h)}{h^2} + \frac{1}{12}h^2u^{(4)}(x) + \cdots$$

简记为

$$u''(x) = \frac{u(x-h) - 2u(x) + u(x+h)}{h^2} + O(h^2)$$

其中，$O(h^2)$ 表示截断误差阶. 若记 U_j 为 $u(x)$ 在网格点 x_j 处的逼近解 $U_j \approx u(x_j)$，舍去误差项，则

$$\frac{U_{j-1} - 2U_j + U_{j+1}}{h^2} = w_{j-1}U_{j-1} + w_jU_j + w_{j+1}U_{j+1}$$

其中，在模板 $\{x_{j-1}, x_j, x_{j+1}\}$ 上有

$$[w_{j-1}, w_j, w_{j+1}] = \left[-\frac{1}{h^2}, \frac{2}{h^2}, -\frac{1}{h^2}\right]$$

2. 待定系数法

当 $h \to 0$ 时，设 $u''(x_j) = w_{j-1}u(x_{j-1}) + w_ju(x_j) + w_{j+1}u(x_{j+1})$，其中，$w_{j-1}, w_j, w_{j+1}$ 为待定系数. 将 $u(x_{j-1})$ 和 $u(x_{j+1})$ 在节点 x_j 处利用泰勒展开式 (7.2) 和式 (7.3)，得

$$\begin{aligned}
u''(x_j) &= w_{j+1}u(x_{j+1}) + w_ju(x_j) + w_{j-1}u(x_{j-1}) \\
&= w_{j+1}\left[u(x_j) + hu'(x_j) + \frac{1}{2!}h^2u''(x_j) + \frac{1}{3!}h^3u^{(3)}(x_j) + O(h^4)\right] \\
&\quad + w_ju(x_j) \\
&\quad + w_{j-1}\left[u(x_j) - hu'(x_j) + \frac{1}{2!}h^2u''(x_j) - \frac{1}{3!}h^3u^{(3)}(x_j) + O(h^4)\right] \\
&= (w_{j-1} + w_j + w_{j+1})u(x_j) + (w_{j+1} - w_{j-1})hu'(x_j) \\
&\quad + (w_{j+1} + w_{j-1})\frac{1}{2!}h^2u''(x_j) + (w_{j+1} - w_{j-1})\frac{1}{3!}h^3u^{(3)}(x_j) + O(h^4)
\end{aligned}$$

欲得到二阶截断误差阶，加权系数需满足

$$\begin{cases}
w_{j-1} + w_j + w_{j+1} = 0 \\
(w_{j+1} - w_{j-1})h = 0 \\
(w_{j+1} + w_{j-1})h^2 = 2
\end{cases}$$

解方程组得

$$w_{j+1} = w_{j-1} = \frac{1}{h^2}, w_j = -\frac{2}{h^2}$$

舍去截断误差阶，得

$$u''(x)|_{x=x_j} \approx \frac{U_{j-1} - 2U_j + U_{j+1}}{h^2}$$

3. 拉格朗日插值法

二阶导数差分逼近还可以通过拉格朗日插值来构造. 当 $h \to 0$ 时，设

$$u(x) = L_{j-1}u_{j-1} + L_j u_j + L_{j+1}u_{j+1} \tag{7.4}$$

其中，L_{j-1}, L_j, L_{j+1} 为拉格朗日多项式

$$L_{j-1}(x) = \frac{(x-x_j)(x-x_{j+1})}{(x_{j-1}-x_j)(x_{j-1}-x_{j+1})} = \frac{(x-x_j)(x-x_{j+1})}{2h^2}$$

$$L_j(x) = \frac{(x-x_{j-1})(x-x_{j+1})}{(x_j-x_{j-1})(x_j-x_{j+1})} = \frac{(x-x_{j-1})(x-x_{j+1})}{-h^2}$$

$$L_{j+1}(x) = \frac{(x-x_{j-1})(x-x_j)}{(x_{j+1}-x_{j-1})(x_{j+1}-x_j)} = \frac{(x-x_{j-1})(x-x_j)}{2h^2}$$

式 (7.4) 两边关于 x 求导数，得

$$u'(x) = L'_{j-1}u_{j-1} + L'_j u_j + L'_{j+1}u_{j+1} \tag{7.5}$$

其中，

$$L'_{j-1}(x) = \frac{2x-x_j-x_{j+1}}{(x_{j-1}-x_j)(x_{j-1}-x_{j+1})} = \frac{2x-x_j-x_{j+1}}{2h^2}$$
$$L'_j(x) = \frac{2x-x_{j-1}-x_{j+1}}{(x_j-x_{j-1})(x_j-x_{j+1})} = \frac{2x-x_{j-1}-x_{j+1}}{-h^2}$$
$$L'_{j+1}(x) = \frac{2x-x_{j-1}-x_j}{(x_{j+1}-x_{j-1})(x_{j+1}-x_j)} = \frac{2x-x_{j-1}-x_j}{2h^2}$$

式 (7.5) 关于 x 求导数，得 $u''(x) = L''_{j-1}u_{j-1} + L''_j u_j + L''_{j+1}u_{j+1}$, 其中

$$L''_{j-1}(x) = \frac{1}{h^2}, L''_j(x) = -\frac{2}{h^2}, L''_{j+1}(x) = \frac{1}{h^2}$$

则

$$u''(x)|_{x=x_j} \approx \frac{U_{j-1} - 2U_j + U_{j+1}}{h^2}$$

上述三种构造方法均可得到二阶导数的中心差分格式. 对于高阶导数的差分格式也可借鉴类似思想来构造.

7.1.2 有限差分格式的矩阵表示

在网格点 x_j 处用差商代替微商得式 (7.1) 的中心差分格式为

$$\begin{cases} -\dfrac{U_{j-1} - 2U_j + U_{j+1}}{h^2} = f(x_j) \\ -\dfrac{\alpha - 2U_1 + U_2}{h^2} = f(x_1) \\ -\dfrac{U_1 - 2U_2 + U_3}{h^2} = f(x_2) \\ \quad\cdots\cdots \\ -\dfrac{U_{j-1} - 2U_j + U_{j+1}}{h^2} = f(x_j) \\ \quad\cdots\cdots \\ -\dfrac{U_{N-3} - 2U_{N-2} + U_{N-1}}{h^2} = f(x_{N-1}) \\ -\dfrac{U_{N-2} - 2U_{N-1} + \beta}{h^2} = f(x_N) \end{cases} ,j = 1, 2, \cdots, N-1$$

写成矩阵形式为

$$\frac{1}{h^2}\begin{bmatrix} 2 & -1 & & & & \\ -1 & 2 & -1 & & & \\ & \ddots & \ddots & \ddots & & \\ & & -1 & 2 & -1 & \\ & & & & 2 & -1 \end{bmatrix}\begin{bmatrix} u_1 \\ u_2 \\ \vdots \\ u_{N-2} \\ u_{N-1} \end{bmatrix} = \frac{1}{h^2}\begin{bmatrix} u_0 \\ 0 \\ \vdots \\ 0 \\ u_N \end{bmatrix} + \begin{bmatrix} f(x_1) \\ f(x_2) \\ \vdots \\ f(x_{N-2}) \\ f(x_{N-1}) \end{bmatrix}$$

或者

$$\begin{bmatrix} 2 & -1 & & & & \\ & -1 & 2 & -1 & & \\ & & -1 & 2 & -1 & \\ & & & \ddots & \ddots & \ddots \\ & & & -1 & 2 & -1 \\ & & & & -1 & 2 \end{bmatrix}\begin{bmatrix} U_1 \\ U_2 \\ U_3 \\ \vdots \\ U_{N-2} \\ U_{N-1} \end{bmatrix} = h^2\begin{bmatrix} f(x_1)+\alpha/h^2 \\ f(x_2) \\ f(x_3) \\ \vdots \\ f(x_{N-2}) \\ f(x_{N-1})+\beta/h^2 \end{bmatrix} \tag{7.6}$$

7.1.3　迭代矩阵的特征值与特征向量

在网格点 $x_j\,(j=0,1,2,\cdots,N)$ 上求解式 (7.1)，即需求解式 (7.6) 所示方程组. 式 (7.6) 的系数矩阵恰巧是一个三对角矩阵，且为特殊的特普利茨 (Toeplitz) 矩阵. 为了构造快速算法，搞清楚系数矩阵的特征值和特征向量是很关键的. 下面考察系数矩阵的特征值，不失一般性，考虑更一般的特普利茨矩阵.

如果 $n\times n$ 矩阵 $\boldsymbol{T}_n$ 的同一条对角线上的元素都相等，则矩阵 $\boldsymbol{T}_n$ 称为特普利茨矩阵，即

$$\boldsymbol{T}_n=\begin{bmatrix} t_0 & t_{-1} & \cdots & t_{-(n-2)} & t_{-(n-1)} \\ t_1 & t_0 & \cdots & t_{-(n-1)} & t_{-(n-2)} \\ \vdots & \vdots & & \vdots & \\ t_{n-2} & t_{n-3} & \cdots & t_0 & t_{-1} \\ t_{n-1} & t_{n-2} & \cdots & t_1 & t_0 \end{bmatrix} \tag{7.7}$$

如果托普利兹矩阵 $\boldsymbol{T}_n$ 副对角线元素 $\{t_k\}_{k=-(n-1)}^{n-1}$ 是一个函数的傅里叶系数，即

$$t_k=\frac{1}{2\pi}\int_{-\pi}^{\pi}f(x)\mathrm{e}^{-\mathrm{i}kx}\mathrm{d}x,\quad \mathrm{i}^2=-1$$

则称函数 $f(x)$ 为特普利茨矩阵 $\boldsymbol{T}_n$ 的生成函数. 易见，特普利茨矩阵只有 $2n-1$ 个独立元素, 因此在存储一个特普利茨矩阵时，只需存储第一列和第一行 (或第一列和最后一列)；如果 $\boldsymbol{T}_n$ 对称，则只需存储第一列.

如果 $n\times n$ 的特普利茨矩阵 $\boldsymbol{C}_n$ 满足 $c_j=c_{j-n}, j=1,2,\cdots,n-1$, 该矩阵称为循环矩阵，即

$$\boldsymbol{C}_n=\begin{bmatrix} c_0 & c_{n-1} & \cdots & c_1 \\ c_1 & c_0 & \cdots & c_2 \\ \vdots & \vdots & & \vdots \\ c_{n-2} & c_{n-3} & \cdots & c_{n-1} \\ c_{n-1} & c_{n-2} & \cdots & c_0 \end{bmatrix}$$

循环矩阵 $\boldsymbol{C}_n$ 可由傅里叶矩阵 $\boldsymbol{F}_n$ 对角化为对角阵 $\boldsymbol{\Lambda}_n$，即

$$\boldsymbol{C}_n=\boldsymbol{F}_n^{-1}\boldsymbol{\Lambda}_n\boldsymbol{F}_n$$

其中, 矩阵 $\boldsymbol{\Lambda}_n$ 的对角线元素为循环矩阵 $\boldsymbol{C}_n$ 的特征值，傅里叶矩阵 $\boldsymbol{F}_n$ 的元素为

$$(\boldsymbol{F}_n)_{j,k}=\frac{1}{\sqrt{n}}\mathrm{e}^{\frac{2\pi\mathrm{i}jk}{n}},\ \mathrm{i}^2=-1;\ j,k=0,1,\cdots,n-1$$

注意到矩阵 $\boldsymbol{F}_n$ 的第一列元素均为 $\dfrac{1}{\sqrt{n}}$，则

$$\boldsymbol{F}_n\boldsymbol{C}_n\boldsymbol{\varepsilon}_1 = \frac{1}{\sqrt{n}}\boldsymbol{\Lambda}_n\boldsymbol{1}_n \tag{7.8}$$

其中，$\boldsymbol{\varepsilon}_1 = [1, 0, \cdots, 0]^{\mathrm{T}}$，$\boldsymbol{1}_n = [1, 1, \cdots, 1]^{\mathrm{T}}$. 由式 (7.8) 可得 $\boldsymbol{C}_n$ 的第 k 个特征值为

$$\lambda_k = (\boldsymbol{\Lambda}_n)_{k,k} = \sum_{j=0}^{n-1} c_j \mathrm{e}^{\frac{2\pi \mathrm{i} jk}{n}},\ k = 0, 1, \cdots, n-1$$

特别地，三对角循环特普利茨矩阵

$$\boldsymbol{D}_n = \begin{bmatrix} a_0 & a_1 & & & & \\ a_1 & a_0 & a_1 & & & \\ & a_1 & a_0 & a_1 & & \\ & & \ddots & \ddots & \ddots & \\ & & & \ddots & \ddots & a_1 \\ & & & & a_1 & a_0 \end{bmatrix}$$

的特征值为

$$\lambda_k = a_0 + 2a_1\cos\left(\frac{2k\pi}{n}\right), k = 0, 1, \cdots, n-1 \tag{7.9}$$

记 $\boldsymbol{U} = [U_1, U_2, \cdots, U_N]^{\mathrm{T}}, \boldsymbol{F} = [h^2f(x_1)+\alpha, h^2f(x_2), \cdots, h^2f(x_{N-1})+\beta]^{\mathrm{T}}$, 矩阵

$$\boldsymbol{A} = \begin{bmatrix} 2 & -1 & & & & \\ -1 & 2 & -1 & & & \\ & -1 & 2 & -1 & & \\ & & \ddots & \ddots & \ddots & \\ & & & \ddots & \ddots & -1 \\ & & & & -1 & 2 \end{bmatrix}_{(N-1)\times(N-1)}$$

于是，数值格式 (7.6) 可写为

$$\boldsymbol{AU} = \boldsymbol{F} \tag{7.10}$$

由式 (7.9) 可得矩阵 $\boldsymbol{A}$ 的特征值为 $\lambda_k = 4\sin^2\left(\dfrac{k\pi}{n}\right), k = 1, \cdots, N-1$. 易见，系数矩阵是可逆的，方程组 (7.10) 有唯一解. 可验证矩阵 $\boldsymbol{A}$ 的对应于 λ_k 的特征向量为 $\sin\left(\dfrac{k\pi}{n}\right), k = 1, \cdots, N-1$. 相应的特征值满足 $\lambda_1 \leqslant \lambda_2 \leqslant \cdots \leqslant \lambda_{N-1}$.

7.1.4　数值格式的稳定性

记 $\boldsymbol{E}=\boldsymbol{U}-\tilde{\boldsymbol{U}}=[u(x_1)-U_1,u(x_2)-U_2,\cdots,u(x_{N-1})-U_{N-1}]^{\mathrm{T}}$ 为数值解和精确解在网格点处的误差，其中，$\tilde{\boldsymbol{U}}=[u(x_1),u(x_2),\cdots,u(x_{N-1})]^{\mathrm{T}}$. 由于精确解在网格点上满足方程

$$\boldsymbol{A}\tilde{\boldsymbol{U}}=\boldsymbol{F}+\boldsymbol{H} \tag{7.11}$$

其中，向量 $\boldsymbol{H}=[O(h^2),\cdots,O(h^2)]^{\mathrm{T}}$ 表示差分格式的截断误差. 由式 (7.10) 和式 (7.11) 得误差方程组

$$\boldsymbol{A}\boldsymbol{E}=\boldsymbol{H} \tag{7.12}$$

下面以矩阵的 2-范数为例说明该数值格式的稳定性. 由于矩阵 $\boldsymbol{A}$ 为对称矩阵，则矩阵 $\boldsymbol{A}$ 的 2-范数等于其谱半径，即

$$\|\boldsymbol{A}\|_2=\rho(\boldsymbol{A})=\max_{1\leqslant k\leqslant N-1}|\lambda_k|$$

矩阵 $\boldsymbol{A}^{-1}$ 也是对称的，对应的特征值为矩阵 $\boldsymbol{A}$ 的特征值的倒数，因此

$$\left\|\boldsymbol{A}^{-1}\right\|_2=\rho(\boldsymbol{A}^{-1})=\max_{1\leqslant k\leqslant N-1}\left|(\lambda_k)^{-1}\right|=\left(\min_{1\leqslant k\leqslant N-1}|\lambda_k|\right)^{-1}$$

矩阵 $\boldsymbol{A}$ 是可逆的，由方程组 (7.12) 可得

$$\boldsymbol{E}=\boldsymbol{A}^{-1}\boldsymbol{H} \tag{7.13}$$

方程组 (7.13) 两边同时取 2-范数，则

$$\|\boldsymbol{E}\|_2=\left\|\boldsymbol{A}^{-1}\boldsymbol{H}\right\|_2$$

利用矩阵范数与向量范数的相容性，有

$$\|\boldsymbol{E}\|_2=\left\|\boldsymbol{A}^{-1}\boldsymbol{H}\right\|_2\leqslant\left\|\boldsymbol{A}^{-1}\right\|_2\|\boldsymbol{H}\|_2$$

当 $h\to0$ 时，有 $\|\boldsymbol{H}\|_2\to0$. 由于矩阵 $\boldsymbol{A}$ 的最小非负特征值为 λ_1，因此

$$\|\boldsymbol{E}\|_2\leqslant\lambda_1\|\boldsymbol{H}\|_2$$

进一步，$h\to0$ 时，$\mathrm{O}(h^2)\approx\dfrac{1}{12}h^2u^{(4)}(x_j)$，同时注意到两点边值问题满足 $u^{(4)}(x_j)=-f''(x_j)$，可得

$$\|\boldsymbol{E}\|_2\leqslant\frac{\lambda_1}{12}h^2\left\|\boldsymbol{F}''\right\|_2$$

其中，$\boldsymbol{F}''=[f''(x_1),f''(x_2),\cdots,f''(x_{N-1})]^{\mathrm{T}}$. 于是，两点边值问题的中心差分格式 (7.6) 是稳定的.

7.1.5 数值计算结果

考虑一个具体算例，验证前面理论分析的正确性. 考虑问题

$$\begin{cases} -u''(x) = -\mathrm{e}^x, \ 0 < x < 1 \\ u(0) = 1, \ u(1) = \mathrm{e} \end{cases}$$

其精确解为 $u(x) = \mathrm{e}^x$. 表 7.1 给出了数值误差和收敛阶的验证.

表 7.1 数值解误差与收敛阶

h	最大模误差	收敛阶
1/10	1.7526e-04	—
1/20	4.4120e-05	1.9900
1/40	1.1031e-05	1.9999
1/80	2.7585e-06	1.9996

表 7.1 中，数值解和精确解的误差采用如下离散的最大模范数来度量

$$\|\boldsymbol{E}\|_\infty = E_\infty(h) = \max_{1 \leqslant j \leqslant N} |U_j - u(x_j)|$$

收敛阶计算公式为 $\log_2\left(\dfrac{E_\infty(h)}{E_\infty(h/2)}\right)$. 表 7.1 表明随着步长的减小误差逐渐减小，即说明算法是收敛的，且为 2 阶收敛.

线性代数的矩阵、向量等相关知识在微分方程数值解的理论分析和算法实施中均起着关键作用. 事实上，许多物理、化学、工程等问题中的大规模科学计算问题都可归结为线性方程组的求解问题. 随着多学科的交叉与融合，线性代数的知识显得越加重要.

7.2 神经网络算法

随着大数据计算和人工智能的发展，机器学习理论受到广泛关注. 作为机器学习理论中的重要一员，神经网络模型在机器学习理论中扮演着重要角色. 神经网络是由具有适应性的简单单元组成的广泛并行互连的网络，它的组织能模拟生物神经系统对真实世界物体所作出的交互反应. 机器学习理论中的神经网络是模拟生物神经网络的数学模型，通常指人工神经网络学习模型. 借鉴生物神经元的工作原理 (图 7.1)，设来自第 i 个神经元的输入为 x_i，连接第 i 个神经元的权重为 w_i，则偏置为 b 时神经元通过激活函数 σ 的输出为 $y = \sigma\left(\sum_{i=1}^{n} x_i w_i + b\right)$.

将神经元按照一定层次连接成网络，则形成一个神经网络. 网络中神经元的连接方式有多种方式，较为流行的为具有层级结构的神经网络，如多层前馈神经网络等. 此类神经网络中，按照层划分神经单元，通过这些单元处理数据，最后输出结果. 通常网络层级解构造通常划分为：输入层、隐含层和输出层，如图 7.2 所示的单隐层神经网络.

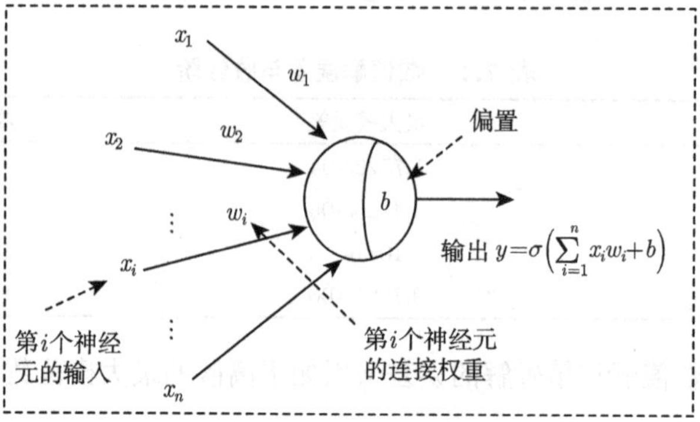

图 7.1　神经元的工作原理

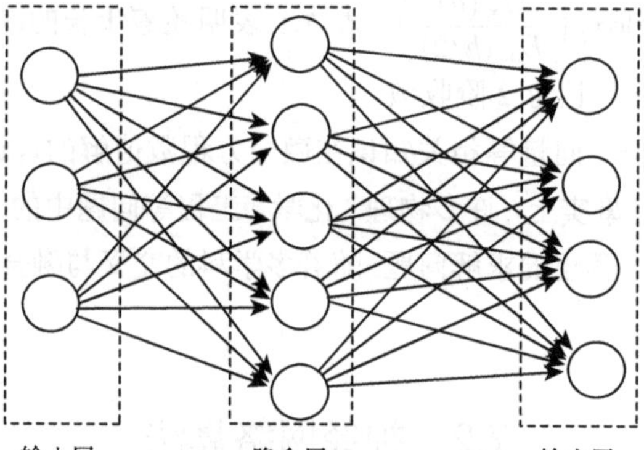

图 7.2　单隐层神经网络结构示意图

7.2.1　单层神经网络

考虑 L 个不同样本 $(\boldsymbol{x}_i, \boldsymbol{t}_i) \in \mathbf{R}^n \times \mathbf{R}^m$，其中，$\boldsymbol{x}_i = [x_{i1}, x_{i2}, \cdots, x_{in}]^{\mathrm{T}} \in \mathbf{R}^n$. $\boldsymbol{t}_i = [t_{i1}, t_{i2}, \cdots, t_{im}]^{\mathrm{T}} \in \mathbf{R}^m$ 具有 N 个隐含节点的单层前馈神经网络输出 $\boldsymbol{o}_j$ 为

$$\sum^{N} \boldsymbol{c}_i \sigma(\boldsymbol{w}_i \cdot \boldsymbol{x}_j + b_i) = \boldsymbol{o}_j, j = 1, 2, \cdots, L$$

其中，$\boldsymbol{c}_i = [c_{i1}, c_{i2}, \cdots, c_{in}]^{\mathrm{T}} \in \mathbf{R}^n$，$\boldsymbol{w}_i = [w_{i1}, w_{i2}, \cdots, w_{in}]^{\mathrm{T}} \in \mathbf{R}^n$ 表示加权向

量；$b_i \in \mathbf{R}$ 为第 i 个隐含节点的偏置；$c_i \in \mathbf{R}$；N 为隐含层节点个数 (亦称为神经网络的宽度). 激活函数 σ 有多种选择，较为理想的激活函数有

(1) Heaviside 函数：

$$h(x)=\begin{cases}1, & x\geqslant 0\\ 0, & x<0\end{cases}$$

(2) Sigmoid 函数：

$$\mathrm{sigmoid}(x)=\frac{1}{1+\mathrm{e}^{-x}}$$

(3) 双曲正切函数：

$$\tanh(x)=\frac{\mathrm{e}^{x}-\mathrm{e}^{-x}}{\mathrm{e}^{x}+\mathrm{e}^{-x}}$$

选取激活函数 σ，使 $\boldsymbol{o}_j$ 与 $\boldsymbol{t}_j$ 的距离为零，即

$$\sum_{i=1}^{N}\|\boldsymbol{t}_j-\boldsymbol{o}_j\|=0, j=1,2,\cdots,L$$

则存在 $\boldsymbol{c}_i,\boldsymbol{w}_i,b_i$，使得

$$\sum_{i=1}^{N}\boldsymbol{c}_i\sigma(\boldsymbol{w}_i\cdot\boldsymbol{x}_j+b_i)=\boldsymbol{t}_j, j=1,2,\cdots,L \tag{7.14}$$

适当选取激活函数，方程 (7.14) 可以写成

$$\boldsymbol{BC}=\boldsymbol{T}$$

其中，

$$\boldsymbol{B}=\begin{bmatrix}\sigma(\boldsymbol{w}_1\cdot\boldsymbol{x}_1+b_1) & \sigma(\boldsymbol{w}_2\cdot\boldsymbol{x}_1+b_2) & \cdots & \sigma(\boldsymbol{w}_N\cdot\boldsymbol{x}_1+b_N)\\ \sigma(\boldsymbol{w}_1\cdot\boldsymbol{x}_2+b_1) & \sigma(\boldsymbol{w}_2\cdot\boldsymbol{x}_2+b_2) & \cdots & \sigma(\boldsymbol{w}_N\cdot\boldsymbol{x}_2+b_N)\\ \vdots & \vdots & & \vdots\\ \sigma(\boldsymbol{w}_1\cdot\boldsymbol{x}_L+b_1) & \sigma(\boldsymbol{w}_2\cdot\boldsymbol{x}_L+b_2) & \cdots & \sigma(\boldsymbol{w}_N\cdot\boldsymbol{x}_L+b_N)\end{bmatrix}_{L\times N}$$

$$\boldsymbol{C}=\begin{bmatrix}\boldsymbol{c}_1^{\mathrm{T}}\\ \vdots\\ \boldsymbol{c}_N^{\mathrm{T}}\end{bmatrix}_{N\times m}\qquad \boldsymbol{T}=\begin{bmatrix}\boldsymbol{t}_1^{\mathrm{T}}\\ \vdots\\ \boldsymbol{t}_N^{\mathrm{T}}\end{bmatrix}_{L\times m}$$

给定正常数 ε，无穷次可微的激活函数 $\sigma:\mathbf{R}\to\mathbf{R}$，对任意 L 个不同样本 $(\boldsymbol{x}_i,\boldsymbol{t}_i)\in\mathbf{R}^n\times\mathbf{R}^m, i=1,2,\cdots,L$，则存在 $N\leqslant L$ 使得 $\mathbf{R}^n\times\mathbf{R}$ 中任意随机生成的 $(\boldsymbol{w}_i,b_i)$，以概率为 1，成立 $\|\boldsymbol{B}_{L\times N}\boldsymbol{C}_{N\times m}-\boldsymbol{T}_{L\times m}\|<\varepsilon$.

从函数插值的角度，上述性质表明隐含层节点个数最多不能超过训练样本的个数. 特别地，若 $N=L$ 时，则有 $\|\boldsymbol{B}_{L\times N}\boldsymbol{C}_{N\times m}-\boldsymbol{T}_{L\times m}\|=0$.

7.2.2 两点边值问题的神经网络算法

借助神经网络的函数逼近能力，可以考虑函数 $u(x)$ 的单层前馈神经网络逼近

$$u_N(x) = \sum_{i=1}^{N} c_i \sigma(w_i x + b_i) \tag{7.15}$$

容易计算

$$u'_N(x) = \sum_{i=1}^{N} c_i w_i \sigma'(w_i x + b_i)$$

$$u''_N(x) = \sum_{i=1}^{N} c_i w_i^2 \sigma''(w_i x + b_i) \tag{7.16}$$

将式 (7.15) 和式 (7.16) 代入式 (7.1)，得

$$\begin{cases} -\sum\limits_{i=1}^{N} c_i w_i^2 \sigma''(w_i x + b_i) = f(x),\ x \in (a,b) \\ \sum\limits_{i=1}^{N} c_i w_i^2 \sigma(w_i a + b_i) = \alpha,\ \sum\limits_{i=1}^{N} c_i w_i^2 \sigma(w_i b + b_i) = \beta \end{cases} \tag{7.17}$$

将区间 $[a,b]$ 剖分为 $a = x_0 < x_1 < \cdots < x_L = b$，适当选取激活函数，式 (7.17) 可写成矩阵形式

$$\boldsymbol{Hc} = \boldsymbol{F} \tag{7.18}$$

其中，

$$\boldsymbol{c} = [c_1, c_2, \cdots, c_N]^{\mathrm{T}}$$

$$\boldsymbol{F} = [\alpha, f(x_1), \cdots, f(x_{L-1}), \beta]^{\mathrm{T}}$$

$$\boldsymbol{H} = \begin{bmatrix} \sigma(w_1 x_0 + b_1) & \cdots & \sigma(w_N x_0 + b_N) \\ w_1^2 \sigma(w_1 x_1 + b_1) & \cdots & w_1^2 \sigma(w_N x_1 + b_N) \\ \vdots & & \vdots \\ w_1^2 \sigma(w_1 x_{L-1} + b_1) & \cdots & w_N^2 \sigma(w_N x_{L-1} + b_N) \\ \sigma(w_1 x_L + b_1) & \cdots & \sigma(w_N x_L + b_N) \end{bmatrix}_{(L+1)\times N}$$

由矩阵理论知，式 (7.18) 中矩阵 $\boldsymbol{H}$ 为可逆方阵时，由克拉默法则知式 (7.18) 所示方程组有唯一解 $\boldsymbol{c} = \boldsymbol{H}^{-1}\boldsymbol{F}$. 若矩阵不可逆或不是方阵时，可以通过求解最小二乘问题

$$||\boldsymbol{H}\hat{\boldsymbol{c}} - \boldsymbol{F}|| = \min_{\boldsymbol{w}_i, b_i, c} ||\boldsymbol{Hc} - \boldsymbol{F}||$$

得其解为 $\hat{\boldsymbol{c}}=\boldsymbol{H}^{\dagger}\boldsymbol{F}$，其中，权重 w_i 和偏置 $b_i, i=1,2,\cdots,L$ 随机生成. $\boldsymbol{H}^{\dagger}$ 表示矩阵 $\boldsymbol{H}$ 的广义逆矩阵. 当 $\boldsymbol{H}^{\mathrm{T}}\boldsymbol{H}$ 可逆时，$\boldsymbol{H}^{\dagger}$ 可表示为 $\boldsymbol{H}^{\dagger}=(\boldsymbol{H}^{\mathrm{T}}\boldsymbol{H})^{-1}\boldsymbol{H}^{\mathrm{T}}$. 求解式 (7.1) 的神经网络算法可归结为如下步骤：

(1) 适当选取激活函数，构造神经网络模型逼近解 $u_N(x)$.

(2) 将 $u_N(x)$ 代入式 (7.1)，得式 (7.16) 所示矩阵方程，求解式 (7.29) 所示问题得 $\hat{\boldsymbol{c}}=\boldsymbol{H}^{\dagger}\boldsymbol{F}$.

(3) 将 $\hat{\boldsymbol{c}}$ 代入 $u_N(x)$ 得式 (7.1) 的逼近解.

机器学习理论是多领域交叉的学科，涉及计算机、微积分、线性代数、概率统计、函数逼近、最优化、控制论、决策论以及算法复杂度等众多学科，而线性代数的理论对机器学习的认识和理解发挥着重要作用. 本案例仅提供了求解常微分方程两点边值问题的单层神经网络算法的思路，此处不详细展开算法的细节，神经网络模型及其算法较多，具体实施过程可以查阅本书所附的参考文献.

参 考 文 献

陈怀琛, 高淑萍, 杨威. 2009. 工程线性代数 (MATLAB 版)[M]. 北京: 电子工业出版社.

迟灵芝. 2011. 谈线性方程组理论在确定平面间的位置关系中的应用 [J]. 辽宁科技学院学报, 13(2): 77-78.

郭文艳, 徐小平, 童小红. 2015. 线性代数 [M]. 北京: 高等教育出版社.

李剑. 2007. 矩阵分析与应用习题解答 [M]. 北京: 清华大学出版社.

李智萍. 2016. 矩阵乘法的灵活应用 [J]. 数学学习与研究, (17): 4-4.

梁建秀. 2015. 向量组的线性相关性的若干应用 [J]. 高等数学研究, 18(6): 13-15.

单沪军, 张光明, 孟丽荣. 1998. 二次型在 N 重广义积分计算中的应用 [J]. 大学数学, (4): 173-175.

孙会霞, 职桂珍. 2001. 线性方程组的基本理论在配平化学方程式中的应用 [J]. 郑州轻工业学院学报, 16(4): 68-71.

同济大学数学系. 2015. 高等数学 (上)[M]. 北京: 高等教育出版社.

王伟珠. 2016. 线性方程组应用分析 [J]. 现代商贸工业, 32: 168-169.

王小侠, 赵凤群, 戴芳, 等. 2013. 正交变换在图像压缩中的应用 [J]. 大学数学, 29(3): 96-99.

吴国磊, 纪宏伟, 陈晨. 2014. 矩阵初等变换的一个应用 [J]. 绵阳师范学院学报, 33(5): 10-12.

熊靖, 贾续毅. 2017. 矩阵理论在企业投入产出中的分析与应用 [J]. 商场现代化, (21): 83-84.

张俊祖, 葛键. 2006. 线性方程组理论在解析几何中的应用 [J]. 陕西教育学院学报, 22(1): 105-107.

张元林. 2003. 积分变换 [M]. 北京: 高等教育出版社.

赵凤群, 戴芳, 王小侠, 等. 2015. 数学实验基础 [M]. 北京: 科学出版社.

赵晓慧, 戴志亮. 2013. 齐次线性方程组的互质正整数解在配平化学方程式中的应用 [J]. 泰山医学院学报, 34(1): 50-53.

David C L. 2005. 线性代数及其应用 [M]. 刘深泉, 洪毅, 马东魁, 等, 译. 北京: 机械工业出版社.

Maleknejad K, Aghazadeh N. 2005. Numerical solution of Volterra integral equations of the second kind with convolution kernel by using Taylor-series expansion method[J]. Applied Mathematics and Computation, (161): 915-922.

Huang G B, Huang G B, Song S, et al. 2015. Trends in extreme learning machines: A review[J]. Neural Networks, 61: 32-48.

LeVeque R J. 2007. Finite difference methods for ordinary and partial differential equations[M]. Philadelphia: Society for Industrial and Applied Mathematics.